갑 비석

요엘

요나

아모스

열왕기 상·하

나훔

스바냐

다니엘

유대인의 1차 귀환

학개, 예루살렘 성전의 재건

유대인의 3차 귀환

말라기

에스라, 느헤미야, 역대기상·하

쿰란 공동체의 건설

나쉬 파피루스 필사

그리스도의 죽음

본격적인 박해의 시작

요한복음, 얌니아 공의회

존 라일랜즈 파피루스, 체스터 비티 파피루스 (민수기와 신명기)

콘스탄틴, 황제로 즉위하다

800 | 700 | 600 | 500 | 400 | 300 | 200 | 100 | 0 | AD 100 | 200 | 300

외경 혹은 제2정경의 집필

라엘 (…-722)

포로 시대 (BC 722/586-538)

귀환 (BC 538-425)

신구약 중간기 (BC 425-27)

로마제국 (BC 27-AD 476)

다(BC 931-586)

시편 집필

70인역의 번역

800 | 700 | 600 | 500 | 400 | 300 | 200 | 100 | 0 | AD 100 | 200 | 300

오바댜

호세아

이사야

미가

하박국

예레미야

예레미야 애가

에스겔

스가랴

에스더

이사야 두루마리 필사

신약의 편지들

《디아테사론》의 편찬

체스터 비티 파피루스 : 신약

"이 모든 발견과 모든 연구는 결국
성경의 진정성을 입증하고
우리가 온전한 상태의 진리를
손에 들고 있다는 확신을 더해준다."

## 래리 스톤 Larry Stone

다양한 책을 집필한 저자이자 전문 출판인으로 토마스 넬슨 Thomas Nelson 출판사의 부사장, 러틀리지 힐 Rutledge Hill 출판사의 사장으로 일하면서 다수의 베스트셀러를 만들어냈다. 특히 성경연구용 참고서적을 편집하는 일에 큰 열정을 갖고 있으며, 어떻게 하면 3500년에 걸친 성경의 역사를 한 편의 파노라마처럼 보여줄 수 있을까를 고민하다 마침내 《성경 번역의 역사》를 저술했다. "우리가 갖고 있는 사본들은 얼마나 정확한가?", "모든 번역판이 똑같은 것을 말하고 있을까?", "아메리카는 정말로 성경 위에 세운 나라인가?" 등과 같은 질문에 세심하게 답함으로써 독자들의 성경에 대한 의문을 만족시켰고, 2011년에는 이 책으로 ECPA 비소설 부문 최종 후보까지 올랐다.

### 옮긴이_홍병룡

연세대학교 정치외교학과와 동 대학원을 졸업하고 IVP 대표 간사로 일했다. 캐나다 리젠트 칼리지와 기독교학문연구소, 호주국립대학에서 공부했다. 옮긴 책으로 《그들은 어떻게 이단이 되었는가》, 《그리스도인의 미덕》, 《전도, 그 뜻밖의 모험》, 《세상을 바꾸는 작은 예수들》, 《소명》, 《완전한 진리》 등이 있다.

# 성경 번역의 역사

**The Story of the Bible**

# 성경 번역의 역사

**래리 스톤** 지음 | 홍병룡 옮김

# THE STORY OF THE BIBLE

포이에마
POIEMA

# 성경 번역의 역사

1판 1쇄 발행 2011. 7. 20.
1판 4쇄 발행 2025. 12. 26.

지은이 래리 스톤
옮긴이 홍병룡

발행인 박강휘
발행처 김영사
등록 1979년 5월 17일(제406-2003-036호)
주소 경기도 파주시 문발로 197(문발동) 우편번호 10881
전화 마케팅부 031)955-3100, 편집부 031)955-3200 | 팩스 031)955-3111



ISBN 978-89-93474-59-6 03230

홈페이지 www.gimmyoung.com 페이스북 www.facebook.com/3poiema

포이에마는 김영사의 기독교 브랜드입니다.

진리와 사랑과 정의와 용서에
목마른 모든 사람들에게

THE STORY OF
THE BIBLE

차례

서문

## 성경이 진리임을 입증하는 흥미로운 발자취

우리는 끊임없이 우리 마음을 괴롭히는 깊은 갈증을 안고 살아간다. 거짓이 만연한 세상에서 진실을 향한 갈증, 미움이 맹위를 떨치는 세상에서 사랑을 향한 갈증, 불의가 판치는 세상에서 정의를 향한 갈증, 실패하고 넘어질 때 용서를 받고 싶은 갈망 등이 내재되어 있다.

지난 30년 동안 나는 세계 곳곳을 돌아다니며 대학교를 비롯한 다양한 장소에서 강연을 해왔다. 많은 곳에서 오늘날 널리 퍼져 있는 포스트모더니즘의 믿음을 접하곤 했다. 진리는 알 수 없는 것이고, 궁극적 문제에 대한 회의론이 유일하게 합리적 입장인 만큼, 지난 역사는 무시해버리고 우리 나름대로 자유로이 앞날을 개척하자는 주장이었다. 그러나 이처럼 회의론에 굴복하는 것은 자유에 이르는 길이 아니다. 이런 풍조는 영적인 문제에 대한 뜻 깊은 대화를 제지하고 속 깊은 갈증을 다루지 않기 때문에 우리 문화가 최대의 위기에 봉착했음을 보여주고 있다. 그러므로 이러한 주장이 참되고 의미 있는 글로 표현되지 않으면 자멸할 수밖에 없다. 실제로 진리와 삶이 불가분의 관계에 있음을 직면할 때 우리의 방법이 얼마나 엉터리인지가 드러나게 된다. 이와 같은 분위기를 감안한다면, 젊은이를 대상으로 실시한 캐나다의 한 조사에서 대다수가 인생의 가장 큰 갈망은 자기가 믿을 수 있는 누군가를 찾는 것이라고 답변한 것은 놀랄 일이 아니다. 동양에서든 서양에서든 나는 똑같은 소리를 많이 듣고 있다.

그러면 우리는 어떻게 진리에 도달할 수 있을까? 다수는 그 출발점을 하나님께 두고 있다. 스스로를 성경 속에 계시한 그 하나님 말이다. 이 책을 통해 '하나님이 영원히 존재하는 분이요 모든 인생의 목적과 운명의 원천이 되시는 절대자'임을 우리는 알게 된다. 아울러 그 책이 진리와 사랑과 정의와 용서를 향한 우리의 갈증을 다루고 있음을 알게 된다.

역사상 성경만큼 연구되고, 사용되고, 남용된 책도 없었다. 역사를 통틀어 수많은 사람이 거기에 생명을 걸었다. 자신의 운명을 좌우할 만큼 성경에 신뢰를 두었던 것이다. 죽음 이후의 소망도 거기서 찾았다. 여러 나라의 헌장도 그 위에 세워졌다. 어떤 이들은 성경을 몰아내려고 온갖 수단을 동원하기도 했다. 성경으로 인해 특출한 선善이 널리 퍼지기도 했고, 잘못된 열정으로 인해 무수한 악행이 저질러지기도 했다.

그런데 무엇보다도 성경의 메시지는 그 진정성과 생사를 같이한다. 성경 속에 우리 모두를 위한 진리가 있는가, 아니면 쉽사리 미신을 믿는 사람들만을 위한 것인가? 성경은 한갓 공상적인 작품에 불과한가, 아니면 소중한 진리를 담고 있는 책인가? 성경은 정말로 우리에게 주신 하나님의 말씀인가, 아니면 스스로 하나님의 감동을 받았다고 주장하는 사람들의 엉터리 작품인가?

이 책은 양피지에서 인쇄물에 이르는, 그리고 영어 번역판에서 2,400여 개 언어의 번역판에 이르기까지 성경의 역사를 매우 다채롭게 묘사하고 있다. 저자는 여러 사진과 흥미로운 이야기를 곁들임으로써 어려운 학문적 자료를 다양한 계층의 독자들이 읽을 수 있게 전환시키는 작업을 훌륭히 해냈다. 이 과정에서 성경 문헌들이 어떻게 지극히 정밀한 검사 과정을 통과해 그 진정성과 권위를 인정받았는지를 보여주고 있다. 고대 문헌 가운데 성경만큼 고도의 정확성을 인정받은 경우는 찾아볼 수 없다. 실로 성경의 진실성은 그동안 역사적으로 입증되어 온 것이다. 그렇다. 역사상 수많은 사람이 성경을 없애려 했으나 그들은 가고 성경은 오뚝이처럼 거듭거듭 다시 살아나서 엄연히 생존하고 있다.

당신이 이 책을 읽는 동안 어느 지점인가에 이르러 책 중의 책인 성경을 읽게 되기를 바란다. 그리하여 성경은 읽으라고 쓰인 책일 뿐 아니라 우리를 읽는 책이기도 하다는 것을 발견하면 좋겠다. 아, 하나님이 우리 인간들의 몸부림에 친히 관심을 가지시고 역사의 흐름을 따라 성경 속에 자신을 계시하기로 하셨다니 얼마나 놀라운 일인가!

래비 재커라이어스

## 우리는 어떻게 진리에 도달했는가

이 책은 많은 성경들의 번역판에 관한 것인가? 혹은 3천 년도 넘는 유대 민족의 역사와 2천 년에 걸친 기독교회의 역사의 일부인가? 이 책은 성경이 서양 문명에 미친 영향에 관한 것인가? 혹은 성경의 메시지에 의해 변화된 수많은 인생들에 관한 것인가?

이 책은 그 모든 것, 그리고 그 이상의 내용을 다루고 있다.

16세기 초의 잉글랜드에서는 성경 번역이 무척 위험한 작업이었다. 그것은 성경이 기존 교회와 그 교회를 개혁하려는 사람들 간의 권력 투쟁의 상징물이 되었기 때문이다. 토머스 모어 경은 "우리는 오직 성경을 있는 그대로 믿어야 한다"면서 사람들이 개인적으로 묵상하는 것을 이단의 행위라고 정죄했는데, 이는 당시 다수의 견해를 대변하는 말로 신사적으로 토론할 주제가 아니었다. 그로부터 100년 전만 해도 성경의 권위를 사제의 권위보다 우위에 두었던 위클리프주의자들이 목에다 성경을 걸고 화형을 당했던 시대였다.

그럼에도 윌리엄 틴데일은 신약성경을 영어로 번역함으로써 '잉글랜드에서 쟁기를 모는 소년'도 성경을 읽고 이해할 수 있도록 해주었다. 그 번역판은 1526년에 정죄를 받아 불태워졌다. 그로부터 10년 후에는 틴데일 자신이 배신을 당해 체포되어 화형에 처해졌다. 그러나 쟁기를 모는 소년들이 스스로 성경이 말하는 것을 발견하자 그 나라는 변화되었다. 틴데일이 죽은 지 50년도 채 되지 않아 "잉글랜드는 역사상 유례를 찾을 수 없을 정도로 큰 도덕적 변동을 겪었고,잉글랜드는 한 책의 백성이 되었는데, 그 책은 바로 성경이었다."[1]

성경에 대한 이런 열정은 잉글랜드에만 머무르지 않았다. 종교의 자유를 원했던 다수가 잉글랜드를 떠나 아메리카로 갔다. "그들은 주로 몸과 영혼 등 삶 전체로 하나님을 예배하려던 그리스도인들이었다. 300년이 지난 지금까지도 그 뜨거웠던 열정을 그들의 일기와 편지와 시를 통해 느낄 수 있을 정도이다. … 아메리카는 영적 폭발 속에서 태어났던 것이다. 그리고 그 폭발은 성경에 의해 촉발된 것이었다."[2]

오랜 역사에 걸쳐 성경을 억압하려는 시도가 수없이 있어왔지만 그 어느 것도 성공하지 못했다. 오늘처럼 성경이 서점과 호텔 방과 인터넷에 널려 있는 시대에는 500년 전 윌리엄 틴데일이 신약성경을 영어로 출판한 죄로 화형 당했다는 사실이 무척 이상하게 보인다.

성경의 기록과 보존과 번역을 둘러싼 이야기는 온갖 음모와 발굴과 모험으로 가득 찬 흥미진진한 이야기이다. 이제 와서 보니, 성경을 모든 사람의 손에 들려주고 싶었던 틴데일의 꿈(이는 성경을 라틴어로 번역했던 히에로니무스, 독일어로 번역했던 마르틴 루터, 위클리프 성경 번역 선교회를 창설했던 카메룬 타운센드 등의 꿈이기도 했다)은 곧 세상을 변혁시킨 꿈이었음을 알게 된다. 그것은 또한 잉글랜드와 잉글랜드의 언어(영어)를 변혁시킨 꿈이기도 했다. 그리고 성경은 자기네 언어로 그것을 읽는 사람들이 사는 가장 현대화된 사회에서 가장 원시적인 사회에 이르기까지, 온 지구촌에 걸쳐 대단한 영향을 미쳐온 책 중의 책이다.

## 일러두기

성경이 어떻게 해서 우리 손에 오게 되었는지에 대해선 다소 견해 차이가 있다. 요한일서와 요한이서와 요한삼서의 저자를 둘러싼 논쟁이 좋은 예이다. 학자들은 이 편지들이 사도 요한의 것인지, 아니면 요한이란 이름을 가진 다른 인물의 것인지를 놓고 논쟁을 벌여왔다. 이 책은 그 저자를 '전통적인' 입장을 좇아 '사도 요한'으로 보고 다른 이론들은 논하지 않겠다. 하지만 이런 논쟁이 성경의 신빙성을 약화시키는 것은 아니다. 성경의 정확성과 진정성을 보여주는 초기의 많은 증거야말로 연구를 촉발하고 추측을 불러일으키는 것이다.

구체적인 연대를 기록할 때만 제외하고 한 세기의 호칭은 '1300년대'라고 표기하지 않고 '14세기'로 표기할 것이다. 약간 헛갈릴지 모르지만, 세기는 연도의 마지막 숫자가 끝나는 때를 기준으로 삼는다. 이를테면, AD 1492년은 15세기에 해당한다.

### 이 책에 나오는 영어판 성경 목록과 약어

- American Standard Version (ASV) : 미국 표준 성경
- Amplified Bible : 확대역 성경
- The Bishop's Bible : 주교 성경
- Contemporary English Version (CEV) : 현대 영어 성경
- The Coverdale Bible : 커버데일 성경
- The Douay–Rheims Bible : 두에–랭스 성경
- English Standard Version (ESV) : 영어 표준 성경

- The Geneva Bible : 제네바 성경
- Good News Bible (GNB) : 좋은 소식 성경
- The Great Bible : 대성경
- King James Version (KJV) : 킹 제임스 성경
- Living Bible (LB) : 살아 있는 성경
- The Matthew's Bible : 매튜 성경
- The Message : The Bible in Contemporary English : 메시지
- New American Standard Bible (NASB) : 새 미국 표준 성경
- New English Bible (NEB) : 새 영어 성경
- New International Version (NIV) : 새 국제 성경
- New King James Version (NKJV) : 새 킹 제임스 성경
- New Living Translation (NLT) : 새로운 살아 있는 번역판
- New Revised Standard Version (NRSV) : 새 개역 표준 성경
- New World Translation : 새 세계 성경
- Revised Standard Version (RSV) : 개역 표준 성경
- Revised Version (RV) : 개역 성경
- The Taverner's Bible : 태버너 성경
- Today's English Version (TEV) : 좋은 소식 성경
- Today's New International Version (TNIV) : 오늘의 새 국제 성경
- Tyndale Translation : 틴데일 성경 번역
- Wycliffe Translation : 위클리프 성경 번역
- Young's Literal Translation (YLT)

책에 수록되어 있는 사진 자료와 사본 부록에 대한 저작권 표기는 맨 뒷장에 실어놓았다.

1

CHAPTER

# THE STORY OF THE BIBLE

## 성경은 정말로 하나님 말씀인가

### 성경 보존의 역사

사해 근처에서 2천 년 동안 보존되어온 성경 단편들의 놀라운 발굴을 비롯한, 히브리 성경의 집필과 보존에 관한 이야기이다. 그리고 AD 325년부터 중세까지 유럽이 기독교회와 성경의 지배를 받게 된 경위와 활자가 달린 인쇄기의 발명에서부터 종교개혁에 이르기까지, 성경이 발휘했던 놀라운 역할을 포함하고 있다. 성경이 유럽(특히 영국)에 미친 심대한 영향을 다룰 뿐만 아니라, 성경에 대한 영국의 헌신이 어떻게 미국과 전 세계로 퍼져 나갔는지를 묘사하는 이야기이기도 하다.

성경은 여러 책과 편지들로 구성된 놀라운 모음집이다. 무려 1500년에 걸쳐 40명이 넘는 저자가 세 가지 언어로 기록한 책이다.

저자 중 일부는 왕이었고, 일부는 시인이었으며, 한 명은 의사요 또 다른 한 명은 세관원이었다. 신약성경의 일부는 교육을 받지 못한 어부들이 쓴 것이다. 이와 같은 다양성에도 성경은 변함없이 한 가지 중심 주제를 갖고 있다. 그 주제란 하나님이 우리를 만드셨고, 우리가 선천적으로 그분께 반역하는 태도를 갖고 있음에도 우리를 사랑하시고, 자신과 화목하기를 원하신다는 것을 말한다.

성경은 구약과 신약 등 두 부분으로 되어 있다. 여기서 '약約'이란 하나님과 그의 백성 사이에 맺어진 '언약' 내지는 '합의'를 일컫는다. 구약은 세계의 창조에서 BC 400년경에 이르기까지 하나님과 선택된 백성 간의 관계에 관한 이야기를 들려준다. 하나님이 모세에게 십계명을 주실 때 맺은 그분과 그 백성 사이의 '합의'(흔히 모세 언약이라고 부르는 것)는 법적인 성격을 갖고 있었다. 하나님은 유대 민족에게 그들이 지켜야 할 규율을 주셨다. 구약을 구성하는 39권의 책은 그리스도 시대 이전에 이미 유대인이 성경으로 인정했고, BC 3세기에 그리스어로 번역되었다. 이를 일컬어 70인역Septuagint이라고 부른다.

신약은 예수와 그의 추종자들에 관한 이야기를 들려준다. 신약 27권 가운데 21권은 그리스도가 죽은 뒤에 사도들이 쓴 편지이다. 구약에 나오는 율법의 언약은 죄를 깨닫게 하는 데 비해, 신약에 나오는 은혜의 언약은 죄를 용서받게 한다. 최후의 만찬에서 예수는 제자들에게 포도주를 주면서 "죄 사함을 얻게 하려고 많은 사람을 위하여 흘리는바 나의

---

네 번째 복음서의 저자인 요한이 오늘날의 책과 같은 판형인 사본을 들고 있는 모습. 이 그림은 콘스탄티노플 소재 비잔틴 성 세례 요한 수도원에서 AD 1133년에 완성된 그리스어 신약성경에서 따온 것으로서, 현재 로스앤젤레스의 폴 게티 박물관에 소장되어 있다.

BC 458년에 유대인 망명자들을 이끌고 이스라엘로 돌아온 구약의 서기관인 에스라가 9권의 책이 진열된 책장 곁에서 사본을 기록하는 모습. 이 그림은 AD 8세기에 교황에게 선물로 주기 위해 잉글랜드 북동부에 위치한 한 수도원에서 만든 아미아티누스 사본의 속표지에 나온다. 아미아티누스 사본은 현재 피렌체에 있는 비블리테카 메디체아 라우렌찌아나에 소장되어 있다.

피, 곧 언약의 피"라고 설명했다."[1]

'성경Bible'이란 단어는 라틴어 *biblia*와 그리스어 *biblos*에서 유래한 것으로서 단순히 '책'이란 뜻을 갖고 있다. 이 단어가 책을 의미하게 된 것은, 이집트인이 책과 두루마리의 재료로 사용되었던 파피루스를 그리스에 수출한 곳이 바로 오늘날 레바논에 있는 비블로스Byblos 항구이기 때문이 아니었을까 추측된다.

파피루스는 '종이paper'의 어원으로서 이집트의 나일 강가에 자라던 키가 큰 갈대 식물이었으며, 아기 모세를 숨겼던 상자의 재료로도 사용되었다. 고대 이집트의 가장 중요한 수출품이었던 파피루스는 대대로 파라오의 통제 아래서 엄격한 과정을 거쳐 제조되었다. "그와 같이 비교적 값싸고 편리한 재료가 없었다면 문헌과 과학이 그처럼 발달할 수 없었을 것이다."[2] 우리가 이집트인의 비법은 알 수 없지만, 줄기 안쪽을 길게 잘라내 분해가 시작되도록 물에 충분히 담가놓음으로써 파피루스를 만들 수 있다는 정도는 알고 있다. 그 후에 길고 가는 조각들을 나란히 놓고 그 위에 다른 조각들을 바른 각도로 겹쳐놓는다. 두 층에 압력을 가해 말리면 서로 달라붙게 된다. 이어서 파피루스 종이를 돌이나 조개와 같이 단단하고 둥근 물체로 문지른다. 그러면 파피루스를 종이로 사용할 수도 있고, 길게 연결하여 막대기 둘레에 감아 두루마리로 만들 수도 있다. 여러 성경 번역판들은 두루마리scroll란 단어와 책book이란 단어를 교호적으로 사용하고 있다. 가령, 디모데후서 4

장 13절에서, 바울이 디모데에게 "책은 특별히 가죽 종이에 쓴 것을 가져오라"고 부탁한 것을 번역할 때, NIV는 'scrolls'라는 단어를 사용하고 NKJV는 'books'를 사용하고 있다.

가죽 종이(양피지)parchment도 물론 고대 이집트에서 사용되었다. 가죽 종이는 BC 2세기 이집트의 프톨레마이오스 왕이 (오늘날의 터키에 있던) 페르가뭄의 에우메네스 왕에게 파피루스 수출을 거부함에 따라 페르가뭄에서 널리 사용되기에 이르렀다. 파피루스를 수입할 수 없게 되자 페르가뭄 백성은 동물(보통은 염소나 양이나 송아지)의 가죽을 펴고 문질러서 종이 같은 얇은 판을 제조하는 기술을 완성시켰다. 가죽 종이는 파피루스보다 수명이 길고 만들기도 쉬워서 결국은 파피루스를 대치하게 되었다. 보통 송아지 가죽으로 만드는 벨룸vellum은 가죽 종이와 비슷하지만 이보다 더 양질의 가죽이다.

페르가뭄은 코덱스codex도 개발했는데, 이것이 마침내 두루마리를 대치하게 된다. 두루마리는 최대 길이가 1미터에 달하고, 파피루스나 가죽 종이의 한 면에 세로로 글을 써서 막대기에 감아놓은 것이기 때문에 특정 단락을 쉽게 찾을 수 없다는 단점이 있다. 하지만 코덱스는 종이 양면에 글을 쓰고 접어서 다함께 묶어놓은 것이다. 현대의 책도 코덱스의 형태이긴 하지만, 이 용어는 인쇄술의 발명 이전에 만든 '손으로 쓴 원고'에 한하여 사용되고 있다. 예컨대, 코덱스 바티카누스Codex Vaticanus라는 말은 바티칸 도서관에 소장된 어느 특정한 원고가 두루마리가 아닌 현대적 책의 형태로 되어 있다는 것을 의미한다. 이 코덱스 형태는 기독교의 서기관들이 비기독교 문헌을 만드는 서기관들보다 훨씬 더 일찍부터 사용했다.

성경은 세 가지 언어로 쓰였다. 구약은 대부분 히브리어로 쓰였고 아주 일부분만 아람어로 기록되었다. 신약은 그리스어로 기록되어 있다.

고대 이집트에서 만든 파피루스는 줄기의 안쪽을 길게 잘라서(왼쪽) 물에 담근 뒤에 나란히 펼쳐놓은 것이다(오른쪽). 이어서 압력을 가하고 말리고 닦아서 종이를 만들고, 이를 서로 연결하여 두루마리로 만들 수도 있다.

히브리어와 아람어는 노아의 장남인 셈의 이름에서 유래한 셈족 언어에 속한다. 이집트에서 사용하는 아랍어와 암하라Amharic어가 오늘날에 사용되는 대표적인 셈족 언어이고, 히브리어와 여러 가지 다른 셈족 언어들도 중동과 북아프리카에서 사용되고 있다. 히브리어는 오른편에서 왼편으로 쓰고, 자음으로만 구성된 22개의 알파벳 기호로 이루어져 있다.

현존하는 히브리어의 본보기 중 가장 오래된 것은 BC 1000년경에 석회암에 기록된 게셀 달력이다. 이것은 어느 학생의 연습용 작문이거나 노래 가사였을 것으로 추정된다. 히브리어 문자가 등장하는 다른 본보기들을 보면 다음과 같다. **(1)모압 비석이라고도 불리는 메사 석주**(Mesha Stele,

BC 850) | 모압 왕 메사가 이스라엘을 이기고 승리한 것을[3] 기념하여 히브리 방언인 모압어로 쓴 비문이다. **(2)사마리아 오스트라카**(Samaritan Ostraca, BC 750) | 기름과 포도주의 선적에 대해 깨진 도자기 조각에 쓴 65개의 영수증이다. **(3)실로암 비문**(Siloam Inscription, BC 701) | 예루살렘에 있는 히스기야 터널 벽에 새겨진 필기체 히브리어 대본이다. **(4)라기스 서한**(Lachish Letters, BC 597–587) | 깨진 도자기 조각에 쓴 느부갓네살의 이스라엘 침략과 관련된 군사적 교신이다.

고전 히브리어에 관한 정보의 일차적인 출처는 구약 그 자체이다. 따라서 번역가가 구약에 한두 차례밖에 안 나오는 단어와 마주칠 경우에는 그 뜻을 확정하는 데 도움이 될 만한 다른 문헌이 없을 수도 있다. 히브리어 문헌에 관한 가장 중요한 발굴은 1947년에 일어났다. 베두인 염소지기들이 사해 근처 절벽 옆에 있는 땅굴을 탐색하다가 2천 년도 넘은 고대 두루마리와 단편들을 담은 큰 토기 항아리들을 발견한 사건이다. 사해 두루마리 중 소수는 아람어와 그리스어로 쓰여 있지만 나머지는 모두 고대 히브리어로 기록되어 있었다.

아람어는 아시리아, 바빌로니아, 페르시아 등 역사상 이스라엘을 정복한 적이 있는 나라들이 사용했던 언어였다. 이스라엘 백성은 포로 시절에 아람어를 사용하기 시작했고, 시간이 흐르면서 아람어가 히브리어를 제치고 일상 언어로 자리를 잡게 되었다.

구약에 아람어가 사용된 경우는 몇 군데밖에 없다. 느부갓네살의 궁전에서 일어난 사건들을 묘사한 다니엘서의 대목, 에스라서의 여러 부분, 예레미야서의 한 구절, 이 밖에 소수의 단어들이 있다. 예수와 그 제자들도 아람어를 사용했다. '아바'와 '마라나타'와 '게바'와 같은 단어들은 물론이고 예수께서 십자가 위에 달려 있을 때 언급했던 시편 22편의 한 대목 "엘리, 엘리, 라마 사박다니"도 아람어이다. 이처럼 1세기 유대인들이 일상적으로 사용했던 말은 아람어였지만 상업적인 언어는 그리스어였다.

유럽에서 가장 오래된 언어인 그리스어는 일찍이 BC 1400년에 크레타 섬에서 사용되었고, 아테네가 전성기 때 사용했던 아티카 방언을 비롯한 여러 방언을 갖고 있다. BC 4세기에 알렉산드로스 대왕이 주변 지역을 정복함에 따라 그리스어가 곳곳으로 퍼져 나가면서 일종의 '공용' 언어인 '코이네koine'가 개발되기에 이르렀다. 그래서 가령, 페르시아 상인과 이집트 상인은 그 언어로 소통하며 장사할 수 있게 된 것이다. 훗날 로마제국이 라틴어를 공식 언어로 삼았음에도, 서부 인도에서 이집트와 스페인에 이르는 광대한 지역에 걸쳐 문화와 상업 부문에선 여전히 그리스어가 일상어로 사용되고 있었다. 부분적인 이유로는 배우기도 쉽고 쓰기도 쉽기 때문인데, 코이네 그리스어는 전통적인 방언들의 어휘와 발음과 문법에 상당한 변화를 초래하였다. 다른 한편, 플라톤과 플루타르코스의 그리스어의 우월성을 보존하고 싶었던 순수파는 코이네에 대해 강력한 반기를 들었다. 그럼에도 코이네는 일상어로 자리를 잡았고 여러 면에서 현대 그리스어의 원형이라고 할 수 있다. 그리고 신약의 언어이기도 했다.

**히브리어 알파벳 |** 히브리어는 22개의 자음만 있고 모음은 없다. 독자는 문맥에 따라 (영어식으로 말하면) 'MD'가 *mad*, *med*, *mid*, *mod*, *mud* 중 어느 것인지를 확정해야 한다. 히브리어는 오른편에서 왼편으로 쓰고 대문자밖에 없다.

| | | |
|---|---|---|
| א | Aleph | 묵음 |
| ב | Beth | 'boy'의 B, 또는 'very'의 V |
| ג | Gimel | 'go'의 G |
| ד | Daleth | 'day'의 D |
| ה | Hey | 'hat'의 H |
| ו | Waw | 'way'의 W |
| ז | Zayin | 'zeal'의 Z |

| | | |
|---|---|---|
| ח | Heth | 'loch'의 CH |
| ט | Teth | 'toy'의 T |
| י | Yod | 'yet'의 Y |
| ך, כ | Kaph | 'keep'의 K, 또는 'Bach'의 KH |
| ל | Lamed | 'let'의 L |
| מ, ם | Mem | 'met'의 M |
| נ, ן | Nun | 'net'의 N |
| ס | Samekh | 'set'의 S |
| ע | Ayin | 묵음 |
| ף, פ | Pe | 'pet'의 P, 또는 'phone'의 PH |
| צ, ץ | Tsadhe | 'hits'의 Ts |
| ק | Qoph | 'oblique'의 Q |
| ר | Resh | 'run'의 R |
| ש | Sin/Shin | 'so'의 S, 또는 'shell'의 SH |
| ת | Taw | 'to'의 T |

시편 119편에는 각각 여덟 절로 된 22개의 단락이 있고, 각 단락의 여덟 절은 모두 첫 단어가 동일한 히브리어 철자로 시작하고 있다. 가령 1절에서 8절까지는 모두 히브리어의 첫 알파벳인 '알레프'로 시작한다. 대부분의 영어 성경은 히브리어 철자로 그 단락들을 나누고 있다.

**그리스어 알파벳 |** 그리스어와 히브리어 모두 페니키아 알파벳에서 유래했지만, 그리스어는 자음을 추가하여 모두 24개의 철자를 갖고 있다. 그리스어는 소문자와 대문자를 갖고 있으며 영어처럼 왼편에서 오른편으로 쓴다. 오늘날 그리스어 철자는 여러 용도로 사용되고 있다. 예컨대, 원의 지름과 둘레의 비율(3.14159265)은 그리스어 철자인 '파이'라고 불린다.

| 대문자 | 소문자 | | |
|---|---|---|---|
| *Α* | *α* | Alpha | 'father'의 A |
| *Β* | *β* | Beta | 'boy'의 B |
| *Γ* | *γ* | Gamma | 'got'의 G |
| *Δ* | *δ* | Delta | 'dog'의 D |

| | | | |
|---|---|---|---|
| $E$ | $\varepsilon$ | Epsilon | 'end'의 E |
| $Z$ | $\zeta$ | Zeta | 'Mazda'의 ZD |
| $H$ | $\eta$ | Eta | 'set'의 E |
| $\Theta$ | $\theta$ | Theta | 'thick'의 Th |
| $I$ | $\iota$ | Iota | 'it'의 I |
| $K$ | $\kappa$ | Kappa | 'sack'의 K |
| $\Lambda$ | $\lambda$ | Lambda | 'light'의 L |
| $M$ | $\mu$ | Mu | 'mouse'의 M |
| $N$ | $\nu$ | Nu | 'nose'의 N |
| $\Xi$ | $\xi$ | Xi | 'fox'의 X |
| $O$ | $o$ | Omicron | 'hop'의 O |
| $\Pi$ | $\pi$ | Pi | 'pan'의 P |
| $P$ | ϱ | Rho | 스페인어 떤꾸밈음 R과 비슷한 R |
| $\Sigma$ | σ,ς | Sigma | 'sister'의 S |
| $T$ | $\tau$ | Tau | 'stop'의 T |
| $\Upsilon$ | $\upsilon$ | Upsilon | 'une'의 U |
| $\Phi$ | $\varphi$ | Phi | 'phone'의 Ph |
| $X$ | $\chi$ | Chi | 'loch'의 Ch |
| $\Psi$ | $\psi$ | Psi | 'lips'의 Ps |
| $\Omega$ | $\omega$ | Omega | 'grow'의 O |

그리스어는 놀랍도록 풍부한 어휘와 새로운 단어를 만드는 능력을 갖고 있다. 그래서 영어도 그 점을 잘 원용하여 가령 생물학Biology이란 단어를 만들었는데, 이는 그리스어 단어인 *bios*(생명)와 *logia*(-에 관한 연구)를 합성하여 만든 것이다. 그리스어는 이처럼 풍부한 어휘와 정확한 특성을 갖고 있기 때문에 복음서의 이야기는 물론이고 바울을 비롯한 신약 저자들의 신학적 토론을 전달하기에 안성맞춤이다.

현재 바울이 실제 쓴 편지, 마태가 손으로 쓴 복음서 등 성경의 '원본'은 하나도 남아 있지 않다. 하지만 우리는 5,500개가 넘는 고대 성경 사본의 일부분이나 완성판을 보유하고 있다. 여기에 포함되어 있는 것을 몇 가지만 들어보면 다음과 같다. 교회에서 성일에 낭독했던 2,000여 개의 성구집, 대부분 주후 3세기와 4세기에 만든 것으로 추정되는 125개가 넘는 파피루스, 300개가 넘는 언셜체의 사본들(AD 9세기 이전에 사용되었던 서체인 대문자로만 기록된 원고 혹은 단편), 후대에 좀 더 쉽고 빨리 쓸 수 있도록 개발된 소문자 필기체 그리스어로 기록된 2,600여 개의 사본 등이다. 대영박물관의 관장을 지냈고 성경 사본 분야의 전문가인 프레데릭 케니언 경은 그 언셜 사본들(더 오래된 것)에 대해 "아주 훌륭한 형태를 갖고 있고, 시나이티쿠스와 알렉산드리누스 같은 초기 사본들은 현존하는 책들 가운데 최상품에 속한다"고 했다.

모압 비석이라고도 불리는 메사 석주는 고대 모압의 수도였던 요르단의 디반에서 1868년에 발굴되었다. 34행으로 된 비문은 모압 왕 메사가 이스라엘의 오므리 왕을 이기고 승리했다는 내용이다. 히브리 방언의 하나였던 모압어로 쓰인 이 비문은 하나님의 이름(YHWH)을 언급하는 가장 초기의 유물이다. 높이가 1.2미터이고 폭이 77센티미터인 이 기념비는 현재 파리의 루브르 박물관에 소장되어 있다.

신약의 경우 고대의 사본들이 놀랄 만큼 많다는 것과 가장 오래된 사본들이 집필 시기에서부터 70년에서 170년밖에 되지 않았다는 사실로 미루어 보건대, 신약은 유일무이한 고대 문헌이라고 할 수 있다. 예컨대, 고대 로마의 시인이었던 베르길리우스의 경우, 현존하는 가장 오래된 사본은 그의 죽음 이후 350년이나 지난 것이고, 그것이 성경 저자를 제외한 다른 모든 저자들의 사본 가운데 원본과의 시간적 거리가 가장 가까운 것이다. 아리스토텔레스와 소포클레스의 저술의 사본들 가운데 현존하는 가장 초창기의 것은 그들이 죽은 지 1000년 이상 지난 것이다. 그리고 고대 저자들의 사본은 보통 수십 개 정도에 불과하다. 가령, 로마 시인이었던 베르길리우스와 오비디우스의 저술은 200-300개 정도의 사본과 단편에 담겨 있다. 따라서 고대의 저술 가운데 현존하는 사본이 수천 개나 존재하는 것은 성경밖에 없는 셈이다.

물론 성경은 여느 책과 같지 않기 때문에 그토록 많은 사본이 있는 것이다. 세계의 위대한 두 종교인 유대교와 기독교에서는 성경이 곧 하나님의 말씀이다. 이제까지 베르길리우스나 호메로스의 저술을 번역하고 보존하려고 목숨을 바친 사람은 없었다. 그러나 성경의 번역과 보존을 위해서는 수많은 사람이 생명을 바쳤다. 모세는 이스라엘 백성에게 "오늘 내[하나님]가 네게 명하는 이 말씀을 너는 마음에 새기고 … 네 자녀에게 부지런히 가르치며 집에 앉아 있을 때에든지, 길을 갈 때에든지, 누워 있을 때에든지, 일어날 때에든지 이 말씀을 강론할 것이며"[4]라는 메시지를 전달했다. 지금도 많은 유대인이 자기 집 문설주에 성경 구절이 담긴 '메주자*mezuzah*'[5]를 두고 있다. 지난 2천 년 동안 그리스도인은 성경을 필사하고, 공부하고, 보존하고, 전 세계에서 사용하는 수천 개의 언어로 번역해왔다. 그러다가 다수가 죽임을 당했는데, 그 중 대표적인 경우가 1536년 안트베르펜에서 유배 중에 죽은 윌리엄 틴데일과 1956년에 에콰도르의 쿠라라이 강둑에서 죽은 다섯 명의 미국 선교사들이다.

이 책은 사해 근처에서 2천 년 동안 보존되어온 성경 단편들의 놀라운 발굴을 비롯한, 히브리 성경의 기록과 보존에 관한 이야기이다. 이는 특정한 사도들의 저술이 성경으로 공인된 과정, 그리스도인이 받은 핍박, 그리고 AD 325년부터 중세까지 유럽이 기독교회와 성경의 지배를 받게 된 경위 등에 관한 이야기이다. 아울러 활자가 달린 인쇄기의 발명에서부터 종교개혁에 이르기까지 놀라운 한 세기 동안 성경이 발휘했던 중추적인 역할을 포함하고 있다. 이 이야기는 성경이 유럽(특히 영국)에 미친 심대한 영향을 다룰 뿐만 아니라, 성경에 대한 영국의 헌신이 어떻게 미국과 전 세계로 퍼져 나갔는지를 묘사하는 이야기이기도 하다.

## 게셀 달력 The Gezer Calendar

예루살렘에서 서쪽으로 32km가량 떨어진 게셀은 현대 이스라엘에서 발굴 작업이 가장 활발히 일어나는 곳 중 하나이다. 여호수아가 이스라엘 백성을 이끌고 가나안에 도착했을 때 게셀 왕을 무찔렀으나 "게셀에 거주하는 가나안 족속을 쫓아내지 않았다."[6] 훗날 이집트의 바로가 게셀을 파멸시켰고, 그 도시를 솔로몬에게 자기 딸과의 혼인 지참금으로 주었으며, 솔로몬은 게셀을 '창고 도시'로 재건했다.

영국의 고고학자인 스튜어트 마칼리스터는 게셀에서 중요한 유물을 많이 발굴했는데, 그 중에서 가장 위대한 발굴은 가나안 성벽이나 총독의 집이 아니라(이 둘도 그가 발견한 것이지만) 1908년에 발견한, 높이가 10cm 밖에 안 되는 작고 부드러운 석회암 서판으로서 거기에는 농사 절기와 농경 작업의 목록이 기록되어 있었다. 그 내용은 다음과 같다.

두 달간의 추수
두 달간의 씨뿌리기
두 달간의 늦은 씨뿌리기
한 달간의 괭이질
한 달간의 보리 추수
한 달간의 추수와 축제
두 달간의 포도 추수
한 달간의 여름 과일

이 서판의 메시지는 하찮아 보인다. 아마도 어느 학생의 연습용 작문이나 민속 가요 혹은 어린이 노래일 가능성이 높다. 그러나 이 비문의 중요성은 BC 10세기, 즉 솔로몬 왕이 바로에게서 게셀을 선물로 받은 그 당시에 고전 히브리어로 기록되었다는 사실에 있다.

나중에 '게셀 달력'이란 이름으로 불리게 된 이 서판은 히브리어 필적을 담은 가장 초창기 증거물의 하나로 간주되고 있다. 이것은 현재 터키의 이스탄불에 있는 고대 동양 박물관에 소장되어 있다.

## 히브리어 번역의 난제[7]

고대 히브리어가 번역가에게 많은 어려움을 주는 것은 어떤 유럽 언어와도 비슷하지 않기 때문이다. 오른편에서 왼편으로 쓰는 것도 물론 생소하지만, 그게 가장 큰 도전거리는 아니다. AD 9세기와 10세기까지만 해도 히브리어는 모음이 없었고 때로는 단어 사이를 띄우지도 않은 채 쓰곤 했다. 사실 고대 히브리어는 어떤 사건을 기억에 떠올리게 하려고 기록된 것인 만큼, 독자가 그것을 읽기 전에 그 내용을 어느 정도는 알고 있어야 했다. 예컨대, KJV 성경에 나오는 시편 23편의 전반부를 왼편에서 오른편으로 기록하면 이런 식으로 보일 것이다.

THLDSMSHPHRDSHLLNTWNT
HMKTHMTLDWNNGRNPSTRSHLDTHMBSDTHSTLLWTRS
HRSTRTHMSLHLDTHMNTHPTHSFRGHTSNSSFRHSNMSSK

더군다나 어떤 히브리어 단어들은 더 이상 확실하게 번역할 수 없다. 가령, 창세기 37장 32절은 야곱이 요셉을 위해 *ketoneth passiym*을 만들어주었다고 말하고 있다. 여기서 첫째 단어는 분명히 '겉옷' 내지는 '외투'를 가리킨다. 그러나 둘째 단어는 구약의 다른 곳에서는 전혀 나타나지 않는다. 그래서 '다채로운' 겉옷, '긴 소매가 달린' 겉옷, '많은 장식이 달린' 겉옷, 심지어는 '고급 양털'로 만든 겉옷 등으로 다양하게 번역되었다. 문제는 아무도 *passiym*의 정확한 뜻을 모르기 때문에 그것을 알 도리가 없다는 사실이다. 끝으로, 전형적인 히브리어 문장의 어순은 영어와 무척 다르고, 히브리어에는 동사의 시제도 없다. 말하자면, 과거와 현재와 미래 시제가 히브리어에는 존재하지 않는다는 뜻이다. 그럼에도 히브리어의 특징 가운데는 쉽게 번역할 수 있게 해주는 면도 일부 있다. 구약의 히브리어는 단도직입적인 스타일과 생생한 이미지를 사용하는 것으로 잘 알려져 있다. 하나님의 분노가 한 단락에서는 "콧구멍이 빨개지는 것"으로 묘사되어 있고, 배의 용골(龍骨)은 그 '등뼈'이고, 바다의 기슭은 곧 그 '입술'이다. 또 다른 특징을 들자면, 히브리 시는 운율이 아니라 병행법에 기초해 있어서 두 행이 동일한 아이디어를 반복하고 있다는 점이다. 예를 들어, 이사야 1장 4절을 보면 세 행이 동일한 개념을 되풀이하고 있다.

슬프다, 범죄한 나라요,
허물 진 백성이요,
행악의 종자요.

잠언 10장 1절은 대구법을 보여주는 좋은 본보기이다.

지혜로운 아들은 아비를 기쁘게 하거니와
미련한 아들은 어미의 근심이니라.

이처럼 히브리어는 현대 번역가들에게 특별한 도전을 주기 때문에 그리스어로 옮긴 70인역과 같은 초기의 구약 번역판을 연구하는 일이 중요하다. 그런 번역판을 통해 초기 번역가들이 히브리어의 뜻을 어떻게 생각했는지를 알 수 있기 때문이다.

2
CHAPTER

# THE STORY OF THE BIBLE

## 성경은 누가 기록했는가

### 성경을 둘러싼 사람들

인쇄술이 발명되기 전에는 모든 원고의 사본을 손으로 만들었다. 한 페이지씩, 한 줄씩, 한 단어씩 공들여 기록하지 않으면 안 되었다. 사본을 매우 신중하게 만들지 않으면 오류가 생길 수 있었으므로 유대인들은 회당에서 사용할 두루마리를 만들 때 오류를 예방하기 위한 규율을 개발했다.

동굴 앞쪽에 있는 와디 쿰란은 동쪽으로 1.6km가량 떨어진 사해로 흐르는 계곡이다. 동굴 뒤편에 있는 평지는 쿰란 공동체의 유적이다. 이런 절벽에 있는 동굴에서 발견된 사해 사본에는 예전에 발굴된 것보다 천 년이나 더 오래된, 거의 완전한 히브리 성경이 담겨 있다.

수메르의 우르는 4천 년 전에 세계에서 가장 큰 도시였다.

우르는 오늘날 바그다드에서 동남쪽으로 약 320킬로미터 떨어진 페르시아 만으로 티그리스 강과 유프라테스 강이 흘러 들어가던 장소 근처에 세워졌었다.[1] 우르는 달의 신 난나Nanna의 신성한 도시로서 그 신전에는 1980년대에 이라크의 사담 후세인이 부분적으로 재건한, 거대한 계단이 붙은 플랫폼(ziggurat, 지구라트)이 있었다. 1920년대에 우르에서 발굴된 왕의 무덤들은 화려한 황금과 청금석, 금과 은으로 만든 컵, 설화석고 그릇, 예술품 등으로 가득 차 있어서 고대 수메르의 찬란한 영광을 보여주었다. 우르 남무 왕은 현존하는 법 가운데 가장 오래된 법령을 기록한 인물로 평가받고 있다. 세계에서 가장 오래된 수메르의 창조 이야기는 거대한 배로 살아남은 소수의 사람만 제외하고 모든 사람과 동물을 파괴한 홍수에 관해 얘기하고 있다. 우르는 놀랄 만한 문명을 갖고 있었던 막강한 도시였다.

지구라트가 완공된 직후에 우르에는[2] (난나로 추정되는) '다른 신들을 섬겼던'[3] 데라가 살고 있었고, 그의 아들 중에는 아브라함이란 사람이 있었다. 하나님은 아브라함에게 가족을 데리고 우르를 떠나 약 2,000킬로미터나 떨어진 새로운 땅으로 가라고 말씀하셨다.[4] 그러면서 "내가 너로 큰 민족을 이루고 네게 복을 주어 네 이름을 창대하게 하리니 … 땅의 모든 족속이 너로 말미암아 복을 얻을 것이라"[5]고 약속하셨다. 그 새로운 땅은 바로 가나안(오늘날의 이스라엘)이었고, 하나님은 아브라함의 자손(유대 민족)이 거기에 자리를 잡게 하시고 장차 메시아의 탄생을 통하여 땅의 모든 족속을 축복할 예정이었다. 뿐만 아니라 하나님은 유대 민족을 통하여 온 세계에 그분의 말씀을 주셨다.[6]

아브라함과 그 집안은 BC 2100-2000년경에 우르를 떠나 오늘날의 터키에 있는 하란으로 이주하여 거기서 아버지 데라가 죽기까지 머물렀다. 그 후 아브라함은 75세의 나이에 하란을 떠나 가나안을 향해 발걸음

우르에 있는 지구라트는 길이가 63m, 너비가 45m나 되는 대규모 건물로서 아브라함이 우르에서 태어난 시기(BC 2100–2000)에 건립되었다. 달의 신이었던 난나가 거기에 살고 있었던 것으로 전해지고, 실제로 지구라트의 꼭대기에는 작은 '신의 침실'이 있었다.

을 옮겼다.

아브라함과 그 가족이 가나안에 도착한 지 2백 년 후에 아브라함의 증손자인 요셉은 자기 형들에 의해 이집트로 가던 상인들에게 팔렸다. 훗날 요셉은 바로에 이어 2인자가 되었고, 가나안에 기근이 닥치는 바람에 야곱의 온 가족이 이집트로 피난한 후 거기에서 번성해 히브리 민족을 이루게 되었다.

훗날 '요셉을 알지 못하는 새 왕이 일어나서' 히브리인을 노예로 삼았다. BC 1446년에[7] 이르러 바로의 딸의 양자로 자라고 교육받은 이스라엘 사람 모세가 모든 이스라엘 백성을[8] 이집트에서 이끌어내어 40년 동안 시내 광야를 통과해 가나안으로 향했다. 바로 이 모세가 전통적으로 성경의 첫 다섯 권인 모세오경의 저자로 알려져 있다. 본문 어디에도 모세를 그 저자로 주장하는 대목은 없지만, 언약궤와 함께 보관된 '율법책' 등 모세가 무언가를 썼을 때는 그의 이름이 (여섯 차례) 언급되어 있다.[9] 모세가 모세오경의 저자라면 그는 어느 누구보다도 더 많은 성경의 내용을 집필한 인물인 셈이다.

구약은 천 년이 넘는 세월에 걸쳐 많은 저자들이 하나님의 영감을 받아 쓴 것으로 알려진 39권의 책으로 구성되어 있다. 거기에는 이스라엘 민족의 역사 이야기, 시편에 나오는 시, 하나님께 순종하라는 예언자들의 선포 등이 담겨 있다. 영어 성경은 구약을 모세오경(창세기에서 신명기까지 모두 5권), 역사(여호수아에서 에스더까지 모두 12권), 시와 지혜(욥기에서 아가서까지 5권), 예언(이사야에서 말라기까지 모두 17권) 등 네 부분으로 분류한다. 유대인들은 똑같은 성경의 책들을 율법과 예언서와 성문서 등 크게 세 부분으로 나누어 모두 22권이나 24권으로 정리했다. 양자의 차이는 배열 방법에 있다. 예컨대, 영어 성경은 소위 '소선지서들'을 각각 12권으로 나눠놓은 데 비해, 히브리 성경은 그것들을 모두 묶어서 한 권으로 정리했다.

첫 다섯 권인 모세오경은 하나님의 천지창조 이야기, 에덴동산에서 일어난 첫 남자와 여자의 타락 사건, 아브라함을 부르는 장면, 아브라함의 손자인(하나님이 그 이름을 이스라엘로 바꾼) 야곱의 자손에 관한 역사, 유대인들이 이집트에서 민족을 이룬 이야기, 그리고 모세의 리더십 아래서 이집트를 탈출한 사건 등을 다루고 있다. 모세오경은 또한 하나님이 시내 산에서 십계명을 주시는 사건, 모세 언약의 체결, 그리고 장막에서의 예배 제도가 발전된 경위 등에 대해서도 이야기해준다.

역사를 다루는 12권은 모세오경에서 시작된 이야기를 계속 이어가고 있다. 유대 민족은 드디어 하나님이 아브라함에게 약속했던 가나안 땅에 들어갔고 모두 일곱 주기를 거치게 되었다. 첫째, 그들은 외국의 노예로 전락했다가 하나님께 부르짖은 결과 한 사사의 리더십에 힘입어 평화를 얻게 되었다. 둘째 주기는 또다시 이스라엘을 노예로 삼은 외국과 함께 시작되었다. 마지막 사사인 사무엘이 다스리던 시절에 백성들이 왕을 달라고 하여, 하나님은 사울과 다윗과 솔로몬을 차례로 기름 부어 왕으로 임명하셨다. 다윗과 솔로몬이 통치하던 시절이 이스라엘의 전성기였고, BC 931년에 솔로몬이 죽은 뒤에 그 나라는 이스라엘이라 불리는 북쪽 왕국과 유다라 불리는 남쪽 왕국으로 분열되었다.

북쪽 왕국의 왕들 중에는 경건한 왕이 하나도 없었고, BC 722년에 아시리아(현재의 이란과 이라크)가 북 왕국을 점령하여 그들을 포로로 잡아갔으며, 대다수의 이스라엘 사람은 영원히 약속의 땅으로 돌아가지 못했다. 반면에 남쪽 왕국의 왕들 가운데는 '하나님이 보시기에 악을 행한' 왕들과 '올바로 행한' 왕들이 섞여 있었다. 그러나 BC 586년에 아시리아보다 더 강력한 세력을 갖게 된 바빌로니아가 유다를 점령하여 그 가운데 지도자급 인물을 포로로 데려갔다. 그 후 약 150년에 걸쳐 유대인이 자기네 땅으로 돌아가는 일이 세 차례 있었다. BC 536년에는 스룹바벨의 리더십 아래서, BC 458년에는 에스라의 리더십 아래서, 그리고 BC 444년에는 느헤미야의 리더십 아래서 각각 귀환했던 것이다.

구약의 역사서는 느헤미야가 페르시아(바빌로니아를 무찌른 제국)로 돌아갔다가 다시 예루살렘으로 와서 일부 유대 남자들이 외국인 여자와 결혼하고 그들의 자녀가 히브리어를 못하는 장면을 목격하는 것으로 끝이 난다.

구약의 세 번째 부분은 시와 지혜 문학(욥기, 시편, 잠언, 전도서, 아가서)으로 구성되어 있다. 이 부분의 많은 내용은 역사적인 사건들과 연루되어 있다. 이를테면, 다윗 왕이 많은 시편을 썼고 솔로몬은 전통적으로 마지막 세 권을 대부분 집필한 것으로 알려져 있다. 이 책들은 모두 인간의 마음 상태를 반영하고 있다. 즉 그 마음이 하나님과 죄와 인생의 문제와 마주칠 때의 상태를 묘사하고 있다는 말이다. 우리가 그 내용에 공감하는 것은 인간의 마음이 지난 3천 년 동안 조금도 변하지 않았기 때문이다.

구약의 마지막 부분은 하나님의 메시지를 용감하게 전달한 사람들이 쓴 17권의 책으로 되어 있다. 어떤 이들은 북쪽 왕국인 이스라엘에 사는 사람들에게 예언했고, 다른 이들은 남쪽 왕국인 유다에 있는 사람들에게 예언했다. 그들이 포로로 잡혀가기 전에 예언한 예언자는 모두 11명이었고, 그들이 바빌로니아에서 포로 생활을 하는 동안에 예언한 인물은 에스겔과 다니엘이었으며, 그들이 포로 상태에서 돌아온 뒤에 예

누비아(Nubia, 이집트의 남부와 수단 북부의 나일 강가에 위치한 지역)에서 잡혀온 흑인과 황색 인종으로 구성된 전쟁 포로들과, 시리아-팔레스타인 사람이 카르낙에서 아문 신전을 지으려고 벽돌을 만들고 있다. 옅은 피부색을 가진 노동자들이 이스라엘 사람인지는 확인할 길이 없지만, 이 그림은 출애굽기 1장 13-14절의 내용을 가시적으로 잘 보여주고 있다. "이집트 사람이 이스라엘 자손에게 일을 엄하게 시켜 어려운 노동으로 그들의 생활을 괴롭게 하니, 곧 흙 이기기와 벽돌 굽기와 농사의 여러 가지 일이라." 이 그림은 레크미르의 무덤에서 발굴되었다(BC 1470-1445년경).

언한 사람은 학개와 스가랴와 말라기였다. 이 예언자들의 성격과 문체는 그야말로 천차만별이지만, 주로 다음 네 가지 주제를 공통점으로 갖고 있다. (1)예언자들은 그 백성의 죄악 된 행습을 폭로했다. (2)그들은 백성에게 하나님의 도덕법과 시민법과 의식법으로 돌아가라고 외치면서, 하나님의 성품을 상기시키고 온 마음을 다해 그분을 믿으라고 촉구했다. (3)그들은 다가오는 심판에 대해 경고했다. (4)그들은 장차 도래할 메시야를 고대했다. 말라기는 구약의 마지막 책으로서 BC 433-420년경에 기록된 것으로 추정된다.

BC 300년에서 30년 사이에 몇 가지 저술이 구약에 추가되었는데, 그것들을 프로테스탄트와 유대인은 외경(Apocrypha, '숨겨진' 혹은 '은밀한 것'이란 뜻)이라고, 가톨릭교도는 제2정경deuterocanonical books이라고 부른다.[10] 이는 역사적으로나 문화적으로 흥미로운 기록들이고, 구약이 처음 그리스어로 번역될 때는 대다수가 포함됐다. 초대 교부들 중 일부는 그 가운데 일부나 전부를 성경으로 받아들였으나, 일찍이 성경을 라틴어로 번역했고 로마 교회의 가장 권위 있는 인물로 인정받는 히에로니무스를 비롯한 인물들은 그렇게 하지 않았다. 한 가지 이유는 그 책들 가운데 어디에도 예수나 사도들이 언급되지 않고 있기 때문이다. 마르틴 루터가 1534년에 성경을 독일어로 번역할 때는 외경을 구약과 신약 사이에 별도의 자리를 만들어 배치했는데, 이유인즉 그 책들을 성경으로 간주하지 않았기 때문이다. 이에 반발하여 트렌트 공의회는 1546년에 제2정경을 성경의 일부로 천명했다. 그러나 역사적인 개신교와 유대교는 지금도 외경을 성경으로 인정하지 않고 있다.

구약은 히브리어로 기록되어 있어서 유대인이 히브리어를 구사하는 동안에는 번역할 필요가 없었다. 하지만 유대 민족은 아시리아, 바빌로니아, 그리스, 페르시아, 로마 등의 영향을 받았고, BC 3세기 초에 이르면 히브리어에 대한 지식이 실종되기 시작했으며, 그와 함께 하나님의 말씀을 읽거나 이해하는 능력도 사라지게 되었다. 그래서 유대인들이 성경을 그리스어와 아람어로 번역했던 것이다.

가장 오래되고 가장 중요한 구약 번역판은 70인역[11]이라 불리는 그리스어 판이며, 이는 이집트의 수도였던 알렉산드리아에서 BC 3세기에 시작된 작업이었다. 이 번역을 둘러싼 이야기는 이집트의 왕 프톨레마이오스 필라델푸스가 번역 작업을 명했을 때 그 궁전에서 일하던 한 관료가 쓴 것으로 추정되는 한 편지가 들려주고 있다. 지금은 그 편지를 100년 뒤에 쓴 것으로 간주하고 있지만, 그 이야기는 그동안 자주 반복되어 온 나머지 전설적인 위상을 갖게 되었다. 편지에 따르면, 프톨레마이오스는 세상에 알려진 모든 책을 자기 도서실에 비치하기를 원했으며, 그 가운데는 히브리 성경도 포함되어 있었다. 그리하여 그는 예루살렘에서 72명의 유대인 학자를 알렉산드리아로 데려와서 구약을 그리스어로 번역하게 했다. 모세오경의 번역은 기적같이 72일 만에 완료되었다. 각 번역가–혹은 한 쌍의 번역가(이는 그 이야기의 어느 판을 읽느냐에 달려 있다)–는 따로따로 작업을 해 똑같은 72편(혹은 36편)의 번역판을 만들었다고 한다. 구약 전체를 그리스어로 번역하는 데는 실제로 두 세기가 걸렸다.

70인역이 중요한 이유는 첫째, 널리 사용되고 있기 때문이고, 둘째, 과거 2천 년 동안 구약을 다른 언어로 번역하는 경우에 권위 있는 그리스어 출처로 자리 잡았기 때문이다. 사해 사본이 발굴되기 전만 해도 가장 초기의 구약 사본은 히브리어가 아닌 그리스어로 된 70인역의 사본들이었다. 70인역은 초기 기독교회의 성경이었고, 신약의 저자들이 구약을 인용할 때는 보통 70인역을 인용하곤 했다. 심지어는 오늘까지 그리스 정교회에서는 2,300년이나 된 70인역을 구약의 텍스트로 사용하고 있을 정도이다.

이 70인역은 AD 3세기 전반에 위대한 기독교 학자인 오리게네스가 준비하던 방대한 구약성경 판版에도 포함되어 있었다. '헥사플라*Hexapla*'라고 불리는 이 대조판은 히브리어와 다섯 가지 번역본 등 모두 여섯 가지를 병행하여 수록하고 있었다. 히브리어, 히브리어를 그리스어 문자로 음역한 것, 70인역, 2세기에 만든 세 종류의 그리스어 번역본이 바로 그것이다. 헥사플라의 완성판은 그 엄청난 규모 때문에 결코 출판될 수 없었을지 모른다. 현재는 그 단편들만 남아 있다.

구약은 또한 아람어로도 번역되어 그것을 '타르굼targum'이라 부르는데, 이는 문자적인 번역이 아니라 성경의 해석에 가까운 것이다. 그래서 동일한 단락이라도 타르굼에 따라 해석이 다를 수 있다. "모든 성경 번역은 어느 정도 해석의 성격을 띨 수밖에 없지만, 타르굼은 정책적으로 해석의 성격을 갖고 있다는 점에서 다르고, 해석이나 의역의 테두리를 훨씬 벗어나는 경우가 많다."[12]

옛 시리아어는 이스라엘의 동부에 사는 사람들이 쓰던 아람어의 방언이었으며, 선교사들이 그 언어를 저 멀리 인도에까지 가져갔다. 그리스도의 시대로부터 약 200년이 흐른 뒤에 구약이 시리아어로 번역되었고, 그것은 다른 구약 번역판과는 달리 그리스어로 된 70인역이 아니라 히브리어에서 직접 번역한 것이었다. 또 다른 구약의 초기 번역판은 이집트 사람들이 사용하던 콥트어로 옮긴 것이었다.

그러면 어느 저술을 하나님의 말씀으로 인정하여 성경에 포함시킬 것인가? 이 사안을 결정하는 것은 곧 성경의 '정경canon'을 확정짓는 일이다. 이 단어는 '규율'이나 '척도의 표준'을 뜻하는 그리스어 *kanon*에서 유래한 것으로서 일반적으로 인정되는 판版 혹은 공식적인 판을 가리키는 말이다. 따라서 성경의 정경이란 하나님의 영감을 받아 신앙과 행위의 표준이 될 만한 권위 있는 저술을 일컫는 것이다.

어떤 책이 성경의 일부가 되려면 먼저 하나님의 영감을 받은 책이어야 한다. 실제적인 관점으로 보면, 정경의 일차적인 평가 기준은 그 저자와 하나님과의 관계라고 할 수 있다. 그는 과연 하나님의 말씀을 전하는 진정한 선지자였는가? 그 책의 메시지는 예전에 나타난 하나님의 계시와 일치하는 것인가?

모세가 하나님의 말씀을 전했다는 사실은[13] 아무도 의심하지 않았으므로 모세오경은 구약의 다른 책에 비해 오래 전에 성경으로 인정되었다. 사실 사마리아인들은 모세오경만 성경으로 인정한다. 그 다음에는 예언서들이 정경으로 인정받았고, 성문서는 마지막으로 정경의 대열에 합류했다. 70인역이 번역되었던 BC 3세기에 이르러 오늘날 우리가 알고 있는 구약의 책들이 성경scripture으로 확정되었다. 1세기 역사가였던 요세푸스는《아피온에 대한 반론Against Apion》이란 책에서 유대교에 관해 이렇게 말하고 있다. "유대인은 과거의 모든 사건에 대한 기록을 담고 있는 22권의 책(이는 영어 성경에 있는 39권에 상응한다)을 갖고 있으며, 이를 하나님의 말씀으로 올바르게 믿고 있다." 요세푸스는 또한 BC 400년 이후에는 "엄밀한 의미에서 예언자들을 계승하는 일이 없었다"고 여겼다.

AD 70년에 로마 군대가 예루살렘을 포위하고 성전과 그 도시를 파괴했을 때 거기서 살아남은 사본은 극소수에 불과했다. 이제는 예배의 중심이 사라졌고 기독교가 널리 퍼지는 상황에서, 요하난 벤 자카이 랍비를 중심으로 한 유대 지도자들은 성경의 보존이 민족의 통합과 정체성에 중요하다는 것을 인식해 욥바 남쪽에 있는 지중해 연안의 얌니아에 율법학교를 세웠다. 그들은 AD 100년경에 공의회를 열어 널리 인정받고 있는 성경책의 목록을 작성했는데, 그것은 요세푸스가 언급한 구약의 책들과 동일하고 오늘날 우리가 갖고 있는 것과도 같다. 거기에 외경은 포함되지 않았다. 하지만 얌니아 공의회가 히브리 정경을 확정한 것은 아니었고, 그것을 다만 "유대교에서 영적으로 가장 예민한 사람들이 그동안 성경으로 간주해왔던 것"이라고 확증했다.[14] 아울러 그 성경의 사본들을 정확하게 후세에 전할 목적으로 몇 가지 규칙을 만들기도 했다. 그 가운데 하나는, 기존의 원고가 다 낡아서 사본을 만들 때에는 예전의 원고를 매장하거나 폐기하기로 한 것이다. 이런 연유로 AD 850년 이전의 히브리 사본은 현재 거의 남아 있지 않은 것이다. 단, 1947년의 놀라운 발굴이 있기까지는 말이다.

1947년 이전만 해도 그리스도의 시대 이전에 속했던 히브리 성경의 사본으로는 나쉬 파피루스가 유일한 것이었다. 1898년에 이집트의 골동품 상인에게서 구입한 그 사본은 십계명과 쉐마("이스라엘아 들으라. 우리 하나님 여호와는 오직 유일한 여호와시라"[15])를 포함하고 있고, 24행의 히브리어 텍스트가 실린 네 개의 작은 단편들로 구성되어 있다. BC 1세기나 2세기의 것으로 예배에 사용되었던 두루마리의 일부로 추정되는 이 나쉬 파피루스는 현재 잉글랜드의 케임브리지 대학교 도서관에 소장되어 있다. 이 단 하나의 파피루스를 제외하면, 구약 마지막 책의 집필 시기와 가장 초기의 히브리어 사본 사이에는 무려 천 년 이상의 간격이 있는 것이다. 이처럼 고대 히브리어 사본을 찾지 못하자, 구약이 얼마나 충실하게 후대에 전해졌었는가 하는 의문이 제기되었다.

히브리어로 된 구약의 고대 사본은 찾을 수 없었지만, 70인역과 사마리아 오경의 초기 사본들은 존재하고 있었다. 그러므로 현존하는 가장 오래된 구약 사본은 그리스도인들이 사용했던 성경의 일부로서 그 중에 가장 중요한 것을 몇 가지 열거하면 다음과 같다.

**체스터 비티 파피루스 |** 구리 광산업으로 부자가 된 미국의 수집가 체스터 비티는 1930년과 1931년에 이집트의 골동품 상인에게서 몇 가지 파피루스를 구입했다. 거의 동일한 시기에 미시간 주립대학교도 동일한 코

덱스에 속한 다른 단편들을 구입했다. 한 이야기에 따르면, 이 파피루스들은 이집트의 콥트 기독교인의 공동묘지에 있는 납골 속에서 발견되었다고 한다. 이 열한 개의 사본 가운데 일곱은 그리스어로 된 여덟 권의 구약 책을 부분적으로 담고 있다. 창세기, 에스더, 이사야, 예레미야, 에스겔, 다니엘(이상은 3세기의 것), 민수기와 신명기(AD 120-150년 사이에 만든 것으로 추정됨) 등이 그것이다. 이 사본들이 발굴되었던 당시만 해도 그때까지 알려진 구약의 사본들 가운데 가장 오래된 것이었다. 이 유물은 현재 아일랜드의 더블린에 있는 체스터 비티 도서관과 미시간 주립대학교에 소장되어 있다.

모세가 모세오경의 저자라면 그는 어느 누구보다도 더 많은 성경의 내용을 집필한 인물인 셈이다. 로마에 있는 이 미켈란젤로의 동상은 모세를 뿔이 달린 사람으로 표현하고 있다. 이유는 히에로니무스의 라틴어 번역판이 출애굽기 34장 29절에 나오는바 하나님과 대화한 뒤에 "얼굴 피부에 광채가 나나"라는 어구 대신에 뿔을 갖게 된 것으로 묘사하고 있기 때문일 것으로 추정된다.

**코덱스 바티카누스** | 1475년 이래 바티칸 도서관에 소장되어 있는 이 바티칸 사본은 4세기 전반의 것으로 추정되며, 현존하는 사본 가운데 가장 오래된, 그리고 거의 완전한 그리스어 성경 사본이다.

**코덱스 시나이티쿠스** | AD 350년경에 만들어진 시나이 사본은 1844년에 시나이(시내)산에 있는 한 수도원에서 발굴된 것으로서, 그리스어로 된 구약의 절반가량과 신약의 전권을 담고 있다.

**코덱스 알렉산드리누스** | AD 425년경에 만들어진 알렉산드리아 사본은 그리스어로 된 구약과 신약을 대부분 포함하고 있으며 773장의 양피지로 구성되어 있다.

**코덱스 에프레미** | AD 450년경에 만들어진 에브라임 사본은 본래 70인역의 양피지 사본이었는데, 시리아의 신학자요 찬송 작가인 에프렘의

첫 번째 사해 사본은 1947년 초에 발굴돼 그해 여름에, 중요성을 확정하려고 6개월 동안 애쓴 총대주교 사무엘(중앙)에게 팔렸다. 1948년 2월 사무엘의 친구인 부트루스 소우미 신부(왼쪽에 하박국을 들고 있는 사람)가 그 사본을 예루살렘에 있는 미국 동양학연구소에 갖고 가서 학자 겸 사진사인 존 트레버(오른쪽에서 이사야 두루마리를 들고 있는 사람)에게서 그 중요성을 인정받았다. 트레버는 소우미에게 사진을 찍겠다고 그것을 다시 가져오라고 요청했다. 1948년 2월 21일에 트레버는 학문 연구용으로 맨 처음 사해 사본을 사진으로 찍었고 동시에 이것도 찍었다.

설교를 기록하려고 그 내용을 씻어내고 재활용한 것이다. 하지만 무척 노력하면 본래의 70인역을 읽을 수 있다.

1936년에 프레데릭 케니언은 이런 글을 썼다. "구약성경의 경우, 우리가 갖고 있는 가장 초기의 히브리어 사본과 그 속(구약)에 담긴 가장 최근의 책들 사이에 천 년 이상의 간격이 있다는 것을 사실로 받아들이지 않으면 안 된다. … AD 100년경부터 (구약성경의 텍스트는) 실질적인 변화 없이 후대에 전수되어 왔다. 그러나 그 기간 이전에 대해서는 … 원본의 형태를 복구하려면 주로 70인역에 의존하지 않을 수 없다."[16] 하지만 그로부터 11년이 지난 뒤에는 이 진술의 정확성이 극적으로 바뀌게 되었다.

예루살렘에서 사해까지는 불과 24킬로미터밖에 되지 않지만 그 둘은 천양지차이다. 예루살렘은 해발 810미터에 가까운 위치에 있고, 사해는 지구상에서 가장 낮은 지대로서 해수면보다 390미터 아래에 있는 것이다. 여행객이 예루살렘을 떠나면 곧바로 마리아와 마르다와 나사로가 살았던 베다니를 지나게 되고, 이어서 깊고 깊은 와디 켈트 골짜기 곁 산중턱에 붙어 있는 성 조지 수도원(5세기에 설립)이 있는 유대 광야로 들어가게 된다. 사해의 북동쪽 해안 지대는 메마르고 바위가 많은 산악 지방이다.

1947년 초에 젊은 베두인 목동들이 잃어버린 양 혹은 염소를 찾으려고 사해 근처의 절벽으로 올라갔다. 그러고는 무함메드 아메드 엘하메드가 동굴 속에 있을지도 모르는 그 동물을 놀라게 하려고 절벽 쪽에 있는 동굴을 향해 돌을 던졌다고 한다. 그런데 항아리가 깨지는 소리를 들었다고 한다. 나중에 그는 어둡고 냄새나는 동굴에서 아마포에 싸인 고대 두루마리가 담겨 있는 항아리들을 발견했던 것이다. 그것은 현대에 발굴한 사본 중에서 최대의 성과로 꼽힌다.[17]

그 소년들(혹은 다른 이들도 있을지 모른다. 고고학에는 워낙 첩보영화 같은 음모가 담겨 있어서 자세한 내용은 알려지지 않을 때가 적지 않다)이 그 동굴에서 옮긴 일곱 개의 두루마리에는 그 유명한 '이사야 두루마리'가 포함되어 있었다. 이는 역사상 가장 오래되고 완전한 성경 사본으로서 결국 BC 1세기의 것으로 확정되었으며, 이사야 66개의 장을 모두 포함하고 있었다. 약간의 사소한 필사상의 오류를 제외하면, 그 텍스트는 AD 850년 이후 발굴한 사본 중에서 현존하는 가장 오래된 히브리어 사본에 있는 이사야의 텍스트와 동일하다. 그동안 구약의 텍스트가 충실하게 전수되어 왔다는 것을 입증하는 극적인 증거물이었다. 그 동굴에는 이사야 두루마리와 더불어 하박국의 첫 두 장에 대한 주석, 찬송가 혹은 시편 모음집, 그 두루마리를 숨겨놓은 쿰란 공동체에 합류하고 싶은 이들을 위한 '훈련 매뉴얼' 등도 들어 있었다.

베두인 소년들은 그 발견물을 베들레헴 골동품 상인 칸도에게 가져갔고, 칸도는 그 가운데 두루마리 네 권을 예루살렘의 시리아 정교회 대주교인 아타나시우스 사무엘에게 250달러를 받고 팔았다. 그해 11월, UN이 2천 년 만에 처음으로 유대인 국가를 만들기로 표결한 그날에 또 다른 베들레헴 골동품 상인이 나머지 세 두루마리를 히브리 대학교의 고고학 교수인 엘리저 리파 수케니크에게 팔았고, 그 교수는 그것을 종이 가방에 넣어 예루살렘으로 가져갔다.

대주교 사무엘은 팔레스타인 피난민을 위한 기금을 마련하기 위해 그 두루마리들을 팔려고 했으나 임자가 나타나지 않자 미국으로 가져갔으며, 그것은 국회도서관에 진열되었다. 그동안 동굴 다섯 군데를 더 탐색하여 다른 단편들도 발견했고, 쿰란에 있던 공동체의 유적이 사해에서 1.6킬로미터가량 떨어진 건조한 평지에서 발견되었다. 발굴 작업은 1951년에 시작했다.

1954년 6월 1일 총대주교 사무엘은 〈월 스트리트 저널〉에 이런 광고를 냈다.

> "사해 두루마리 네 권"
>
> 적어도 BC 200년까지 거슬러 올라가는 성경 사본 판매. 개인이나 그룹이 교육기관이나 종교기관에 선물하기에 이상적인 유물.

네 권의 두루마리는 이스라엘 국가를 대신해 야겔 야딘이 25만 달러에 구입했는데, 그는 다른 세 권의 두루마리를 샀던 엘리저 수케니크의

무함메드 아메드 엘하메드. 이 사진은 1966년에 아내와 다섯 자녀와 함께 찍은 것이다. 13살의 어느 날 아침 일찍 자고 있던 두 사촌을 남겨둔 채 이틀 전에 보았던 동굴에 가려고 약 100미터를 올라가서 그 근처를 탐색하였다. 그가 발견한 것이라곤 깨진 항아리와 여러 개의 좁다란 단지들뿐이라서 허탕을 쳤다고 생각했지만 그는 그곳에서 이사야 두루마리와 하박국서 주석과 훈련 매뉴얼을 갖게 되었다.

아들이자 위대한 고고학자였다. 그러나 그는 실제로 누가 그것들을 구입하는지는 총대주교 사무엘에게 알려주지 않았다. 이제 일곱 권의 사해 사본은 모두 이스라엘 정부의 소유물이 되었고, 이를 위해 '책의 성소'로 특별히 설립한 예루살렘의 한 박물관에 보관되어 있다.

쿰란 공동체는 BC 150년경부터 거기에 살았던 에세네파 유대인이었던 것으로 추정된다. 아마도 로마인들이 AD 66년경에 유대인을 핍박하기 시작했을 때 쿰란에 있는 사람들이 주변 언덕에 있는 동굴 속에 그들의 장서를 숨겨놓았을 것이다. 거기에서 350편의 독립된 자료와 수만 개의 단편을 포함해 모두 900편 이상의 문서가 발견되었다. 그 동굴들

이사야 두루마리, 성전 두루마리, 훈련 매뉴얼 등 사해 사본은 예루살렘에 있는 특별한 성소에 보관되어 있다. 이 박물관은 1965년에 문을 열었는데 1947년에 발굴된 첫 일곱 개의 두루마리를 보관하려고 만든 '책의 성소'이다.

속에는 성경 이외의 텍스트들, 외경에 속하는 자료들, 그리고 에스더와 아가서만 빼놓고 구약의 모든 책의 사본이 들어 있었다.

그 가운데서도 특히 흥미로운 것은 1952년에 제3동굴에서 발견된 유물인데, 그것은 신성한 물건과 엄청난 양의 금과 은이 감춰져 있는 64군데의 목록이 담긴 구리 두루마리이다. 이 목록은 로마인이 예루살렘을 파괴하기 직전에 예루살렘 성전의 보물을 묻어놓은 장소였을 것으로 추정한다. 그 중에서 일부는 "장례용 신전 속, 세 번째 층: 금괴 100" 이라고 적어놓았을 정도로 아주 구체적이다. 그러나 그 지표가 오늘날 알려지지 않아 적어도 10억 달러어치는 될 것으로 추정되는 보물을 아무도 찾지 못하고 있다.

사해 사본은 해석도 분분하거니와 제때에 학자들에게 연구용으로 제공하지 못한 것 때문에 상당한 논란거리가 되어왔다. 두루마리들은 유대교의 역사와 초기 기독교 발달에 관해 얘기해주고 있어서 무척 의미심장하다. 하지만 우리의 목적에 비추어보면, 히브리 성경 전수에 관해 얘기해주고 있어 무척 중요하다. 그 중 한 가지, 우리는 지난 2천 년 동안 그리스어 번역판인 70인역에 크게 의존했는데, 그 70인역이 BC 3세기 히브리어의 정확한 번역인지를 어떻게 알 수 있을까? 이에 대한 답은 사해 사본과 70인역을 서로 비교해보면 된다. 그 결과 70인역의 번역가들이 히브리어 텍스트를 충실히 번역한 것으로 드러났다.

사해 사본은 그간 우리가 갖고 있던 가장 오래된 사본보다 무려 천 년이나 더 오래되었기 때문에 히브리어 성경을 거의 완벽하게 담고 있다. 그래서 오늘날 우리가 갖고 있는 구약성경이 주전 2세기경에 읽힌 성경과 사실상 똑같다는 사실을 확증해준 것이다. 그것이 얼마나 정확하게 전수되었는지 그저 놀라울 뿐이다!

## 철두철미한 유대인 서기관

인쇄술이 발명되기 전에는 모든 원고의 사본을 손으로 만들었다. 한 페이지씩, 한 줄씩, 한 단어씩 공들여 기록하지 않으면 안 되었다. 사본을 매우 신중하게 만들지 않으면 오류가 생길 수 있었으므로 유대인들은 회당에서 사용할 두루마리를 만들 때 오류를 예방하기 위한 규율을 개발했다.

- 날마다 서기관은 갈대 펜이 잘 쓰이는지를 확인하기 위해 그것을 잉크에 적시고 나서 '아말렉'이란 이름을 쓴 뒤에 그것을 지워버리곤 했다.[18]

- 모든 재료는 엄격한 명세서에 따라 제조해야 했다. 가죽 종이는 정결한(코쉐) 동물의 가죽으로 제작해야 했고, 펜은 정결한 새의 깃털로 만들어야 했다. 잉크는 검정색이어야 하고 필사에 관한 명세서에 따라 준비해야 했다.

- 단어는 물론이고 철자조차 암기한 것을 쓸 수 없었다. 서기관은 자기 앞에 또 다른 두루마리를 펼쳐놓고 각 단어를 소리 내어 읽은 후에 그것을 필사해야 했다.

- 하나님의 이름을 쓰기 전에는 경외하는 자세로 펜을 닦아야 하고, "나는 하나님의 이름이 거룩히 여김을 받게 하려고 그분의 이름을 쓰고 있다"고 말해야 한다.

- 각 철자의 둘레에는 약간의 지면이 있어야 했다. 한 철자가 다른 철자를 건드린다든지, 부정확한 필사나 구멍이나 눈물이나 얼룩으로 인해 철자를 쉽게 읽을 수 없을 경우에는 그 두루마리를 폐기했다.

- 각 칼럼은 48행보다 적거나 60행보다 많으면 안 되고 원본과 똑같아야 했다.

- 완성 후 30일 이내에 편집자가 원고를 검토하되 각 철자와 각 단어를 세면서 점검해야 했다. 편집자는 사본의 각 페이지 중앙에 있는 단어가 원본의 중앙에 있는 단어와 동일한지를 확인해야 했다.

- 어느 페이지든지 세 개 이하의 실수는 30일 이내에 수정할 수 있다. 만일 그보다 더 많은 실수가 발견되든지, 실수가 30일 이내에 교정되지 않으면, 사본 전체를 매장시켜야 한다. 한 철자를 더하거나 한 철자를 생략한 경우에는 수정을 하거나 매장해야 한다.

- 토라(모세오경)에는 히브리어로 304,805개의 철자와 79,976개의 단어가 있다.

## 사마리아 오경

사마리아인과 유대인은 서로 어울리지 않았다.

BC 722년 아시리아는 이스라엘의 북쪽 왕국을 침략했고, 외국인(이방인)을 데려와서 에브라임 족속과 므낫세 족속과 결혼을 하게 했다. 1세기 역사가였던 요세푸스에 따르면, 그들의 후손이 바로 사마리아인이다. 사마리아인들도 여호와를 예배했지만, 바빌로니아에서 예루살렘으로 돌아온 유대 지도자들이 사마리아인으로 하여금 예루살렘 성전 재건에 참여하지 못하게 하자 그들은 유대인에 대해 심한 적대감을 품게 되었다. 그리하여 BC 4세기에 사마리아인은 예루살렘에서 북쪽으로 50킬로미터가량 떨어진 그리심 산에 성전을 짓고 예루살렘이 아니라 그리심이 하나님을 예배하는 유일한 곳이라고 말했다.

유대인은 사마리아인을 배교자요 우상숭배자로 취급했고 그들을 "세겜에 사는 어리석은 자들"[19] 이라고 불렀다. 사마리아인은 유대인이 예배 처소를 예루살렘에 두고 있다는 이유로 그들을 배교자로 취급했다. 유대인과 사마리아인 사이의 적대감은 BC 128년 유대 마카베오 가문의 지도자였던 요한 히르카누스가 그리심 산에 있던 성전을 파괴하면서 더욱 악화되었다. 그리하여 예수의 시대에 이르면 "유대인이 사마리아인과 상종하지 아니하는 것"[20] 이 상식으로 통했다.

사마리아인은 모세오경(창세기, 출애굽기, 레위기, 민수기, 신명기)만을 성경으로 받아들였고 구약의 다른 책들은 아예 성경으로 인정하지 않았다. BC 2세기에는 히브리어로 된 그들 나름의 모세오경을 만들기도 했다. 현재 남아 있는 가장 이른 시기의 사마리아 오경의 사본은 중세의 것에 불과하지만, 이 사본과 유대의 마소라 텍스트(Masoretic text) 및 사해 사본과의 밀접한 상호관계를 감안하면 구약의 첫 다섯 권의 텍스트가 얼마나 정확한지를 다시금 확인할 수 있다.

지금도 천 명이 채 안 되는 사마리아 공동체가 존재하고 있는데, 일부는 웨스트 뱅크에 있는 그리심 산 근처 나블루스에, 그리고 일부는 텔아비브 근처에 있는 홀론이라는 이스라엘 타운에 각각 살고 있다.

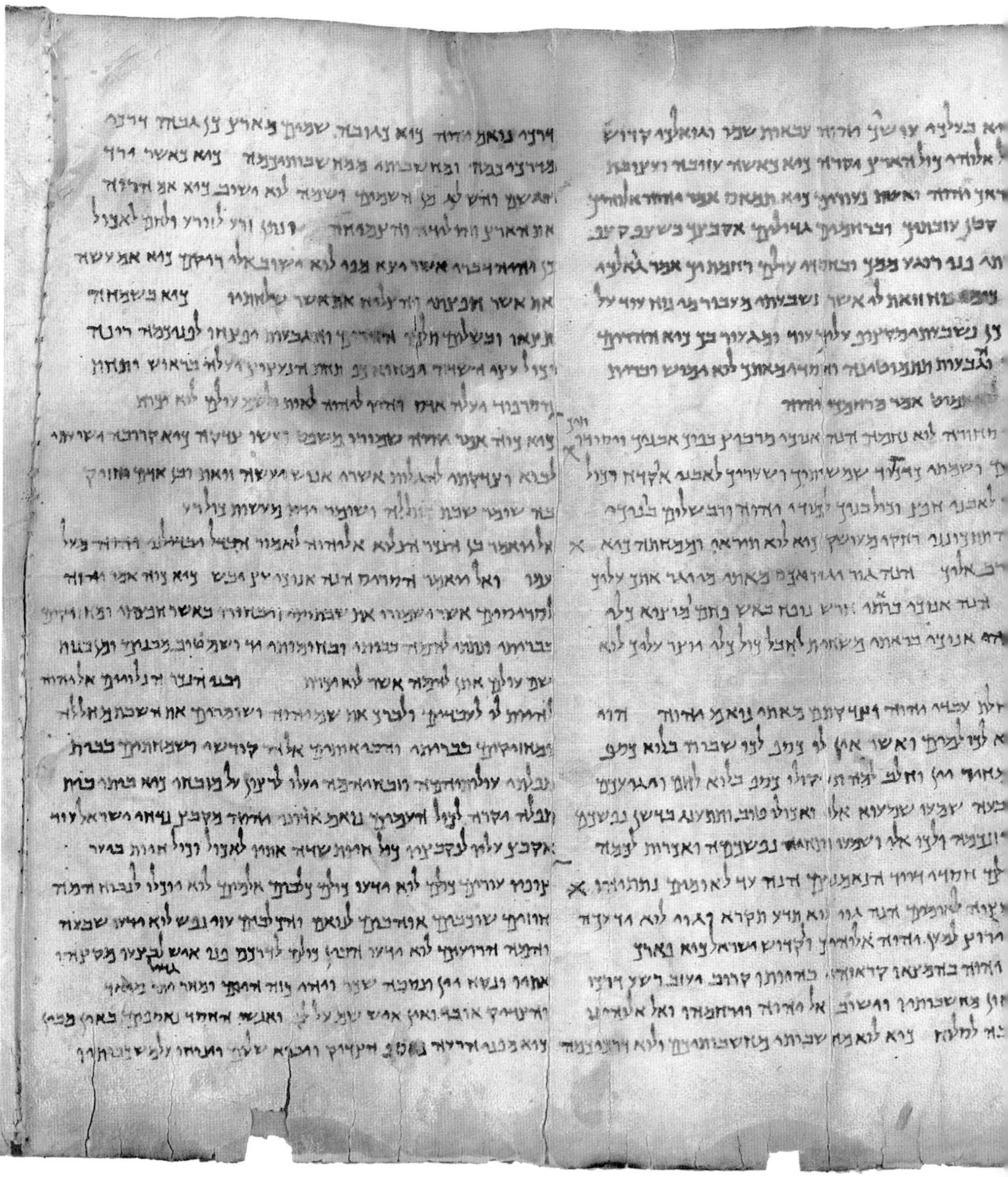

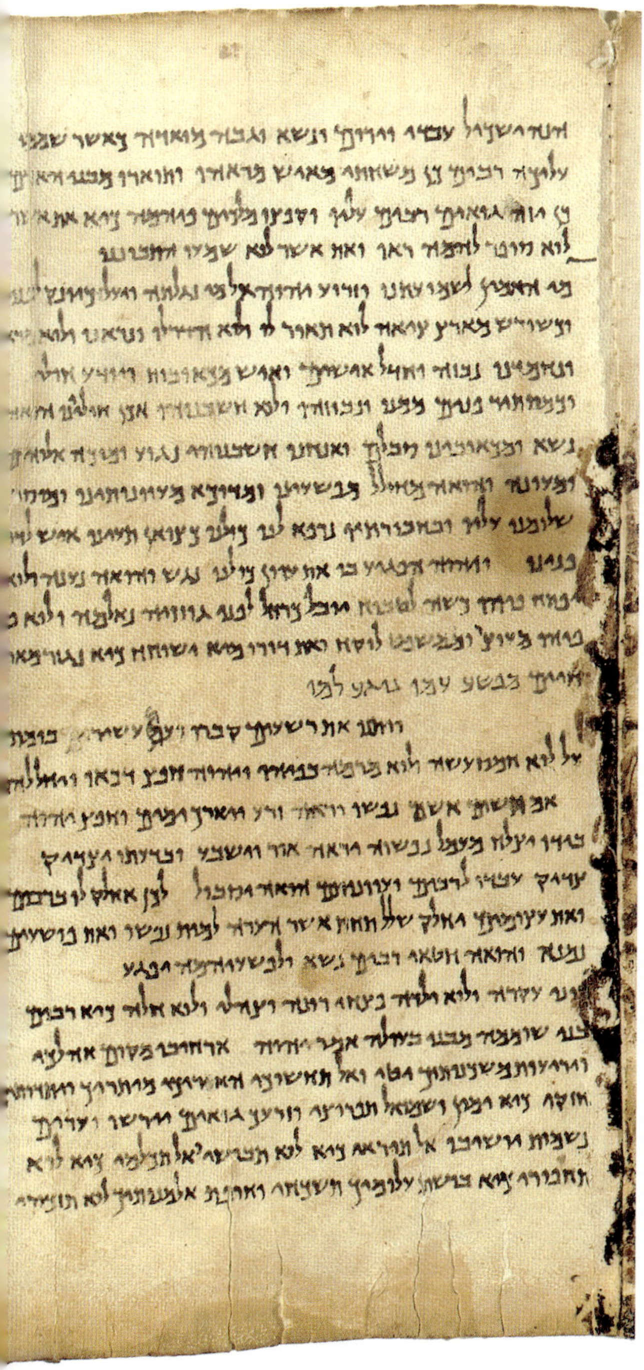

## 이사야 두루마리GREAT ISAIAH SCROLL

사해 사본 가운데 통째로 발굴된 책은 이사야 두루마리가 유일하며, 이는 1947년에 무함마드 아메드 엘하메드가 발견했고 현재 존 트레버가 보유하고 있다. 이 두루마리는 완전한 이사야 텍스트를 담고 있으며 길이가 72cm, 높이가 27.5cm이고, 17장의 가죽 조각을 서로 묶어놓은 것 위에 쓴 텍스트는 모두 54개의 칼럼 안에 기록되어 있다.

이 이미지는 44번째 칼럼(사 52:13–54:4)과 45번째 칼럼(사 54:4–55:8)과 46번째 칼럼(사 55:8–57:2)을 담고 있는 14번째 조각에 해당한다. 맨 오른편 칼럼의 5번째 줄은 이사야 53장의 첫 대목 "우리가 전한 것을 누가 믿었느냐? 여호와의 팔이 누구에게 나타났느냐?"이다. 오른편 칼럼의 7번째 줄은 "그는 멸시를 받아 사람들에게 버림 받았으며, 간고를 많이 겪었으며 질고를 아는 자라"로 끝나고 있다.

이 두루마리는 BC 1세기에 기록된 것으로서, 소수의 필사상의 오류를 제외하면 예전에 발굴된 가장 오래된 히브리어 사본(AD 850년)에 나오는 이사야의 텍스트와 동일하다.

이사야 두루마리 전체를 보고 싶으면 다음 웹 사이트를 참고하라. http://www.imj.org.il/shrine_center/Isaiah_Scrolling/index.hml.

## 나쉬 파피루스NASH PAPYRUS

사해 사본이 발굴된 1947년 이전만 해도 그리스도의 시대 이전에 속했던 히브리 성경의 사본으로는 나쉬 파피루스가 유일하다. 잉글랜드 성경 고고학회의 총무였던 W. L. 나쉬가 1898년에 이집트의 골동품 상인에게서 구입한 이 사본은 신명기의 몇 구절과 쉐마("이스라엘아 들으라. 우리 하나님 여호와는 오직 유일한 여호와이시니"), 그리고 출애굽기의 십계명을 포함하고 있으며, 24행의 히브리어 텍스트가 실린 네 개의 작은 단편들로 구성되어 있다. 이 단편은 성경의 일부가 아니라 성경에서 인용한 대목이고, 예배에서 사용되었던 것으로 사료된다. 나쉬 파피루스가 중요한 이유는 그 연대(BC 2세기 혹은 1세기) 때문이다.

네 개의 단편이 한 널빤지에 붙여진 상태였고, 파피루스 자체가 어두운 노란색이라 철자가 뚜렷이 보이지는 않지만 알아보는 데는 별 어려움이 없다.

3
CHAPTER

# THE STORY OF THE BIBLE

## 성경의 진정성을 추구하다

### 기독교의 창립

구약과 신약은 결국 한 이야기를 이루고 있다. 예수께서는 유대인들에게 성경은'나에 대해 증언하고'있으며 모세는'나에 관해 썼다'고 말했다. 그가 죽은 후에 그는 여러 제자들에게 나타났고, 한번은 길을 가는 도중에 글로바와 한 친구에게'모든 성경에 쓴바 자기에 관한 것을 자세히 설명했다.'

구약과 신약은 결국 한 이야기를 이루고 있다. 예수께서는 유대인들에게 성경은 "나에 대해 증언하고" 있으며 모세는 "나에 관해 썼다"고 말했다. 그가 죽은 후에 그는 여러 제자들에게 나타났고, 한번은 길을 가는 도중에 글로바와 한 친구에게 "모든 성경(구약)에 쓴바 자기에 관한 것을 자세히 설명했다."[1]

구약과 신약은 또한 동일한 방식으로 구성되어 있다. 구약의 전반부는 역사로서 유대 민족의 이야기를 들려준다. 그리고 후반부는 시와 지혜 문학과 예언자들에 관한 기록 등 다른 종류의 글로 되어 있다. 이와 비슷하게 신약의 전반부도 역사로서 나사렛 예수의 생애와 초기 교회에 관한 이야기가 기록되어 있다. 그리고 후반부는 여러 교회와 개인들에게 보낸 편지와 계시록으로 구성되어 있다.

신약은 1세기 후반에 여덟 명 혹은 아홉 명의 저자가 쓴 27권의 책과 편지로 구성되어 있다. 첫 네 권은 제각기 예수의 탄생과 삶과 사역과 십자가의 죽음과 부활에 관해 얘기하는 책들이다. 이 책들은 딱히 전기라고 할 수는 없고, 똑같은 이야기를 다른 관점에서 들려주면서 각기 다른 독자를 대상으로 쓴 글들이다. 이 네 권을 일컬어 '복음서'라고 부르는데, 이는 '좋은 소식'이란 뜻이다.

맨 처음에 쓴 복음서는 전통적으로 AD 64-65년경에 요한 마가가 쓴 것으로 알려져 있으며, 그가 베드로와 함께 로마에 있을 때 집필한 것으로 보인다. 베드로가 그를 "내 아들 마가"[2]라고 부른 것을 보면 그랬을 가능성이 충분히 있다. 마가는 로마의 독자들을 대상으로 이 복음서를 썼기 때문에 다른 복음서의 저자들보다 더 자주 유대의 관습을 설명해주었다. 물론 베드로가 마가복음의 직접적인 출처였고, 신약에 포함된 그의 편지에서 "우리 주 예수 그리스도의 능력과 강림하심을 너희에게 알게 한 것이 교묘히 만든 이야기를 따른 것이 아니요 우리는 그의 크신

기독교 전통은 네 복음서의 저자들을 계시록 4장 7절에 나오는 네 생물과 연관시켜 각 저자에게 각각 다른 상징을 부여했다. 마태의 상징은 "얼굴이 사람 같은" 천사, 마가의 상징은 사자, 누가의 상징은 황소 내지는 송아지, 요한의 상징은 독수리다. 프랑스 국립도서관에 소장되어 있는 9세기의 프랑스 사본이다.

위엄을 친히 본 자"[3] 라고 밝히고 있다. 마가는 예수가 한 말씀보다 그가 행한 일에 더 강조점을 둔다. 그리고 누가(AD 80-85)와 마태(AD 85-90)는 한편으론 마가복음을, 다른 한편으로는 아람어로 기록된 이른바 'Q 문서'를 비롯한 다른 자료들을 참고해 각각 복음서를 집필했다. 이 세 복음서-마태와 마가와 누가-는 상당히 많은 정보를 공유하고 있다는 이유로 흔히 공관 복음서 synoptic Gospels 라고 불린다. 이 세 권의 공관 복음서들이 집필되었을 때는 거기에 기록된 사건들을 실제로 목격한 많은 사람들이 여전히 생존하고 있었다.

세관원이었던 마태는 유대인 독자를 위해 그 복음서를 썼으며 예수가 곧 구약 예언의 성취였음을 입증하려고 각별히 노력하였다.[4] 초대 교부

4세기에 가이사랴의 주교였던 에우세비우스는 네 복음서를 작은 대목으로 나누어 각각 번호를 붙인 뒤에(예컨대, 요한복음은 232번까지, 마태복음은 355번까지) 도표에 번호를 표시하여 병행 단락을 볼 수 있게 했다. 이 도표는 그 유용성으로 인해 중세의 많은 성경에 포함되었고, 여기에 예시된 코덱스 베네벤타운스는 현재 영국도서관에 소장되어 있는 8세기의 이탈리아 복음서이다.

들은 하나같이 마태가 히브리어로 그 복음서를 집필했고 나중에 그리스어로 번역되었다고 말한다. 누가는 바울의 동료이자 의사였고[5] 성경의 저자들 가운데 유일한 이방인이다. 그는 그리스도를 '사람의 아들(인자)'로 묘사하고 있으며 특별히 이방인들을 겨냥하여 그 복음서를 쓰고 있다. "그 모든 일을 근원부터 자세히 미루어 살핀 나도 데오빌로 각하에게 차례대로 써 보내는 것이 좋은 줄 알았노니"[6]라고 한다.

네 번째 복음서는 AD 90-100년경에 요한이 쓴 것으로서 그리스도의 신성을 강조하고 있다. 요한은 이 책을 기록한 '제자'의 '증언'이 '참되다'고 주장하며,[7] 이 복음서를 기록한 목적은 "너희로 예수께서 하나님의 아들 그리스도이심을 믿게 하려 함이요, 또 너희로 믿고 그 이름을 힘입어 생명을 얻게 하려 함"이라고 분명히 밝히고 있다.[8] 요한복음은 세 권의 공관복음서만큼 많은 이야기를 담고 있지는 않지만, 주로 예수의 가르침과 그가 행한 기적들에 관한 기사에 초점을 맞추고 있다.

마태와 마가와 누가와 요한이 모두 똑같은 이야기를 들려주고 있다는 이유로 사람들이 이른바 '조화 복음서'를 많이 편찬했는데, 이는 세 복음서나 네 복음서를 다시 정리해 하나의 이야기로 묶든가 그것들을 나란히 비교하는 형식을 취했다. 우리가 알고 있는 최초의 조화 복음서는 순교자 유스티누스의 제자였던 타티아누스가 AD 150-160년경에 편찬한 《디아테사론*Diatessaron*》이란 책이다. 시리아어로 편찬된 이 책은 아시리아 교회에서 300년 동안 개별 복음서 대신에 널리 사용했기 때문에 중요한 자료다. 《디아테사론》의 그리스어판과 옛 라틴어판은 그로부터 몇 년 뒤에 만들어졌다.

이 조화 복음서에 기초한 상호 대조판 시스템은 중세에 널리 사용되었는데, 당시에 유행했던 대조판 복음서를 일컬어 에우세비우스 정경표Eusebian Canons라고 부른다. 4세기 주교였던 에우세비우스는 각 복음서를 작은 부문들로 나누어놓고[9] 각 부문에 숫자를 매겼으며, 열 개의 '정경 도표'에 그 숫자를 표시하여 병행 단락을 볼 수 있도록 만들었다.

사도행전은 신약에서 역사를 다루는 마지막 책으로서 누가가 복음서를 쓴 직후에 집필한 책이다. 이 책은 초기 교회가 성령의 지도를 받아 행한 일들을 담고 있다. 주요 내용은 그리스도의 승천, 교회의 확장, 새로운 회심자들에 관한 이야기, 지도자들 간의 의견 충돌, 사도 바울의 회심, 바울의 투옥과 로마로의 이송 등이다.

신약의 후반부에는 바울이 쓴 13편의 편지와 히브리인에게 보낸 편지가 담겨 있다. 전자 가운데 9통은 교회에, 그리고 4통은 개인에게 보낸 편지들이고, 후자도 전통적으로 바울의 것으로 추정되어 왔다. 이 밖에도 그리스도의 형제로 추측되는 야고보가 쓴 편지가 한 편, 로마에서 쓴 것으로 보이는 베드로의 편지가 두 편, 그리고 사도 요한으로 추정되는 요한이 쓴 짧은 편지 세 편이 들어 있다. 아울러 유다가 그리스도인들에게 영지주의 이단에 관해 경고하는 짧은 편지가 있는데, 이 저자에 대해서는 확실히 알려진 바가 없지만 어쩌면 예수의 형제였는지도 모른다. 마지막 책은 계시록이다. 이는 신약에서 묵시적 성격(환상과 상징적 언어와 예언을 특징으로 하는 문학 형식)을 지닌 유일한 책이다. 사도 요한이 밧모 섬에 갇혀 있는 동안 AD 100년이 되기 직전에 쓴 이 계시록은 오늘날 터키에 있었던 일곱 도시 안 그리스도인들의 믿음을 독려하기 위해 쓴 책이다. 그들은 로마 황제 도미티아누스 아래서 핍박을 당했음에도 예수 그리스도의 궁극적인 승리를 확신할 수 있었다. 결국 하나님께서

"모든 눈물을 그 눈에서 닦아주시니, 다시는 사망이 없고 애통하는 것이나 곡하는 것이나 아픈 것이 다시 있지 아니할 것"이기 때문이었다.[10]

그리스도에 관한 이야기와 그분의 가르침은 1세기에 구전으로 사람들 사이에 퍼지다가 복음서 저자들이 글로 옮긴 것이다. 바울을 비롯한 여러 사도는 1세기 중반에 편지를 썼고, 그것들이 성경의 일부가 되었으며, 요한복음과 계시록은 AD 100년이 되기 직전에 집필되었다. 프레데릭 케니언은 이렇게 말한다. "동질의 텍스트를 보장할 만한 중앙통제소가 없는 상태에서 … 다양한 책들이 유포되던 기간은 200년도 넘는다. … 기독교는 로마의 황제들과 총독들의 핍박에 노출되어 있었고 … 당시는 특히 성경의 사본들이 색출되고 파괴되던 시기였다. … 그리스도인들은 기독교적 가르침의 내용만 생각했지 그 텍스트의 어구상의 정확성에 대해서는 별로 신경 쓰지 않았다."[11]

유대인은 그들의 유산과 문화와 전통을 보존함으로 하나님의 선택된 백성이란 정체성을 지켰다. 그렇기 때문에 느헤미야가 페르시아에서 예루살렘으로 돌아왔을 때 일부 유대인이 더 이상 히브리어를 쓰지 않는 것을 보고 그토록 실망했던 것이다. 유대인이 히브리어를 사용하는 동안에는 굳이 구약성경을 번역할 필요가 없었다. 그러나 그들이 그리스어와 아람어와 시리아어를 말하기 시작하자 구약이 그 언어들로 번역되었던 것이다.

하지만 그리스도는 그리스도인들에게 "온 천하에 다니며 만민에게 복음을 전파하라"[12]고 말씀하셨다. 전승에 따르면(그리고 약간의 역사적인 증거도 있다) 도마는 복음을 인도에 전파했고, 지금도 그곳에 있는 마 토마 교회Mar Thoma Church는 도마를 창설자로 주장하고 있다. 안드레는 그리스에서 복음을 전했고 북쪽에 있는 오늘날의 우크라이나까지 올라갔다. 가톨릭 전승에 따르면, 베드로는 로마로 가서 최초의 주교가 되었다고 한다. 마태는 에티오피아를 비롯한 여러 나라로 선교여행을 떠났다고 전해지고 있다. 이처럼 그리스도인들은 세계 곳곳

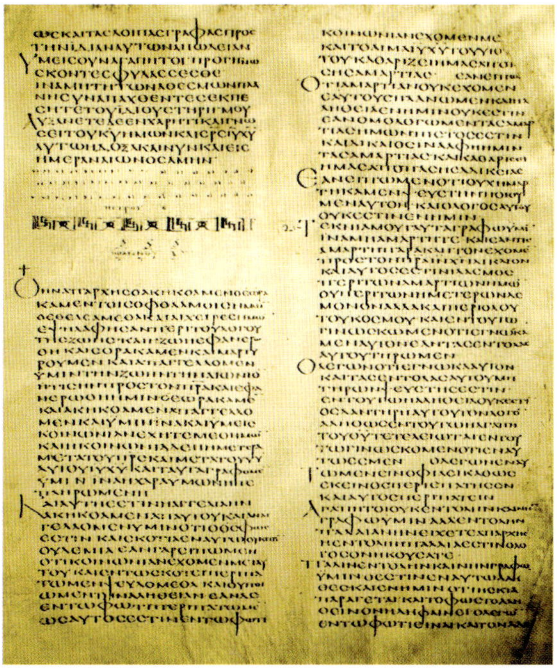

세 가지 중요 성경 사본 가운데 가장 완벽한 것은 5세기에 만들어진 코덱스 알렉산드리누스이다. 크기는 25cm×30.1cm이고 그리스어로 기록되어 있다. 코덱스 알렉산드리누스는 콘스탄티노플의 총대주교였던 키릴 루카가 1624년에 잉글랜드 왕립 도서관에 기증했고, 현재는 영국도서관에 소장되어 있다. 이 페이지에는 베드로후서 끝부분과 요한일서의 첫 부분이 담겨 있다.

에 복음서와 사도의 글을 보급하고 모임에서 읽어주었던 만큼 그것을 다른 언어로 번역할 필요가 있었던 것이다. 그 중에서 최초의 번역판은 시리아어, 라틴어, 콥트어 등으로 옮긴 것이었다.

초창기의 번역은 학자들이 히브리어와 그리스어 사본들과 비교할 수 있어서 무척 유용한 편이다. 이 밖에도 초기에 성경은 에티오피아어, 아르메니아어, 조지아어, 중앙아시아어, 아랍어, 고트어, 슬라브어 등으로 번역되었다.

현재까지 발굴되어 보존된 그리스어 신약 사본은 단편과 완전한 형태를 모두 합치면 무려 5,500개도 넘는다. 물론 가장 완전한 사본들은 신약과 구약을 모두 담고 있으며, 그 가운데 가장 오래되고 가장 완전한 세 개의 사본은 바티카누스와 시나이티쿠스와 알렉산드리누스이다. 이 셋은 모두 4세기나 5세기에 만든 것이며 신구약을 모두 혹은 부분적으로 담고 있다.

**코덱스 바티카누스** | 발굴된 성경 사본 중에서 가장 오래되고 거의 완전한 사본은 4세기 전반에 사용되었던 코덱스 바티카누스이다. 본래 70인역 전체(단, 외경의 한 부분은 빠져 있다)와 대부분의 신약성경을 담고 있는 이 코덱스는 1475년에 바티칸 도서관의 첫 카탈로그에 그 모습을 드러냈기 때문에 그 이름을 따서 '코덱스 바티카누스'라고 부르게 되었다. 교황 니콜라스 5세가 1448년에 그 도서관을 건립했으며, 코덱스 바티카누스가 어디에서 왔는지는 아무도 모르고 있지만 무슬림이 1453년에 그 도시를 점령했을 때 콘스탄티노플에서 온 피난민이 그 사본을 로마로 가져왔을 가능성이 있다. 이 코덱스는 본문 비평을 하는 데 가장 중요한 두 사본 중 하나이다.

**코덱스 시나이티쿠스** | 1844년 이집트의 성 카타리나 수도원에서 폰 티셴도르프 백작이 발견한 코덱스 시나이티쿠스는 가장 오래되고 완전한 신약성경 사본이다. 그런데 수도사들이 1800년대에 구약의 일부를 불을 지피는 데 사용하는 바람에 70인역 구약 가운데는 일부분밖에 남아 있지 않다. 이 코덱스는 AD 350년경에 서너 명의 서기관이 만든 것이고, 4세기에서 12세기에 이르는 동안 일련의 교정자들이 거기에 많은 주석을 붙여놓았다. 본래는 730장으로 구성되어 있는데 그 중에서 347장은 런던의 영국도서관에 소장되어 있다.

**코덱스 알렉산드리누스** | AD 425년경에 만든 것으로 추정되는 이 아름다운 책은 모두 네 권을 묶어놓은 것이며, 본문을 구분하기 위해 장식을 사용한 최초의 사본 중 하나이다. 이 책은 5세기 초에 필사된 것이지만 그 내력에 관해서는 알려진 바가 없었다. 그러다가 1621년에 이르러 이집트의 알렉산드리아 총대주교였던 키릴 루카가 콘스탄티노플로 옮길 때 그 책을 갖고 갔다. 1627년에 그것은 잉글랜드의 왕 찰스 1세의 손에 넘겨졌고 현재는 영국도서관에 보관되어 있다. 코덱스 알렉산드리누스는 당시 알렉산드리아의 장엄한 도서관에 비치될 수도 있었는데, 642년에

발생한 화재로 그 도서관과 소장품이 모두 파괴된 것을 생각하면 참으로 다행스럽다.

아주 오래되고 흥미로운 신약 사본 몇 가지를 더 소개하면 다음과 같다.

**존 라일랜즈 파피루스** | 현재까지 발견된 사본 가운데 가장 오래된 신약의 단편. 요한복음 18장의 몇 절을 담고 있고 크기는 가로 8.75센티미터에 높이 6.25센티미터이다. 연대는 AD 125년에서 150년 사이로 추정된다. 이 단편의 중요성은 요한복음을 이집트에서도 읽고 있었다는 사실을 알려준다는 점에 있다. 말하자면, 그 복음서가 집필된 소아시아에서 멀리 떨어진 이집트에서, 그 책이 쓰인 지 50년도 채 안 된 시기에 읽혀지고 있었던 것이다. 존 라일랜즈 파피루스는 1920년에 이집트에서 발견되었고, 현재는 잉글랜드의 맨체스터에 있는 라일랜즈 도서관에 진열되어 있다.

**체스터 비티 파피루스** | 체스터 비티 파피루스의 신약 부분은 거의 존 라일랜즈 파피루스만큼 오래된 것이며, 후자보다 훨씬 더 많은 내용을 담고 있다. AD 3세기에 만든 것으로 추정되는 신약 부분은 세 권의 코덱스로 구성되어 있다. 첫 권은 네 복음서와 사도행전을, 두 번째 코덱스는 히브리서와 바울의 편지들을, 그리고 세 번째 코덱스는 계시록을 각각 담고 있다. 이 가운데 어느 코덱스도 완벽한 사본을 갖고 있지 않다. 대다수의 파피루스는 아일랜드의 체스터 비티 도서관에 소장되어 있고, 일부는 미시간 주립대학교에 보관되어 있다.

**코덱스 에프레미** | 이 코덱스는 이미 있던 글자를 지우고 그 위에 다시 쓴 것이다. 가죽 종이가 희귀해지면 서기관은 우유와 귀리를 이용해 이미 글자가 기록되어 있는 사본의 한 페이지나 코덱스 전체를 깨끗이 씻어내고 그 위에 다시 쓰곤 했다. 그런데 서기관이 본래의 글자를 씻어내지 않고 문지르기만 하면 시간이 흘러 본래의 글자가 다시 나타나

존 라일랜즈 파피루스의 왼쪽 페이지에는 요한복음 18장 37–38절이, 오른쪽 페이지에는 요한복음 18장 31–33절이 실려 있다. 요한이 복음서를 쓴 지 불과 50년도 안 되는 시기(AD 125–150)에 필사된 이 사본은 현재까지 발견된 신약 단편 중 가장 오래된 것이다. 현재 잉글랜드 맨체스터에 있는 존 라일랜즈 도서관에 진열되어 있다.

기도 한다. 코덱스 에프레미는 성경 전체를 담고 있는 5세기 초의 그리스어 사본이었는데, 12세기에 누군가 성경 텍스트를 씻어내고 그 위에 시리아인이었던 에프렘의 설교를 적어놓았다. 이 성경 텍스트는 여러 차례 번역되어 출판되었으며, 그 가운데는 폰 티셴도르프 백작의 번역도 포함되어 있다. 이 코덱스는 파리에 있는 국립도서관에 소장되어 있다.

**코덱스 베자 |** 현존하는 것 중 가장 오래된 2개 언어 병용 신약 사본으로서 페이지의 왼편에는 그리스어, 오른편에는 라틴어가 기록되어 있다. 기록 시기는 AD 450년경으로 추정된다. 이는 프랑스의 리옹에 있는 성 이레네우스 수도원에서 발견되었고 1581년에 영국의 케임브리지 대학교에 기증되었다. 코덱스 베자에는 마태복음과 요한복음과 사도행전의 일부가 빠져 있는데, AD 550년경에 만들어진 코덱스 클라로몬타누스에 코덱스 베자에 빠진 2개 국어 병용 텍스트가 상당 부분 들어 있다. 후자는 현재 파리 국립도서관에 소장되어 있다.

위 일곱 권의 신약 사본은 지금껏 발굴된 5,500개가 넘는 사본 중 빙산의 일각일 뿐이다. 코덱스 시나이티쿠스는 1844년에 발견되었고 체스터 비티 파피루스의 발견은 1931년에 발표되었다. 그리고 구약 사해 사본은 1947년에 발견한 것이다. 이 밖에 더 무엇을 발견할 수 있을까?

1892년 잉글랜드의 케임브리지에서 온 과부이자 쌍둥이 자매인 아그네스 스미스 루이스와 매거릿 던롭 깁슨은 성 카타리나 수도원 도서관을 탐색할 수 있는 허락을 받았다. 부유하고 지적이며 괴짜인 루이스 부인은 거기서 4세기나 5세기의 것으로 추정되는 가장 초기의 옛 시리아어 복음서 사본을 발견했다.

그리스 정교회 소속 성 카타리나 수도원은 모세가 십계명을 받았던 시나이 산 아래편 작은 골짜기에 있다. 6세기에 건립한 이 수도원은 모세가 불타는 떨기나무를 보았던 곳에 세워졌다고 알려져 있다. 성 카타리나 수도원은 지금까지 사용되고 있는 가장 오랜 수도원의 하나로서, 세계에서 두 번째로 많은 고대 문서들을 소장하고 있으며, 가장 훌륭한 초기 성상들을 보관하고 있기도 하다.

1975년 5월, 성 카타리나 수도원에 불이 난 뒤에 그곳을 수리하던 일꾼들이 벽으로 막아놓은 방을 발견했는데, 그 속에 대부분 시리아어와 슬라브어와 콥트어로 된 3,000개의 사본이 담긴 70개의 상자가 있었다. 그 가운데 다수는 성경 이외의 문서들이었으나, 코덱스 시나이티쿠스에 속한 자료 몇 장과 단편들도 들어 있었다. 따라서 그 수도원에 또 무엇이 숨겨져 있을지 궁금해진다!

2007년 여름, 미국 텍사스에 있는 신약 사본 연구 센터의 한 팀은 6세기 코덱스를 비롯한 13권의 성경 사본을 사진에 담기 위해 알바니아의 티라나에 있는 국립 문서보관소로 갔다. 거기에서 그들이 기대했던 13개의 사본은 물론이고, 당시까지 잃어버린 것으로 생각했던 17개의 다른 사본들에다가 예전에 학문 공동체에 전혀 알려지지 않았던 17개의 사본들을 추가로 발견했다.

앞으로도 성경 사본은 계속 발견될 터이고, 따라서 학자들은 성경 텍스트에 관해 더 많은 것을 알게 될 것이다. 프레데릭 케니언은 이렇게 말했다. "이 모든 발견과 연구는 결국 성경의 진정성을 입증해주었고, 우리가 현재 온전한 상태의 진정한 하나님의 말씀을 들고 있다는 확신을 더해준다."[13]

## 인디아나 폰 티셴도르프 Indiana Von Tischendorf

낙타와 낯선 냄새와 신비한 무역상들로 가득 찬 먼지투성이의 오랜 중동 도시. 그로부터 동남쪽으로 320킬로미터 떨어진 외딴 수도원에 딸린 보물창고 같은 도서관. 사막의 찜통더위를 뚫고 낙타로 열흘을 가면 단단한 성벽에 도착하고, 허락된 방문객은 의자에 앉은 채 9미터 위에 있는 입구로 들어 올려진다. 지하 납골소를 수도원 청소부의 1100년 묵은 해골이 지키고 있는 이곳이 바로 시나이 사막 한복판에 위치한 성 카타리나 수도원이다. 여기에서 인디아나 존스처럼 강한 모험심을 품은 29세의 독일 성경학자 콘스탄틴 폰 티셴도르프는 역사상 가장 중요한 성경 사본의 하나를 발견했다.

티셴도르프는 23세 때 라이프치히 대학교에서 박사 학위를 받고 25세 때 강사로 임명되었으며, 27세의 나이에 걸작으로 꼽히는 새로운 그리스어 신약성경을 출판했다. 당시 가장 오래되고 완전한 세 권의 성경 사본 중 하나는 성경 위에 설교를 써넣은 5세기 성경, 코덱스 에프레미였다. 본래 써놓았던 글자가 다시 나타나기 시작하긴 했지만 세계적인 학자들도 그것을 해독할 수 없었다. 마침내 티셴도르프가 그 성경 텍스트를 읽어내는 데 성공했고, 자기가 읽은 것을 필사하는 데만 2년이란 세월이 걸렸다.

1844년 봄, 유명한 티셴도르프는 길고 어려운 여정을 거쳐 카이로에 도착해 여러 도서관과 수도원을 방문했으나 중요한 사본은 하나도 찾지 못했다. 그 후에 낙타를 타고 열흘 동안 여행하여 1300년이나 된 성 카타리나 수도원, 하나님이 시나이 산 아래 불타는 떨기나무에서 모세에게 말씀하셨다는 그곳에 세워진 수도원에

갔다. 지금까지도 성 카타리나 수도원은 세계에서 (바티칸에 이어) 두 번째로 많은 고대 사본을 보관하고 있는 곳이다. 수도사들의 영접을 받고 안내를 받던 중에 도서관에 들르게 되었다. 그런데 그곳은 먼지와 썩는 냄새가 진동하는 등 완전히 방치된 상태였다. 한쪽 구석에는 불을 지피는 데 사용되었던 사본들이 바구니에 담겨 있었다. 거기에서 티셴도르프는 AD 350년경에 만든 것으로 보이는 70인역 사본 중에서 129장의 가죽 종이를 발견했다. 그는 재빠르게 수도원 측과 협상한 끝에 129장 가운데 43장을 가져가도록 허락을 받아 그것을 라이프치히 대학 도서관에 기증했다.

이제 이 놀라운 사본 중 43장은 라이프치히 도서관에 안전하게 보관되어 있지만 아직도 86장이 성 카타리나 수도원에 남아 있다는 생각이 좀처럼 그의 뇌리에서 떠나지 않아 1853년에 그는 다시금 시나이 산으로 가는 여행길에 올랐다. 물론 수도사들은 그 86장을 기억하긴 했지만 그것들이 어디에 있는지 모르고 있었다.

세 번째 여행을 준비하면서 이번에는 러시아의 차르 황제의 승인과 재정지원을 받아서 갔다. 성 카타리나 수도원에 있는 콥트 수도사들이 러시아의 왕족을 크게 존경한다는 것을 알고 있었기 때문이다. 1859년의 여행길은 무난하게 진행되었다. 그는 수도사들에게서 성대한 대접을 받았다. 그리고 수도원을 탐색할 수 있었지만 원하는 것을 하나도 찾지 못했다. 빈손으로 돌아가기 직전에 한 젊은 수도사의 초대를 받아 그 방에서 음료수를 마시다가 일찍이 자기가 라이프치히에서 편집해 출판했던 70인역 성경을 그에게 선물로 주었다. 그러자 그 수도사가 "나에게도 그리스어 70인역이 한 권 있소"라고 말하고는 붉은 보자기에 싸인 한 사본을 가져왔다. 그것이 바로 시나이티쿠스였다. 거기에는 티셴도르프가 예전에 보았던 86장은 물론이고 그보다 훨씬 더 많은 자료가 들어 있었다.

티셴도르프는 밤새도록 현존하는 가장 오래된 성경 사본의 하나를 읽었다. 그러고는 일기에 "잠자는 것은 정말로 범죄행위처럼 느껴졌다"고 썼다. 그 사본에는 70인역 구약의 일부분과 신약성경이 담겨 있었다. 아울러 '바나바의 편지'(엉성한 라틴어 번역판으로밖에 알려지지 않았던 것)와 '헤르마스의 목자'(제목은 알려졌으나 그 사본이 존재하는지도 몰랐던 것)까지 들어 있었다.

하지만 이 보물을 찾은 것은 첫걸음에 불과했다. 수도사들이 티셴도르프가 사본을 옮기는 것을 허락하지 않았기 때문이다. 결국에는 카이로에서 그 가운데 한 번에 한 첩씩(8장) 필사해도 좋다는 허락을 받아냈다. 그 후 시나이 수도원들의 대주교를 임명하는 문제를 둘러싼 복잡한 정치적 흥정이 오간 뒤에, 주 터키 러시아 대사가 성 카타리나 수도원의 수도사들을 설득해 그 사본을 러시아의 차르 황제에게 '빌려주도록' 주선한 결과, 티셴도르프가 직접 코덱스 시나이티쿠스를 들고 상트페테르부르크로 갈 수 있었다.

1933년에 소련은 경화硬貨가 필요하여 그 사본을 영국에 10만 파운드를 받고 팔았다. 그래서 현재 코덱스 시나이티쿠스의 347장은 런던 소재 영국도서관에 진열되어 있다. 티셴도르프가 1844년에 성 카타리나 수도원에서 가져온 43장은 여전히 독일의 라이프치히 대학교에 소장되어 있다. 그리고 6장의 단편들은 상트페테르부르크에 있는 러시아 국립도서관에 있으며, 1975년에 일꾼들이 수도원을 수리하다가 추가로 발견한 12장과 40개의 단편들은 성 카타리나 수도원에 보관되어 있다.

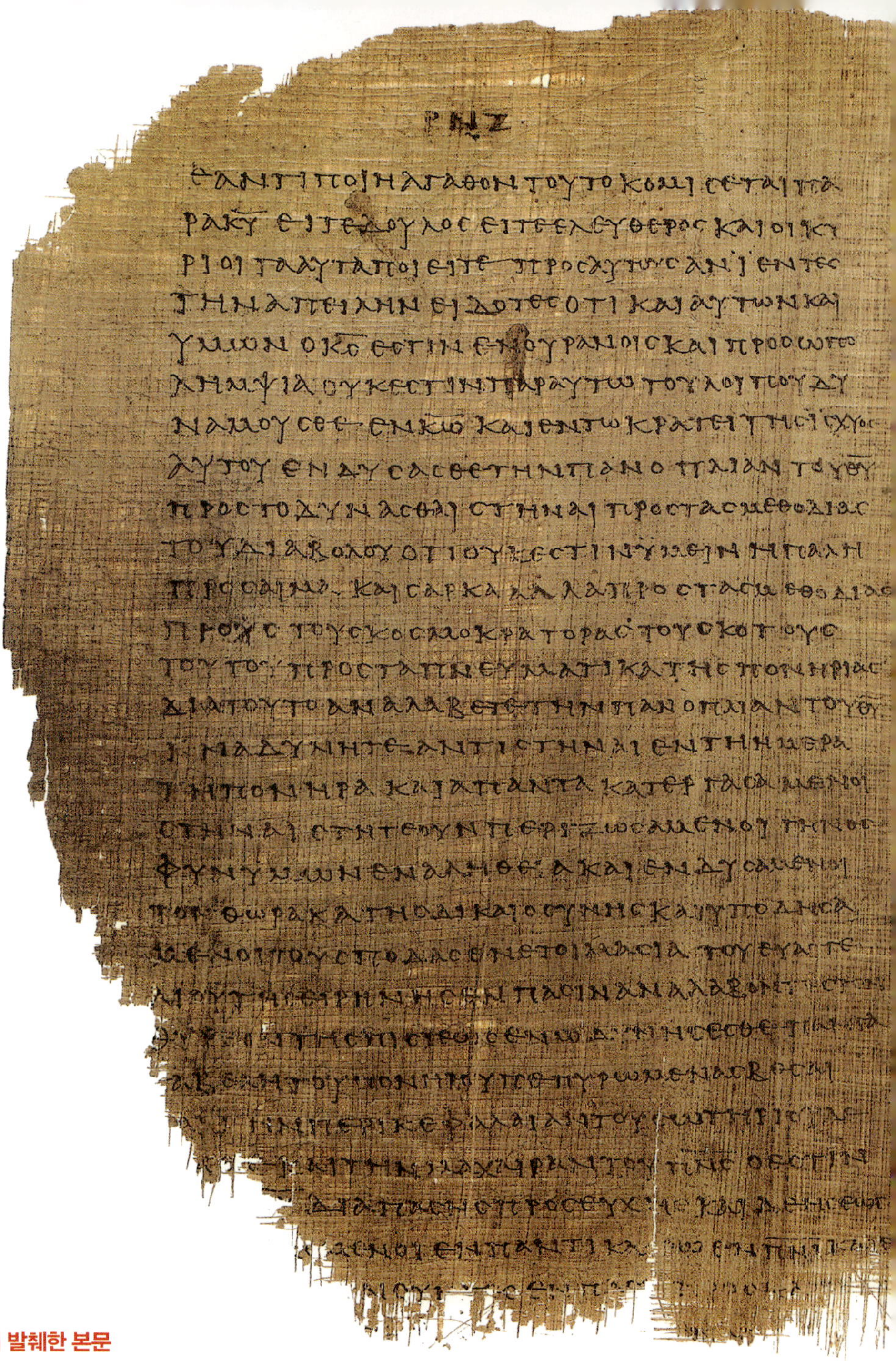

**체스터 비티 파피루스에서 발췌한 본문**

체스터 비티 파피루스는 신약성경의 상당 부분을 담고 있는 가장 오래된 사본의 하나로서 코덱스 바티카누스나 코덱스 시나이티쿠스보다 100년이나 앞선 것이다. 구리 광산업으로 부자가 된 미국의 수집가 체스터 비티는 1930년과 1931년에 이집트의 골동품 상인에게서 11권의 코덱스를 구입했다. 그리고 손으로 쓴 이 책들을 다함께 묶어서 체스터 비티 파피루스라고 부르게 되었다. 거의 동일한 시기에 미시간 주립대학교도 동일한 코덱스에 속한 다른 단편들을 구입했다. 이 밖에도 동일한 코덱스의 또 다른 단편들이 빈에 있는 국립도서관과 프린스턴 대학교에 소장되어 있다.

11권의 사본 가운데 일곱 권은 구약의 일부를, 세 권은 신약의 일부를, 그리고 한 권은 에녹서와 한 설교를 각각 담고 있다. 세 권의 신약 코덱스 중 첫 권은 본래 110장을 갖고 있었으며 네 복음서와 사도행전이 담겨 있었다. 그 가운데 현재 30장이 남아 있다. 두 번째 코덱

스(이를 P46이라 부른다)가 가장 잘 보존되어 있다. 이는 본래 104장으로 구성되어 있고, 바울의 편지들을 담고 있었으며, AD 175년과 225년 사이에 기록된 것이므로, 바울이 그 편지들을 쓴 지 불과 150년밖에 지나지 않은 시점이었다! 그 가운데 85장이 현존하고 있다. 세 번째 코덱스는 계시록을 담고 있으며, 그 중에서 10장이 현재 남아 있다.

이 두 페이지는 두 번째 코덱스에서 발췌한 본문으로서 에베소서 6장 8절에서 갈라디아서 1장 8절까지의 내용이다. 오늘날의 성경에서는 에베소서가 갈라디아서 뒤에 나오는데, 이 코덱스에서는 갈라디아서 앞에 나온다. 갈라디아서는 오른쪽 페이지에 Προς Γαλατας (갈라디아인들에게)라고 쓴 곳에서 시작된다.

ΕΩΡΑΚΕΝΑΙΟΙΛΕ
ΓΟΥϹΙΝΑΥΤΟΝΖΗΝ
ΚΑΙΑΠΗΛΘΟΝΤΙΝΕϹ
ΤΩΝϹΥΝΗΜΙΝΕ
ΠΙΤΟΜΝΗΜΙΟΝΚΑΙ
ΕΥΡΟΝΟΥΤΩϹΚΑ
ΘΩϹΚΑΙΑΙΓΥΝΑΙ
ΚΕϹΕΙΠΟΝΑΥΤΟΝ
ΔΕΟΥΚΕΙΔΟΝΚΑΙ
ΑΥΤΟϹΕΙΠΕΝΠΡΟϹ
ΑΥΤΟΥϹΩΑΝΟΗ
ΤΟΙΚΑΙΒΡΑΔΕΙϹΤΗ
ΚΑΡΔΙΑΤΟΥΠΙϹΤΕΥ
ΕΙΝΕΠΙΠΑϹΙΝΟΙϹ
ΕΛΑΛΗϹΑΝΟΙΠΡΟ
ΦΗΤΑΙΟΥΧΙΤΑΥΤΑ
ΕΔΕΙΠΑΘΕΙΝΤΟΝ
Χ̅Ν̅ΚΑΙΕΙϹΕΛΘΕΙΝ
ΕΙϹΤΗΝΔΟΞΑΝ
ΑΥΤΟΥΚΑΙΑΡΞΑ
ΜΕΝΟϹΑΠΟΜΩ
ϹΕΩϹΚΑΙΑΠΟΠΑΝ
ΤΩΝΤΩΝΠΡΟΦΗ
ΤΩΝΚΑΙΔΙΕΡΜΗ
ΝΕΥΕΙΝΑΥΤΟΙϹΤΙ
ΗΝΕΝΤΑΙϹΓΡΑΦΑΙϹ
ΤΑΠΕΡΙΕΑΥΤΟΥΚΑΙ
ΗΓΓΙϹΑΝΕΙϹΤΗΝ
ΚΩΜΗΝΟΥΕΠΟΡΕΥ
ΟΝΤΟΚΑΙΑΥΤΟϹ
ΠΡΟϹΕΠΟΙΗϹΑΤΟ
ΠΟΡΡΩΤΕΡΩΤΟΥ
ΠΟΡΕΥΕϹΘΑΙΚΑΙ
ΠΑΡΕΒΙΑϹΑΝΤΟΝ
ΤΟΝΛΕΓΟΝΤΕϹΜΙ
ΝΟΝΜΕΘΗΜΩΝ
ΟΤΙΠΡΟϹΕϹΠΕΡΑΝ
ΕϹΤΙΝΚΑΙΚΕΚΛΙ
ΚΕΝΗΔΗΗΗΜΕ
ΡΑΚΑΙΕΙϹΗΛΘΕΝ
ΤΟΥΜΙΝΑΙϹΥΝΑΥ
ΤΟΙϹΚΑΙΕΓΕΝΕΤΟ
ΕΝΤΩΚΑΤΑΚΛΙΘΗ
ΝΑΙΑΥΤΟΝΜΕΤΑΥ
ΤΩΝΚΑΙΛΑΒΩΝ
ΤΟΝΑΡΤΟΝΗΥΛΟ
ΓΗϹΕΝΚΑΙΚΛΑϹΑϹ
ΕΔΙΔΟΥΑΥΤΟΙϹΑΥ

ΤΩΝΔΕΔΙΗΝΥΓΗ
ϹΑΝΟΙΟΦΘΑΛΜΟΙ κ̅ επεγνω ϲαν αυτο̅
ΚΑΙΑΥΤΟϹΑΦΑΝ
ΤΟϹΕΓΕΝΕΤΟΑΠΑΥ
ΤΩΝ
ΚΑΙΕΙΠΑΝΠΡΟϹΑΛ
ΛΗΛΟΥϹΟΥΧΙΗΚΑΡ
ΔΙΑΗΜΩΝΚΕΟΜΕ
ΝΗΗΝΕΝΗΜΙΝ
ΩϹΕΛΑΛΕΙΗΜΙΝ
ΕΝΤΗΟΔΩΩϹΔΙ
ΗΝΥΓΕΝΗΜΙΝ
ΤΑϹΓΡΑΦΑϹΚΑΙΑ
ΝΑϹΤΑΝΤΕϹΑΥΤΗ
ΤΗΩΡΑΥΠΕϹΤΡΕ
ΨΑΝΕΙϹΙΕΡΟΥϹΑ
ΛΗΜΚΑΙΕΥΡΟΝΗ
ΘΡΟΙϹΜΕΝΟΥϹΤΟΥϹ
ΕΝΔΕΚΑΚΑΙΤΟΥϹ
ϹΥΝΑΥΤΟΙϹΛΕΓΟΝ
ΤΑϹΟΤΙΟΝΤΩϹΗ
ΓΕΡΘΗΟΚ̅Ϲ̅ΚΑΙΩ
ΦΘΗΤΩϹΙΜΩΝΙ
ΚΑΙΑΥΤΟΙΕΞΗΓΟΥΝ
ΤΟΤΑΕΝΤΗΟΔΩ
ΚΑΙΩϹΕΓΝΩϹΘΗ
ΑΥΤΟΙϹΕΝΤΗΚΛΑ
ϹΕΙΤΟΥΑΡΤΟΥ
ΤΑΥΤΑΔΕΑΥΤΩΝ
ΛΑΛΟΥΝΤΩΝΑΥ
ΤΟϹΕϹΤΗΕΝΜΕϹΩ
ΑΥΤΩΝΚΑΙΛΕΓΕΙ
ΑΥΤΟΙϹΕΙΡΗΝΗ
ΥΜΙΝΦΟΒΗΘΕΝ
ΤΕϹΔΕΚΑΙΕΜΦΟ
ΒΟΙΓΕΝΟΜΕΝΟΙ
ΕΔΟΚΟΥΝΠ̅Ν̅ΑΘΕ
ΩΡΕΙΝΚΑΙΕΙΠΕ
ΑΥΤΟΙϹΤΙΤΕΤΑΡΑΓ
ΜΕΝΟΙΕϹΤΕΚΑΙ
ΔΙΑΤΙΔΙΑΛΟΓΙϹΜΟΙ
ΑΝΑΒΑΙΝΟΥϹΙΝ
ΕΝΤΑΙϹΚΑΡΔΙΑΙϹ
ΥΜΩΝΕΙΔΕΤΕΤΟΥϹ
ΠΟΔΑϹΜΟΥΚΑΙ
ΤΑϹΧΙΡΑϹΜΟΥΟΤΙ
ΕΓΩΕΙΜΙΑΥΤΟϹ
ΨΗΛΑΦΗϹΑΤΕΜΕ

ΚΑΙΙΔΕΤΕΟΤΙΠ̅Ν̅Α
ϹΑΡΚΑ ΚΑΙΟϹΤΕΑ
ΟΥΚΕΧΕΙΚΑΘΩϹ
ΕΜΕΘΕΩΡΕΙΤΑΙΕ
ΧΟΝΤΑΚΑΙΤΟΥΤΟΕΙ
ΠΩΝΕΔΙΞΕΝΑΥΤΟΙϹ
ΤΑϹΧΙΡΑϹΚΑΙΤΟΥϹ
ΠΟΔΑϹ
ΕΤΙΔΕΑΠΙϹΤΟΥΝΤΩΝ
ΑΥΤΩΝΑΠΟΤΗϹΧΑ
ΡΑϹΚΑΙΘΑΥΜΑΖΟΝ
ΤΩΝΕΙΠΕΝΑΥΤΟΙϹ
ΕΧΕΤΕΤΙΒΡΩϹΙΜΟΝ
ενθα ΩΔΕΟΙΔΕΕΠΕΔΩ
ΚΑΝΑΥΤΩΙΧΘΥΟϹ
ΟΠΤΟΥΜΕΡΟϹΚΑΙ
ΛΑΒΩΝΕΝΩΠΙΟΝ
ΑΥΤΩΝΕΦΑΓΕΝ
ΕΙΠΕΝΔΕΠΡΟϹΑΥ
ΤΟΥϹ
ΟΥΤΟΙΟΙΛΟΓΟΙΟΙΟΥϹ
ΕΛΑΛΗϹΑΠΡΟϹΥ
ΜΑϹΕΤΙΩΝϹΥΝΥ
ΜΙΝΟΤΙΔΕΙΠΛΗ
ΡΩΘΗΝΑΙΠΑΝΤΑ
ΤΑΓΕΓΡΑΜΜΕΝΑΕΝ
ΤΩΝΟΜΩΜΩϹΕ
ΩϹΕΝΤΟΙϹΠΡΟΦΗ
ΤΑΙϹΚΑΙΨΑΛΜΟΙϹΠΕ
ΡΙΕΜΟΥ
ΤΟΤΕΔΙΗΝΥΞΕΝΑΥ
ΤΩΝΤΟΝΝΟΥΝΤΟΥ
ϹΥΝΙΕΝΑΙΤΑϹΓΡΑ
ΦΑϹΚΑΙΕΙΠΕΝΑΥ
ΤΟΙϹΟΤΙΟΥΤΩϹΓΕ
ΓΡΑΠΤΑΙΠΑΘΕΙΝ
ΤΟΝΧ̅Ν̅ΚΑΙΑΝΑϹΤΗ
ΝΑΙΕΚΝΕΚΡΩΝ
ΤΗΤΡΙΤΗΗΜΕΡΑΚΑΙ
ΚΗΡΥΧΘΗΝΑΙΕΠΙ
ΤΩΟΝΟΜΑΤΙΑΥΤΟΥ
ΜΕΤΑΝΟΙΑΝΕΙϹΑ
ΦΕϹΙΝΑΜΑΡΤΙΩΝ
ΕΙϹΠΑΝΤΑΤΑΕΘΝΗ
ΑΡΞΑΜΕΝΟΙΑΠΟΙ
ΕΡΟΥϹΑΛΗΜΥΜΕΙϹ
ΕϹΤΕΜΑΡΤΥΡΕϹΤΟΥ
ΤΩΝΚΑΓΩΑΠΟϹΤΕΛΛΩ

## 코덱스 시나이티쿠스CODEX SINAITICUS

1844년 이집트의 성 카타리나 수도원에서 폰 티센도르프 백작이 발견한 코덱스 시나이티쿠스는 가장 오래되고 완전한 신약성경 사본이다(바티카누스는 신약의 일부가 없다). 그러나 수도사들이 구약의 일부를 불을 지피는 데 사용하는 바람에 70인역 구약 가운데는 일부분밖에 남아 있지 않다. 신약과 70인역 중 남아 있는 텍스트에는 일련의 초기 교정자들이 붙여놓은 많은 주석이 있다.

730장에 달하는 시나이티쿠스 원본은 신약과 구약, 그리고 1세기 기독교의 두 책('바나바의 편지'와 '헤르마스의 목자')을 포함하고 있다. 현재 347장은 런던의 영국도서관에, 43장은 독일 라이프치히 대학교에, 6장의 단편들은 상트페테르부르크에 있는 러시아 국립도서관에, 12장과 40개의 단편은 시나이 산 근처 성 카타리나 수도원에 각각 소장되어 있다. 이 자료는 누가복음의 끝부분인 24장 23-53절이고, 현재 영국 국립도서관에 보관되어 있는 것이다.

2005년에 이 코덱스를 소장하고 있는 네 기관이 연구, 보존, 디지털화, 복사, 보급 등을 위해 합동으로 '코덱스 시나이티쿠스 프로젝트'를 만들었다. 사본의 내력과 프로젝트의 최근 활동을 보려면 http://www.codexsinaiticus.org/en을 참고하라. 사본 전체를 보려면 http://www.codexsinaiticus.org/en/manuscript.aspx를 참고하고, 코덱스 시나이티쿠스의 대표적인 페이지들을 전자책의 형태로 보려면 다음 웹 사이트를 참고하라. http://www.bl.uk/onlinegallery/virtualbooks/viewmostviewed/index.html.

# 4
CHAPTER

# THE STORY OF THE BIBLE

## 기독교와 기독교세계

### 초대교회의 성경

기독교가 널리 퍼지자 회심자들은 예수와 사도들의 이야기와 가르침을 알고 싶어 했으며, 예배 때에는 그동안에 기록된 글들을 읽곤 했다. 2세기에 순교자 유스티누스가 그리스도인들의 주일예배를 묘사한 대목에 따르면, 사도들의 회고록(신약)이나 선지자의 글(구약)을 읽은 뒤에 설교와 기도와 성찬에 이어 고아와 과부와 궁핍한 사람을 위한 모금 순서가 있었다고 한다.

HIERONIMVS ROMA CONDISCERE VERBA
IERVSALEM HEBRAEAE LEGIS HONORIFI
OCHIO NECNON PAVLE DIVINA SALVTIS
IVRA DAT ALTI THRONO FVLTVS VBIQV

초대교회의 일부 논쟁은 개인적인 것이었고, 일부는 신학적인 것이었으며, 일부는 정치적인 것이었다. 그 점은 오늘날과 별로 다를 바가 없었다.

예수께서 살아 있을 동안에도 그 제자들은 서로 높은 자리를 차지하겠다고 다툴 정도였다. 형제지간인 야고보와 요한은 그리스도께 '주의 영광 중에' 하나는 우편에, 하나는 좌편에 앉게 해달라고 뻔뻔스럽게 요청했다.[1] 그리고 얼마 지나지 않아 그리스도인들은 당파를 나누었다. 일부는 바울을 좇는다고, 일부는 아볼로를 좇는다고, 그리고 일부는 베드로를 좇는다고 말하면서 편을 가른 것이다. 바울은 갈라디아 신자들이 그리스도인이 된 직후에 '다른 복음'을 좇기 시작하는 것을 보고 깜짝 놀랐다.[2]

그러면 기독교의 어느 파당이 정통파였는가? 바울인가, 아볼로인가, 아니면 베드로의 가르침이었는가? 오늘날 우리는 진리와 이단을 구별하는 지침은 성경이어야 한다고 쉽게 말하지만, 성경이란 도대체 무엇이었는가? 그리고 누가 성경을 해석했는가? 첫째 질문은 이 장에서 다룰 예정이고, 둘째 질문은 6장에서 논의될 것이다. 그리스도인들은 진리와 이단을 구별하는 지침을 얻기 위해 어느 책과 편지가 신약성경에 포함되어야 하는지를 알아야 했을 뿐 아니라, 핍박받던 시기에 어느 글을 숨길지 알기 위해서라도 성경이 무엇인지를 알아야 했다.

초대교회는 많은 영지주의 선생들과 마주쳤다. 이들은 우주의 비밀을

---

히에로니무스가 성경을 라틴어로 번역한 지 400년이 지난 AD 846년, 그는 대머리 왕 샤를(Charles the Bald)에게 바친 화려한 그림으로 장식된 성경 첫 페이지에 주인공으로 등장했다. 맨 위에 있는 패널은 히에로니무스가 로마에서 베들레헴으로 항해하여 작품에 대한 대가를 받는 장면이다. 중간 패널은 그가 성경을 번역하고 그것을 추종자들에게 설명하는 장면과 그들이 성경의 사본을 만드는 장면이다. 맨 아래 있는 패널은 히에로니무스가 라틴어 성경을 수도사들에게 나눠주고 그들이 그것을 교회로 가져가는 장면이다. 샤를에게 바친 비비안 성경은 현재 프랑스 국립도서관에 소장되어 있다.

아는 특별한 지식이 있어야 구원을 받고, 물질적인 것은 악하고, 영적인 것은 선하다고 가르쳤다. 당시에는 예수를 완전한 신적 존재가 아니라 창조된 존재라고 주장하는 아리우스와, 사람의 의지는 하나님의 도움 없이도 악이 아닌 선을 선택할 수 있다고 주장하는 펠라기우스도 있었다. 또 마르시온은 구약의 하나님은 신약에 나오는 사랑과 은혜의 하나님만큼 선하지 않다고 주장했다. 몬타누스는 그의 제자들에게, 그리스도는 그의 왕국을 건설하기 위해 돌아올 터이고 몬타누스주의자들에게 당연히 특권을 베풀 것이라고 가르쳤다. 초대교회는 이런 사상들이 과연 기독교의 가르침을 정확하게 반영하는지 여부를 판단하지 않으면 안 되었다. (그런데 이 모든 가르침은 이단적인 것으로 선포되었다.) 어느 가르침이 성경과 일치하지 않는지를 판단하려면 먼저 어느 글이 성경의 일부인지를 알아야 했다.

"역사적인 기독교 신앙은 성경에 속하는 각 책의 집필을 주관했던 성령이 선정 과정과 수집 과정도 주관했다고 믿는다"[3]고 성경학자인 F. F. 브루스가 말했다. 하지만 신약성경을 27권으로 확정하게 된 경위는 여전히 설명이 필요하다. 한 가지 평가 기준은 저자가 열두 사도에 속하거나 바울이거나 사도의 승인을 받은 사람(마가와 누가의 경우)이어야 한다는 것이었다. 그런데 일부 저자는 스스로 신빙성과 권위를 확보하기 위해 자기가 쓴 내용을 어느 사도가 집필한 것이라고(실제로는 그렇지 않았지만) 주장하기도 했다.

구약의 경전(정경)은 그리스도의 시대가 오기 전에 이미 확정되어 있었다. 그것은 BC 3세기에 그리스어로 번역되었고, 훗날 예수와 신약의 저자들은 구약에 속한 39권 중에서 34권을 인용하기도 했다. 1세기 말에 이르러 로마인에 의해 예루살렘이 파괴되고 기독교의 가르침이 유대교의 회당에 영향을 미치게 되자, 랍비 요하난을 비롯한 유대 지도자들은 유대 민족의 정체성과 유산을 잃을까 염려해 얌니아 공의회를 열었고, 거기에서 (그리스도인들이 점점 더 많이 사용하던) 그리스어로 된 70인역을 배격하고 히브리어의 사용을 옹호했으며 그리스도인을 유대인 공동체에서 분리시켰다. 이 공의회는 또한 구약 경전을 현재 우리가 갖고 있는 39권으로 확증하였다. 반면에 1세기 말만 해도 공인된 신약 정경은 아직 존재하지 않았다.

기독교가 널리 퍼지자 회심자들은 예수와 사도들의 이야기와 가르침을 알고 싶어 했으며, 예배 때에는 그동안에 기록된 글들을 읽곤 했다. 2세기에 순교자 유스티누스가 그리스도인들의 주일예배를 묘사한 대목에 따르면, 사도들의 회고록(신약)이나 선지자의 글(구약)을 읽은 뒤에 설교와 기도와 성찬에 이어 고아와 과부와 궁핍한 사람을 위한 모금 순서가 있었다고 한다. 초기 그리스도인의 설교와 기도에 관한 기록은 거의 남아 있지 않지만, 2세기에 이르면 예수와 사도들의 생애와 가르침에 관한 진술이, 구약과 마찬가지로 성경으로 인용되었다.

이그나티우스는 AD 69년에 안디옥의 주교로 임명되었다. 그로부터 40년 후 로마황제 트라야누스는 이그나티우스에게 사형선고를 내려 로마로 끌고 오게 했다. 이그나티우스는 로마에 있는 교회에 보낸 편지에 "나를 야생 동물의 먹이가 되게 해주시오"라고 썼다. 그리하여 그는 로마의 콜로세움에 끌려가서 사자의 밥이 되었다. 이 이콘은 그의 순교를 기리고 있다.

당시는 사도들의 저술이라고 내세우는 위조 저작물들이 널리 퍼져 있었는데, 가령 《야고보의 비서秘書》, 《도마복음》, 《바울의 묵시록》 등과 같은 것들이다. 복음서만 해도 현재의 성경에 들어 있는 4권이 아니라 무려 50권이나 유포되고 있었다. 따라서 신약의 정경을 결정하는 문제는 성령의 영감을 받은 저술을 선정하는 일 못지않게 그런 가짜 저작물을 제외시키는 일이기도 했다. "신약성경은 원시 교회 당시에 유포되고 있던 많은 담론, 행전, 편지, 묵시록 중에서 … 아주 적은 숫자만 선정한 것이다."[4]

네 복음서는 모두 1세기에 쓴 것으로서 사도적 저작권 내지는 권위로 인해 다함께 유포되었다. AD 180년경에 이레네우스 주교는 "우리가 살고 있는 세계에 네 지방이 있는 것처럼, 교회는 '네 기둥'과 같은 네 복음서를 갖고 있어야 한다"고 말한 바 있다. 사도행전은 바울의 동료였던 누가가 썼기 때문에 권위를 인정받았다. 바울은 '증인들'이 자기에게 '전해준' 것을 썼기에 "모든 것을 완전히 알게 되었다"고 말한 인물이었다. 그래서 바울이 쓴 편지들과 (보통 바울의 것으로 추정되는) 히브리서는 큰 의문 없이 성경의 일부로 받아들여졌다. 사실 베드로는 바울의 편지를 '성경의 나머지 부분'과 동일시하고 있다.[5] 그리하여 2세기 말에 이르면 신약성경의 끝에 나오는 몇몇 책들만 의문의 대상이 되었던 것으로 보인다.

**좌** 2세기 중반에 그리스도인들은 핍박을 받고 죽임을 당했다. 온유한 노인이었던 폴리카르푸스 감독은 카이사르를 주님으로 고백하고 그리스도를 비난하기만 했더라도 죽음을 면할 수 있었다. 그러나 그는 "나를 구원해준 나의 왕을 모독할 수 없다"고 하면서 제의를 거절했다. 그런데 그는 불에 탄 것이 아니라 사형 집행인의 칼에 죽었다고 전해지고 있다. 이 그림은 《폭스의 순교자 열전》에서 따온 것이다.

**우** 히폴리투스는 AD 258년에 로마황제 발레리아누스의 지시로 성 라우렌티우스를 고문하고 처형하는 일을 맡았던 로마 군인 중 하나였다. 성 라우렌티우스의 모습에 감동을 받은 그는 그리스도인이 되었고, 그 자신이 발레리아누스의 선고를 받아 말들에 의해 몸이 찢기는 운명에 처했다. 이 그림은 네덜란드의 화가 디리크 보우츠(1415–1475)의 작품.

최초의 신약성경의 책 목록은 AD 140년경에 마르시온이 작성한 것인데, 그는 교회가 구약성경과 "그의 눈에 유대교에 전염된 것으로 보이는" 사도들의 책에서 손을 떼야 한다고 믿었던 이단이었다.[6] 마르시온의 정경 목록에는 누가복음의 일부, 사도행전, 자신의 이단 사상을 지지해준다고 생각했던 바울의 편지 10편이 포함되어 있었다. 또 다른 목록인 무라토리 정경Muratorian Canon은 우리에게 알려지지 않은 누군가가 2세기 말에 작성한 것으로, 오늘날 우리가 사용하는 27권의 신약에 더 가까운 목록이다.

3세기에 들어와서 오리게누스는 (그리고 몇 년 뒤에는 에우세비우스도) 일부 사람들이 히브리서, 베드로후서, 요한이서와 삼서, 야고보서, 유다서 등의 정경성을 의심하고 있다고 말했다. 아타나시우스는 신약의 27권만을 정경으로 인정했다. 히포의 교회회의(393년 히포 공의회)와 카르타고의 교회회의(397년 카르타고 공의회)도 우리가 갖고 있는 27권을 정경으로 공인했는데, 이는 그동안 교회가 이 책들을 가르침과 예배에 사용해왔던 것을 공식적으로 확인하는 절차였을 뿐이다.

콘스탄티누스는 AD 306년부터 337년에 죽을 때까지 로마의 황제였다. 그의 전임자였던 디오클레티아누스는 그리스도인을 열심히 핍박하고 그들의 경전과 예배 처소를 파괴했던 인물이었지만, 콘스탄티누스는 기독교로 개종해 마침내 기독교를 국교로 삼았다. 그는 수도를 로마에서, 자기가 건설하여 330년에 봉헌했던 콘스탄티노플로 옮겼다. 콘스탄티노플의 소피아 성당에 있는 이 모자이크는 콘스탄티누스가 그 도시를 마리아와 아기 그리스도에게 바치는 모습을 그리고 있다.

F. F. 브루스는 이렇게 말한다. "특히 한 가지 점을 강조할 필요가 있다. 신약성경의 책들이 교회에서 권위를 갖게 된 것은 공식적으로 정경 목록에 포함되었기 때문이 아니라, 오히려 교회가 그 책들을 하나님의 영감을 받은 것으로, 즉 내재적인 가치가 있고 직간접적으로 사도적 권위를 가진 것으로 인정하여 정경에 포함시켰기 때문이다. 히포와 카르

타고에서 열린 교회회의들은 "기독교 공동체에 무언가 새로운 것을 부과한 게 아니라 공동체들의 일반적인 관행을 성문화한 것일 뿐이다"라고 브루스는 말한다.[7]

그리스도인들이 신약의 정경에 속한 책들을 알아야 했던 두 번째 이유는 교회가 받은 핍박 때문이다. 당시에 사본이 귀중했던 것은 직접 손으로 써야 했기 때문이다. 로마 경찰이 그리스도인에게 태울 책을 달라고 요구했을 때, 그는 성경을 담고 있는 사본은 감추고 다른 문헌을 넘겨주었을 가능성이 높다.

초기 그리스도인은 250년 동안 로마 당국에게 끔찍한 박해를 받았다. 종교적인 이유보다는 오히려 정치적인 이유로 핍박을 당했던 것이다. 로마인은 종교를 관용하는 편이었고 정복한 지역의 신들을 로마의 만신전에 합병시키곤 했다. 그러나 그리스도인은 달랐다. 그들은 일차적인 충성심을 로마 황제에게 바치지 않았기 때문에 그 사회를 위협하는 세력으로 비쳤다. 더군다나 당시 로마 사회는 와해되고 있던 중이어서 더욱 그랬다.

그리스도인에게 닥친 최초의 대규모 핍박은 AD 64년에 네로 황제의 치하에서 일어났다. 네로는 스스로 9일간의 로마 대화재를 일으켰으면서도 비난을 피하기 위해 그것을 그리스도인의 탓으로 돌렸다. 《폭스의 순교자 열전*Foxe's Book of Martyrs*》에 따르면, 그 후에 일부 그리스도인에게 야생 동물의 가죽을 입힌 다음 톱으로 잘라 개들에게 몸이 찢기도록 했고, 일부는 십자가에 못 박았고, 일부는 횃불로 만들어 불을 지폈다고 한다. 네로 치하에서의 핍박은 열 차례에 걸친 대규모 핍박 중 첫 번째 것이었다. 열 번째 핍박은 디오클레티아누스의 치하에서 303년에 일어났는데, 그는 기독교 서적과 교회를 불로 태우고, 기독교 회중을 해산시키고, 그리스도인의 재산을 압류하라고 명령했다. 그리고 긴장이 고조되자

그리스도는 완전한 신적 존재가 아니었다는 아리우스의 가르침을 둘러싸고 논쟁이 일어나자 콘스탄티누스 황제는 주교들을 니케아로 불러 공의회를 개최하게 했다. 약 300명이 아리우스의 가르침이 틀렸다는 결론을 내리고 온 교회에서 사용할 신조를 작성했다. 이 공의회는 또한 부활절 날짜를 정해 제국 전역에서 각기 다른 시기에 경축하도록 했다. 이 그림은 18세기 중반의 러시아 성화이다.

심지어 로마의 신을 숭배하지 않겠다는 그리스도인은 고문을 하라고 지시하기까지 했다.

자기의 신앙을 부인하기보다 차라리 죽음이나 고문을 택한 그리스도인들의 이야기는 너무도 감동적이다. 2세기 중반, 피에 굶주린 군중은 폴리카르푸스의 죽음을 요구했다. 폴리카르푸스는 당시 86세의 노인으로 젊은 시절에 사도 요한을 알았던 것으로 전해지는 인물이었다. 그는 그리스도를 부인하기만 하면 고문을 면하게 해주겠다는 제의를 받았다.

히에로니무스의 라틴어 성경 번역판(이를 Vulgate라고 부른다)은 로마가톨릭교회가 1500년 이상 사용한 성경이다. 석의학자요 사서였던 히에로니무스는 또한 많은 성경 주석도 썼다. 15세기의 이탈리아 화가였던 니콜로 안토니오 콜란토니오가 그린 이 그림은 예루살렘 서재에 있는 그의 모습과 중세의 한 전설을 잘 보여주고 있다. 이 전설에 따르면, 히에로니무스가 사자의 앞발에서 가시를 제거하자 사자가 그의 온순한 동료가 되었다고 한다.

"86년 동안 나는 그분의 종이었고, 그분은 내게 잘못한 것이 하나도 없었는데, 어떻게 나를 구원해준 왕을 모독할 수 있겠소?"라고 응답했다. 학자였던 테르툴리아누스는 그런 순교자들의 용기를 보고 그리스도인이 되었으며, '순교자의 피가 교회의 씨앗'이라고 말했다.

로마제국에서 정치권력의 계승은 순조롭게 이루어지지 않았다. 디오클레티아누스는 311년 12월에 죽었다. 312년에는 콘스탄티누스와 막센티우스가 황제의 자리를 차지하려고 로마의 북쪽 14킬로미터 지점에서 전투를 벌였다. 에우세비우스에 따르면, 싸움이 있기 전 오후에 콘스탄티누스가 하늘에서 불타는 십자가와 함께 그리스어로 적힌 "이 표시 속에 승리가 있다"라는 글씨를 보았다고 한다. 이튿날 아침 일찍 그는 자기 군인들에게 방패에 그리스도의 상징을 표시하게 하라는 목소리를 들었다. 콘스탄티누스는 그 전투에서 승리하고 그의 매형인 리키니우스와 함께 제국의 왕좌에 올랐다. 이제는 그리스도인이 신앙 때문에 핍박을 받지 않게 된 만큼 그것은 실로 역사상 큰 전환점이었다고 할 수 있다. 오히려 그들은 로마제국의 새로운 국교를 전파하는 선구자가 되었다.

"그의 개종은 진정한 것이었는가, 아니면 고도의 정치적 수완이었는가?" 하고 역사가인 윌 듀란트는 묻는다. 아마도 후자였을 것이다. 콘스탄티누스의 개종이 신앙적 동기로 일어났든 정치적 동기에 의한 것이든 그 결과는 참으로 의미심장했다. 그 후 10년 동안 콘스탄티누스는 기독교를 옹호하는 조치를 더욱 강력하게 취했다. 그는 "궁핍한 회중에게 돈을 주고 여러 교회를 세웠으며" 자기가 새로운 수도로 건설한 (오늘날의 터키에 있는) 콘스탄티노플에서는 우상을 숭배하는 것을 금했다. "그는 자기 아들들이 정통 기독교 교육을 받게 했고, 어머니의 기독교 자선사업을 재정적으로 뒷받침했다. 교회는 실로 기대 이상의 축복을 누리고 있었다."[8] 로마제국의 수도를 로마에서 유럽과 아시아가 만나는 콘스탄티노플로 옮기는 바람에 로마 교회와 정교회의 분열이 시작되었다. 영국의 저널리스트인 맬컴 머거리지는 다음과 같은 말로 양자를 구별한다. "그리스도는 이 세상에 기독교를 주었고(신앙), 콘스탄티누스는 이 세상에 기독교세계를 주었다."[9]

기독교회는 200년도 넘는 기간 동안 핍박을 받았음에도 계속 성장하였고 하나의 조직을 개발하였다. 주교는 일단의 교회들을 관할하게 되었고, 일찍이 1세기 말에 로마의 주교였던 클레멘스는 자기가 다른 주교들의 상관이라고 가정하며 고린도에 있는 신자들에게 편지를 썼다. 콘스탄티누스가 기독교를 공인된 종교로 삼고 이어서 국교로 만들었을 때 교회의 정치조직은 크게 번성했고 로마의 주교는 리더십의 지위를 공고히 다졌다.

당시에 그리스도는 완전한 신적 존재가 아니라고 주장하는 아리우스의 가르침을 둘러싸고 논쟁이 벌어졌다. 이 이슈를 비롯한 여러 문제를 해결하기 위해 콘스탄티누스는 325년에 콘스탄티노플에서 80킬로미터 떨어진 니케아에서 회의를 열도록 교회의 주교들을 초대하였다. 거기에서 300명이 넘는 주교들이 아리우스주의를 이단으로 선포하고 온 교회를 위해 신조를 만들었다. 이것이 바로 오늘날 우리가 알고 있는 니케아 신조의 초기 형태였다. 이 회의는 사도행전 15장에 나오는 예루살렘 공의회 이래 온 교회가 모인 최초의 공의회였으며, 그 중요성은 아무리 과장해도 지나치지 않다.[10] 이 공의회는 이방 제국의 종말을 고하고 장차 기독교가 유럽을 지배하게 될 중세의 시작을 알리는 서곡이었다.

콘스탄티누스가 취한 가장 흥미로운 조치 중 하나는 에우세비우스 주교에게 편지를 보낸 것인데, 내용인즉 콘스탄티노플에서 많은 사람이 그리스도인이 되고 있는 만큼 교회가 더 많아져야 한다는 것과, "교회의 가르침에 가장 필요하다고 생각되는 거룩한 성경의 사본 50부를 만들도록 주문하라"는 것이었다. 이 사본들은 "잘 준비된 가죽 종이에 정확하고 아름다운 필치를 자랑하는 최고의 필사자들이 아주 읽기 쉽고 휴대하기 쉬운 형태로 만들어야" 했다. 에우세비우스에게 주어진 과업은 그저 성경 50부를 찍어내는 일이 아니었다. 그 모두를 한 권 한 권 손으로 쓰게 하는 것이었다. 어쩌면 코덱스 바티카누스와 코덱스 시나이티쿠스도 당시에 콘스탄티노플에서 만들어진 50부 가운데 두 권이 아닐까 하는 생각이 든다. 제작 시기로 보면 그럴 가능성이 있지만 다른 증거를 도무지 찾을 수 없다. 여기서 중요한 점은 콘스탄티누스가 그런 명령을 내렸을 때 에우세비우스가 '거룩한 성경'이 무엇인지를 알고 있다고 가정했다는 사실이다. 이 콘스탄티누스의 편지는 교회의 여러 공의회가 성경을 구성하는 저술들(에우세비우스와 당시의 교회가 이미 알고 있었던 것)을 확증한 시점보다 거의 1세기나 앞선 것이었다.

가이사랴의 주교였던 에우세비우스는 '교회 역사의 아버지'이자 신학자이며, 동일한 사건을 기록한 네 복음서의 병행 단락을 한눈에 볼 수 있도록 '정경표'를 만든 인물이다. 교회의 첫 3세기의 역사를 기록한 그의 저술에는 그 유명한 콘스탄티누스의 개종 이야기가 포함되어 있으며, 이 대왕은 훗날 에우세비우스에게 콘스탄티노플에 있는 교회들을 위해 성경 50부를 주문하도록 지시했던 인물이다.

역사상 가장 중요하고 가장 영향력이 컸던 성경 번역판은 바로 구약성경을 그리스어로 옮긴 70인역이었다. 두 번째로 중요한 것은 5세기 초에 성경 전체를 라틴어로 옮긴, 불가타('백성의 언어' 혹은 '대중적인 판'이란 뜻)라고 불리는 번역판이다. 이는 로마 교회가 1,500년도 넘게 사용했던 공식 번역판으로서 중세는 물론이고 그 후에도 한동안 예술과 문화와 교회에 상당한 영향을 미쳤다. 1546년에 열린 트렌트 공의회[11]는 오직 '불가타'만을 진정한 라틴어 성경 텍스트로 선언했다. 당시는 이미 라틴어가 더 이상 일상어로 사용되지 않던 시기이긴 했지만 말이다.

AD 4세기에는 구약성경과 신약에 속한 27권이 그리스어와 라틴어 등 여러 언어의 형태로 교회들 사이에 유포되고 있었다. 라틴어 사본만 해도 여러 종류가 있었고 번역의 문체와 질이 각양각색이었으며, 필사될 때에 텍스트가 변형되기도 했다. 그래서 382년에 이르러 교황 다마수스는 그의 비서이자 언어학자인 히에로니무스에게 네 복음서의 옛 라틴어 번역판들을 개정하도록 요청했다. 히에로니무스는 2년 동안 열심히 일했고, 다마수스가 384년에 죽은 뒤에는 베들레헴으로 이주하여 성경 전체를 그 프로젝트에 포함시켰다. 히에로니무스는 70인역을 활용하긴 했지만, 그리스어가 아닌 히브리어에서 구약 39권을 번역하는 일을 모두 완수했다. 그는 서문에서 외경은 유익한 책이긴 하지만 정경은 아니라고 분명히 밝히면서 성경 번역에 포함시키지 않았다. 외경이 훗날에 만든 불가타 번역판들에는 포함됐지만, 이것들은 히에로니무스의 작품이 아니었다.

불가타 번역판은 복잡한 내력을 가진 복합적인 작품이다. 오랜 기간에 걸쳐 필사를 하다 보니 많은 부분이 변형되었고, AD 800년경에는 잉글랜드의 교육가이자 신학자였던 앨퀸이 신성로마제국의 황제인 샤를마뉴의 지시로 개정판을 만들기도 했다.

성경의 일부를 담은 초기의 사본들이 일부 남아 있긴 하지만, 가장 초창기의 완전한 불가타 성경은 6세기의 사본을 필사한 8세기의 사본인 코덱스 아미아티누스이다. 북아프리카에서 잉글랜드로 건너간 선교사들은 많은 수도원을 건립했고, 그 가운데 잉글랜드의 북동부 지방에 있던 두 수도원이 세 권의 거대한 성경을 만들어서, 그들이 각각 하나씩 보유하고 나머지 한 권은 교황에게 선물로 주었다. 지금은 교황의 성경만 남아 있는데, 이것이 코덱스 아미아티누스이다. 모두 2,060페이지나 되는 이 사본은 크기가 가로 33.1센티미터에 높이 48.8센티미터이고, 무게가 약 34킬로그램이나 나가는 엄청난 부피로서 현재 이탈리아의 피렌체에 소장되어 있다.[12]

500년이란 세월은 얼마나 많은 변화를 가져오는지 모른다. 1세기에 신약성경이 집필될 때만 해도 기독교는 한갓 유대교의 한 분파로 간주되었다. 그 후 200년에 걸쳐 그리스도인들은 막강한 로마제국에게 심한 핍박을 받았지만 그것을 모두 견디었고, 마침내 제국의 공식 종교를 전하는 사자使者가 되었다. 그리스도의 메시지가 제국 전역과 그 너머에까지 전파됨에 따라 실로 순교자의 피가 교회의 씨앗이 된 셈이었다. 교회는 이제 로마제국의 권력구조의 일부(동방에서는 정교회, 서방에서는 로마 교회)가 됨으로써 복음을 전파하고, 개종자를 만들고, 성경을 연구하고, 예배의 처소를 세울 기회를 얻었으며, 세월이 흐르면서 정치와 권력과 부에 의해 타락하고 말았다.

그리스도의 탄생과 사역과 죽음과 부활에 관한 이야기는 아주 초창기에 네 복음서를 통해 유포되었고, 이는 사도행전에 담긴 초대교회의 이야기와 바울을 비롯한 몇몇 사도의 글과 함께 성경으로 확증되었다. 그리고 성경은 시리아어와 콥트어 등 6개 이상의 언어로 번역되었다. 그 가운데 가장 중요한 초기 번역판은 4세기 말에 히에로니무스가 작업하기 시작한 라틴어 번역판(불가타)이었고, 이는 1,500년 이상 로마 교회의 공식적인 성경이라는 특권을 누렸다.

## 영지주의, 나그함마디, 그리고 다빈치 코드

나그함마디 코덱스 II는 1945년에 상 이집트에서 발견된 사본으로서 현재 펼쳐진 면은 도마복음의 결론 부분이다.

대다수의 사람은 고대의 이단을 모호하고 지겹고 오늘날과 무관한 것으로 생각한다. 실은 아리우스의 가르침이 여호와의 증인과 유니테리언 신학에서 등장하고, 영지주의의 일부 가르침이 몰몬교의 교리에서 나타나는데도 말이다. 특히 21세기에 들어와서, 초대교회가 직면했던 중요한 이단의 하나였던 영지주의는 이제까지 생생하게 살아 있고 지금도 뉴스거리가 되고 있다.

초대교회 당시 정통 기독교에서 일탈하여 그리스도인들을 유혹했던 많은 이단 중에서 가장 강력한 이단은 바로 영지주의였다. 이 이단은 조직화된 종교 시스템이 아니라 오히려 아주 다양한 믿음을 공유하고 있었으며, 그 핵심은 물질세계가 본래 악한 것이고 구원은 우주의 비밀을 아는 고도의 혹은 영적인 지식을 통해 오는 것이라는 믿음이었다. 현대의 영지주의자인 스테판 휠러는 영지주의를 이렇게 설명한다. "인간은 존재에 관한 진정한 진리들을 직접적이고 개인적이고 절대적으로 알 수 있다는 확신과 … 그런 지식에 도달하는 일이 항상 인생의 최고의 업적이 되어야 한다는 것이다."[13] 영지주의의 신비 사상은 기독교 이전 시대에 일부 유대교 사상가들에게 영향을 미쳤고, 훗날에는 초기의 일부 그리스도인들에게도 영향을 주었다. "영지주의는 … 기독교의 이단이라기보다 오히려 경쟁자였다."[14]

기독교 신앙에 영향을 준 다양한 영지주의적인 요소들은 초기 기독교 공의회들과 교부들에 의해 이단으로 정죄를 받았다. 이레네우스는 《이단에 대한 반론》에서 왜 영지주의가 틀렸는지를 지적하기 전에 그들의 가르침을 잘 요약했고, 19세기 중반까지는 그것이 최상의 설명으로 인정을 받았다. 다양한 영지주의 집단들은 5세기에 이르러 대부분 사라졌고, 지금은 초대교회 역사를 연구하는 학생들이 그저 각주에 묘사할 정도로 보잘것없는 신세가 되었다.

첫째, 1945년에 룩소르와 왕의 골짜기에서 북서쪽으로 약 64킬로미터 정도 떨어진 이집트의 나그함마디에서 50개가 넘는 영지주의 자료들이 발견되었다. 그 중에서 가장 잘 알려진 것은 도마복음인데, 이는 그리스도의 생애에 관한 이야기가 아니라 예수의 말씀 114마디를 모아놓은 것이다. 이밖에도 '영지주의 복음서들'로 알려진 〈마리아복음〉, 〈야고보의 비서秘書〉, 〈진리의 복음〉, 〈베드로행전〉 등이 포함되어 있다. 이 가운데 어느 것도 정경은 아니지만 그 자료들이 발견됐을 때는 상당한 소동을 일으켰다. 뉴스 헤드라인은 무언가 새롭거나 비밀스럽거나 억압당한 것을 둘러싼 음모론을 제기하며 그리스도의 삶에 대해 새로운 관점을 제시하겠다고 약속했다. 그러니까 초대교회가 영지주의를 정죄한 것을 슬쩍 왜곡시켜 마케팅에 이용한 것이었다.

둘째, 2003년에 최고의 베스트셀러에 오른 《다빈치 코드》는 영지주의 복음서들이 신약성경의 책들만큼이나 (혹은 그 이상으로) 타당성이 있었고, 그것들을 정경에서 제외시킨 일은 콘스탄티누스 시대에 일어났다고(이는 콘스탄티누스가 에우세비우스에게 콘스탄티노플 교회를 위해 성경 50부를 만들도록 요청한 것을 잘못 해석한 것) 주장했다. 《다빈치 코드》는 서스펜스와 음모와 살인이 넘치는 재미있는 소설이었지만, 이제까지 교회가 예수에 관해 가르친 내용이 틀렸고 예수와 막달라 마리아가 결혼했다는 주장을 하는 바람에 영지주의 저술에 대한 관심을 고조시켰다.

셋째, 2006년 5월호 〈내셔널 지오그래픽〉은 유다복음의 콥트어 사본 발굴에 관한 기사를 크게 실었다. 거기에는 "예수가 가룟 유다와 함께 얘기한 계시에 관한 비밀스런 이야기"가 실려 있었다. 이 잡지는 그 기사를 선전용으로 내세웠고, 유다를 예수를 배신한 제자로서가 아니라 예수와 가장 친밀했던 제자로서 예수의 부탁을 받고 그를 당국에 넘겼다는 식으로 묘사했다. 그러자 〈뉴욕 타임스〉는 많은 학자와 과학자들이 유다복음을 "과거 60년 동안 발굴된 성경 이외의 고대 텍스트 가운데 가장 중요한 문서로 생각하고 있다"[15]고 〈내셔널 지오그래픽〉의 임원의 말을 인용하기도 했다. 그러나 이런 주장은 사실을 과장한 것이었다.

이와 같은 헤드라인과 언론 기사에도 불구하고 영지주의 문헌은 새로울 것이 하나도 없다. 유다복음은 오랜 세월 동안 이미 알려져 있었고 이레네우스는 그것을 '허구적인 역사'라고 불렀다. 4세기의 역사가이자 신학자였던 에우세비우스는 "교회에 전통에 따라 참되고 진실한 것으로 인정된 저술들"과 "이단들이 사도의 이름을 붙여 추천한 것들, 이를테면 베드로복음과 도마복음과 맛디아복음 … 안드레행전, 요한행전, 그리고 기타 여러 사도들의 행전과 같은 것들"을 서로 구별했다. 도마복음은 나그함마디에서 발견된 사본들 중에 포함되어 있었다. "그 내용에 담긴 생각과 취지는 정통교리와 완전히 어긋나는 것이며, 그것들이 이단의 위조품임을 스스로 보여주고 있으므로 … 몽땅 엉터리요 불경건한 것으로 제쳐놓아야 한다."[16]

이와 같은 이레네우스와 에우세비우스의 경고에도 영지주의는 아직도 생생하게 살아 있다.

**페시타**PESHITTA

463–464년 오늘날의 터키 동부에 있는 아미드에 살던 한 집사가 시리아어로 된 구약성경의 첫 다섯 권을 필사하고 거기에 서명하고 날짜를 기록했다. 이 중요한 사본은 필사자가 직접 날짜를 기록한 것들 가운데 가장 오래된 사본이다.

시리아어는 현재 시리아 북부와 이라크와 터키 남부에서 사용하는 아람어의 한 방언이고, 아주 초기에 성경이 번역된 언어 중 하나이다. '페시타'라는 단어는 '쉬운 번역판'이란 뜻으로 히에로니무스의 라틴어 번역판을 일컫는 '불가타'(Vulgate, 백성의 언어)란 이름과 비슷하다. 페시타 구약이 학자들에게 중요한 이유는 대다수의 초기 구약 번역판은 그리스어로 된 70인역에서 번역한 것인 데 비해 이 번역판은 히브리어에서 시리아어로 옮긴 것이기 때문이다. 시리아어로 옮긴 신약 번역판은 세 가지이다. 하나는 더 이상 존재하지 않는 조화 복음서인 《디아테사론》이고, 또 하나는 3세기에 만든 것으로 보이는 옛 시리아어 번역판이며, 나머지 하나는 옛 시리아어를 보통 사람이 구사하는 쉬운 시리아어로 옮긴 개정판인 페시타이다. 이 페시타는 5세기에 시리아어를 쓰는 교회들이 사용하는 공식 번역판이 되었다.

요한 집사가 구약 페시타에서 필사한 이 페이지에는 창세기 29장 25절에서 30장 2절이 담겨 있다. 즉 라반이 야곱을 속여서 라헬이 아니라 레아와 결혼하게 하고, 레아가 네 자녀를 낳아 자식이 없는 라헬의 질투를 불러일으키는 대목이다.

ܠܟܝ. ܡܢܘ ܗܢܐ ܕܝܕܥܬ
ܠܗ. ܗܘܐ ܒܪܢܫܐ ܦܠܚܬ
ܒܥܝ ܠܡܪܝܐ ܢܚܠܬܝ.
ܘܐܡܪ ܠܟܝ ܠܐ. ܡܚܠܬܝ.
ܡܚܠܐ ܒܚܘܒܐ: ܠܚܠܬ
ܪܘܚܬܐ ܩܕܝܫܬܐ.
ܥܠܡ ܡܫܝܚܘܬܐ
ܕܗܘܐ. ܘܐܬܠ ܠܟ
ܐܦ ܗܝ ܒܦܘܠܚܢܐ
ܕܐܬܦܠܚ ܒܗܝ ܬܘܒ
ܥܒܕ ܥܠܝ ܐܢ̈ܫܝܢ.
ܥܒܪ. ܒܗܘܢ ܗܘܢܐ.
ܘܟܠ ܡܫܝܚܘܬܐ
ܕܗܘܐ: ܘܝܗܒ ܠܗ ܠܐܢܫܐ
ܒܪܬܗ ܐܢܬܬܐ. ܘܝܗܒ
ܠܗ ܠܐܢܫܐ ܒܪܬܗ
ܐܬܠܬܐ ܐܡܗܬܗ
ܕܡܠܬܐ. ܡܛܠ ܐܦ
ܟܠ ܐܢܫ. ܘܪܚܡܬܗ
ܐܦ ܠܐܢܫܐ ܡܢ ܠܒܗ.
ܘܦܠܚ ܒܗܘܢ ܬܘܒ.
ܥܒܕ ܥܠܝ ܐܢ̈ܫܝܢ.
ܘܢܣܒ ܡܢܗ ܕܦܘܠܚܢܐ
ܗܘ ܠܗܝ. ܘܦܬܚ
ܠܚܟܡܬܐ. ܘܪܚܡ
ܒܡܫܝܚܘܬܐ. ○ ○ ○
ܘܟܠܝܬ ܠܗܝ ܘܝܠܕܬ

ܒܪܐ. ܘܦܪܫܬ ܥܡܗ
ܙܒܢܐ. ܘܐܬܒܪܝܬ. ܡܛܠ
ܕܢܗܘܐ ܐܠܗܐ ܥܡܟ.
ܗܘܐ ܢܘܗܪܐ ܒܟܠ
ܘܟܠܝܬ ܬܘܒ ܘܝܠܕܬ
ܒܪܐ. ܘܐܬܒܪܝܬ. ܡܛܠ
ܕܢܗܘܐ ܒܪܢܐ ܕܗܘܝܐ
ܐܝܟܢܐ ܢܘܒܠ ܠܗ ܘܐܦ
ܗܘܐ. ܘܦܪܫܬ ܥܡܗ
ܥܡܗܝ. ܘܟܠܝܬ ܬܘܒ.
ܘܝܠܕܬ ܒܪܐ. ܘܐܬܒܪܝܬ
ܕܢܗܘܐ ܗܘ ܢܛܠܗ
ܠܗ ܟܠܗ. ܡܛܠ ܕܝܠܕܬ
ܠܗ ܬܠܬܐ ܟܢ̈ܫܐ ܡܛܠ
ܗܘܝܐ ܦܪܫܬ ܥܡܗ
ܠܗ. ܘܟܠܝܬ ܬܘܒ
ܘܝܠܕܬ ܒܪܐ. ܘܐܬܒܪܝܬ
ܕܢܗܘܐ ܗܘܝܐ ܐܝܟ ܕܗܘܐ
ܠܒܪܝܐ. ܡܛܠ ܗܘܝܐ
ܦܪܫܬ ܥܡܗ ܢܗܘܐ ܕܗܘܝܐ.
ܘܩܒܠܬ ܡܢ ܝܠܕܐ. ○ ○
ܘܝܠܕܬ ܪܘܚܐ ܕܠܐ ܝܠܕܐ.
ܠܫܡܫܐ ܘܐܬܦܩܬ ܒܫܘܪܐ
ܘܐܬܥܪܬ ܠܫܡܫܐ ܡܢ
ܠܡܠܟܐ ܘܐܡܠܟ ܒܠܒܐ
ܐܝܟܐ. ܘܐܬܐܡܪ ܠܗ ܒܪܬܐ

## 코덱스 아미아티누스CODEX AMIATINUS

코덱스 아미아티누스는 가장 초기의 라틴어 성경으로서 AD 716년 이전에 만들어진 것으로 보인다. 크기는 33.1cm×48.8cm, 두께는 17.5cm, 무게는 약 34kg이다. 이는 무척 아름다운 사본일 뿐 아니라(어떤 이들은 세계에서 가장 아름다운 책이라고 생각한다), 히에로니무스의 라틴어 번역판을 가장 정확하게 필사한 사본으로 꼽힌다.

8세기 초, 잉글랜드의 웨어머스-자로에 있는 튄 파운데이션 수도원은 세 권의 거대한 성경을 만들었는데, 두 수도원이 하나씩 갖고 하나는 교황 그레고리우스 2세에게 바칠 생각이었다. 수도원장이었던 체올프리도가 그 사본을 교황에게 전달하러 가던 도중에 죽고 말았으며, 그것이 과연 바티칸까지 무사히 운송되었는지 여부는 미지수로 남아 있다. 그런데 이 사본은 천 년 동안이나 남부 토스카나(현 이탈리아의 피렌체 지방)의 몬테 아미아타에 있는 산 살바토레의 베네딕트 수도원에 보관되어 있었다. 그 수도원은 1780년대에 문을 닫았고 그 서재에 있던 자료와 예술품은 피렌체로 옮겨졌으며, 코덱스 아미아티누스는 이곳 로렌티안 도서관에 200년도 넘게 비치되어 있었다. 그리고 19세기 말에 이르러서야 이 사본이 본래 잉글랜드에서 만들어졌다는 사실을 알게 되었다.

이 페이지는 창세기의 첫 대목이다. 붉은 글씨로 쓴 문장이 "태초에 하나님이 천지를 창조하시니라"이다. 코덱스 아미아티누스는 띄어쓰기는 했지만 마침표가 없이 대문자로 쓴 사본이다

IN PRINCIPIO CREAUIT DS
CAELUM ET TERRAM
TERRA AUTEM ERAT INANIS ET UACUA
ET TENEBRAE ERANT SUPER
FACIEM ABYSSI
ET SPS DI FEREBATUR SUPER AQUAS
DIXITQUE DS FIAT LUX ET FACTA EST LUX
ET UIDIT DS LUCEM QUOD ESSET BONA
ET DIUISIT LUCEM AC TENEBRAS
APPELLAUITQUE LUCEM DIEM
ET TENEBRAS NOCTEM
FACTUMQUE EST UESPERE
ET MANE DIES UNUS
DIXIT QUOQUE DS
FIAT FIRMAMENTUM IN MEDIO AQUARUM
ET DIUIDAT AQUAS AB AQUIS
ET FECIT DS FIRMAMENTUM
DIUISITQUE AQUAS QUAE ERANT SUB
FIRMAMENTO AB HIS QUAE ERANT
SUPER FIRMAMENTUM
ET FACTUM EST ITA
UOCAUITQUE DS FIRMAMENTUM
CAELUM
ET FACTUM EST UESPERE ET MANE
DIES SECUNDUS
DIXIT UERO DS
CONGREGENTUR AQUAE QUAE SUB CAELO
SUNT IN LOCUM UNUM
ET APPAREAT ARIDA
FACTUMQUE EST ITA
ET UOCAUIT DS ARIDAM TERRAM
CONGREGATIONESQUE AQUARUM
APPELLAUIT MARIA
ET UIDIT DS QUOD ESSET BONUM ET AIT
GERMINET TERRA HERBAM UIRENTEM
ET FACIENTEM SEMEN
ET LIGNUM POMIFERUM FACIENS
FRUCTUM IUXTA GENUS SUUM
CUIUS SEMEN IN SEMET IPSO SIT SUPER
TERRAM. ET FACTUM EST ITA
ET PROTULIT TERRA HERBAM UIREN
TEM ET ADFERENTEM SEMEN
IUXTA GENUS SUUM
LIGNUMQUE FACIENS FRUCTUM

ET HABENS UNUMQUODQUE SEMENTEM
SECUNDUM SPECIEM SUAM
ET UIDIT DS QUOD ESSET BONUM
FACTUMQUE EST UESPERE ET MANE
DIES TERTIUS
DIXIT AUTEM DS
FIANT LUMINARIA IN FIRMAMENTO CAELI
UT DIUIDANT DIEM AC NOCTEM
ET SINT IN SIGNA ET TEMPORA
ET DIES ET ANNOS
UT LUCEANT IN FIRMAMENTO CAELI
ET INLUMINENT TERRAM
ET FACTUM EST ITA
FECITQUE DS DUO MAGNA LUMINARIA
LUMINARE MAIUS UT PRAEESSET DIEI
ET LUMINARE MINUS UT PRAEESSET
NOCTI ET STELLAS
ET POSUIT EAS IN FIRMAMENTO CAELI
UT LUCERENT SUPER TERRAM
ET PRAEESSENT DIEI AC NOCTI
ET DIUIDERENT LUCEM AC TENEBRAS
ET UIDIT DS QUOD ESSET BONUM
ET FACTUM EST UESPERE ET MANE
DIES QUARTUS
DIXIT ETIAM DS
PRODUCANT AQUAE REPTILE
ANIMAE UIUENTIS
ET UOLATILE SUPER TERRAM
SUB FIRMAMENTO CAELI
CREAUITQUE DS CETA GRANDIA
ET OMNEM ANIMAM UIUENTEM
ATQUE MUTABILEM
QUAM PRODUXERANT AQUAE
IN SPECIES SUAS
ET OMNE UOLATILE SECUNDUM
GENUS SUUM
ET UIDIT DS QUOD ESSET BONUM
BENEDIXITQUE EIS DICENS
CRESCITE ET MULTIPLICAMINI
ET REPLETE AQUAS MARIS
AUESQUE MULTIPLICENTUR
SUPER TERRAM
ET FACTUM EST UESPERE
ET MANE DIES QUINTUS

5

CHAPTER

# THE STORY OF THE BIBLE

## 가장 아름답고 화려하게

### 중세 시대의 성경

당시는 교회가 삶의 모든 영역을 지배하고 있었던 만큼 성경의 이야기와 가르침이 우리로서는 도무지 상상하기 어려울 정도로 사람들의 생각과 삶 속에 깊이 스며 있었다. 성경의 메시지는 드라마와 예술과 시와 건축을 통해 표현되기도 했다. 그리고 중세의 가장 멋진 유물은 성경 텍스트가 화려한 그림과 우아한 장식에 둘러싸여 있고 그것을 값비싼 장정으로 묶은 아름다운 사본들이다.

GENERATIONIS

ihu xpi filij dauid. filij abraham. A
braham genuit ysaac. Ysaac autem
genuit iacob. Iacob autem genuit iu
dam et fratres eius. Iudas autem ge
nuit phares et zaram de thamar. Pha
res autem genuit esrom. esrom autem
genuit aram. Aram autem genuit ami
nadab. aminadab autem genuit na
ason. Naason autem genuit salmon.
salmon autem genuit booz de rachab.
Booz autem genuit obed ex ruth. obed
autem genuit iesse. Iesse autem genu
it dauid regem. Dauid autem rex genu
it salomonem ex ea que fuit urie. Sa
lomon autem genuit roboam. roboā
autem genuit abiam. Abia autem
genuit asa. asa autem genuit iosa
phat. Iosaphat autem genuit ioram.
ioram autem genuit oziam. Ozias au
tem genuit ioatham. ioatham autē
genuit achaz. Achaz autem genuit
ezechiam. ezechias autem genuit ma
nassen. Manasses autem genuit amon.
amon autem genuit iosiam. Iosias
autem genuit iechoniam et fratres
eius in transmigratione babylonis.
Et post transmigrationē babylonis.
iechonias genuit salathiel. Salathiel
autem genuit zorobabel. zorobabel
autem genuit abiud. Abiud autem

LIBER

만일 르네상스 축제를 재연하는 21세기 행사(음유시인과 처녀, 마상 창시합과 곡예, 축연과 흥겨운 놀이 등)를 본 적이 없다면, 로마제국의 몰락과 종교개혁 사이에 존재했던 천 년의 세월(중세 시대)에 대해 거의 모르고 있을 가능성이 높다.

당시는 로빈후드, 잔다르크, 기사도, 아서 왕과 원탁의 기사 등이 풍미하던 시대였다. 중세 시대에 동방 교회는 새로 등장한 이슬람의 도전을 받았고, 이에 대해 서방 교회는 십자군전쟁으로 맞섰다. 중세는 서방의 로마 교회가 가장 부유한 왕에서 가장 가난한 농노에 이르기까지 모든 사람의 삶에 영향을 주었던 시대였다. 거의 예외 없이 교회에 소속하여 교회에서 세례를 받고, 교회에서 기도하고, 교회에서 결혼하고, 교회에서 설교를 듣고, 교회법에 따라 살고, 교회를 지원하기 위해 세금을 바쳤던 시대였다. 교구 교회는 마을의 중심이었고, 성당은 주교와 더불어 그 도시의 중심을 이루었고, 왕들이 교황에게 경의를 표했던 시대였다. 당시 로마 교회는 정치 권력과 문화적인 힘의 견인차 역할을 했다.

당시는 교회가 삶의 모든 영역을 지배하고 있었던 만큼 성경의 이야기와 가르침이 우리로서는 도무지 상상하기 어려울 정도로 사람들의 생각과 삶 속에 깊이 스며 있었다. 성경의 메시지는 드라마와 예술과 시와 건축을 통해 표현되기도 했다. 그리고 중세의 가장 멋진 유물은 성경 텍스트가 화려한 그림과 우아한 장식에 둘러싸여 있고 그것을 값비싼 장정으로 묶은 아름다운 사본들이다.

중세의 성경 이야기는 4세기에 고트어 번역으로 시작해 14세기에 영

---

카푸친의 성경(Capuchin's Bible, 1170–1180)에서 마태복음의 첫 페이지는 라틴어 불가타에 나오는 문장 "*Liber generationis Iesu Chri filii David*"(다윗의 자손, 예수 그리스도의 계보라)으로 시작된다. 첫 단어 '*Liber*'의 'L'은 이새의 나무로 가득 차 있는 왼쪽 그림이고 'iber'은 오른쪽 하단 구석에 있다. 중세 미술에 자주 사용되었던 이새의 나무는 그리스도가 이새의 아들이었던 다윗의 자손(사 11:1)임을 그림으로 보여준다(샤르트르 성당의 스테인드글라스에 새겨진 이새의 나무도 12세기의 작품이다). 그리스도는 중앙 맨 꼭대기에 있고 그 아래편에 마리아가 있다. L자의 밑바닥에 몸을 기대고 있는 사람은 이새이고, 그 옆구리에서 나오고 있는 인물이 다윗 왕이다. 이 성경의 크기는 32.5cm×44.4cm이다. 현재 프랑스의 국립도서관에 소장되어 있다.

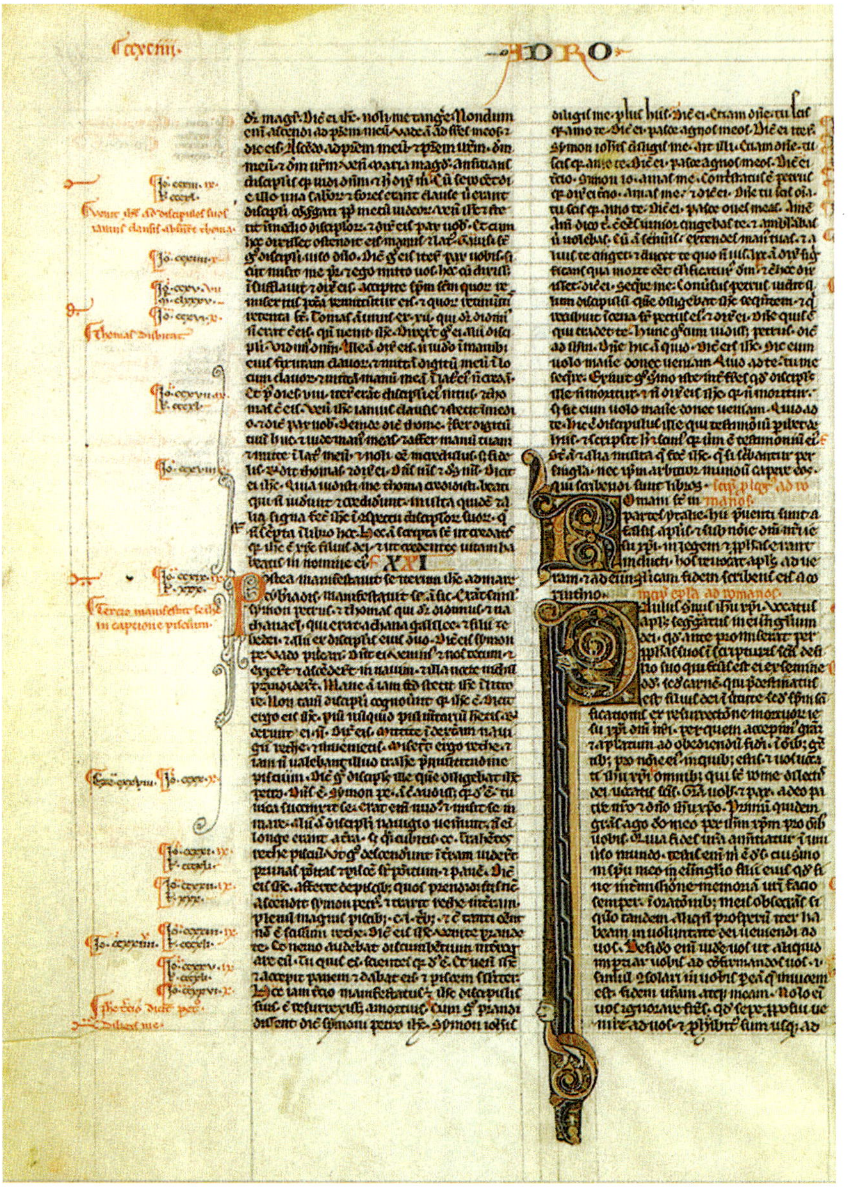

12세기와 13세기 사이에 성경은 그 크기가 작아지고, 단권으로 만들어지고, 첨부 자료가 붙고, 본문은 장(章)으로 나누어졌다. 이런 변화는 파리에서 시작되었기 때문에 '파리 성경'이란 용어가 생겼다. 이 페이지는 요한복음의 끝부분(장의 숫자인 '21'이 왼쪽 칼럼 중간에 파란색과 붉은색으로 적혀 있다)과 로마서의 첫 부분을 담고 있다. 여백에 기록된 주제어, 참고 구절, 표제어(맨 위편에 'AD RO'가 있고, 다음 페이지에는 'MANOS'('로마인에게')가 적혀 있다), 페이지 숫자('CCXCIIII'는 294) 등이 눈에 띈다. 이 성경은 1236년에 만든 파리 성경이다. 크기는 20cm×30.9cm이다. 현재 프랑스의 국립도서관에 소장되어 있다.

어 번역으로 끝이 난다. 공교롭게도 이 두 명의 번역가는 똑같이 로마 교회에 의해 이단으로 천명되는데, 전자는 그리스도가 완전한 신적 존재가 아니라고 말했기 때문이고, 후자는 교회와 교황이 아니라 성경에 권위가 있다고 가르쳤기 때문이다.

그의 이름의 뜻은 '작은 늑대'였고 그의 가족은 고트족이 소아시아를 약탈했을 때 포로로 잡혀갔다. AD 311년에 태어난 울필라(혹은 울필라스)는 여러 언어를 배워 고트족 법정에서 일하는 관료가 되었고, 콘스탄티누스 황제를 알현하는 외교단의 일원으로 콘스탄티노플로 파견되었다. 거기에서 29세의 나이에 주교로 임명되었고 나중에 오늘날의 불가리아로 옮겼다.

350년에 울필라는 성경을 고트어로 번역하기로 결심했다. 고트어는 구체적인 생각을 표현할 수 있는 말만 있을 뿐 문자 언어가 없는 상태였다. 그래서 우선 그리스어를 각색하여 알파벳을 만들어야 했다. 그런데 정말로 어려운 문제는 성경의 추상적인 개념을 전달할 수 있는 단어를 창안하는 일이었다. 울필라의 번역판은 전쟁과 정복의 이야기를 담고 있는 열왕기를 제외한 모든 책을 담고 있었다. "고트족은 전쟁을 좋아했던 만큼 싸우도록 더 부추기기보다는 그런 정열을 억제하는 일이 더 필요했다"고 역사가인 필로스토르기우스가 말했다.

울필라는 홀로 최초의 게르만 문자 언어를 발명했다. 그런데 대다수의 고트족이 그랬듯이 그 역시 아리우스주의자라서 그리스도를 창조된 존재로 보았지 완전한 신으로 믿지 않았다. 고트족은 북부 지방 출신인 훈족과 게르만족과 더불어 로마제국의 몰락에 앞장섰던 '야만인'이었고, 그 몰락을 계기로 중세가 시작되었다. 콘스탄티누스가 330년에 그 보좌를 콘스탄티노플(오늘날의 터키에 위치한)로 옮기자 로마의 주교(교황)가 황제의 이주로 인해 생긴 권력의 공백을 메웠고 교회가 유럽을 지배하기 시작했다. 그리고 교회는 로마를 중심으로 한 가톨릭교회와 콘스탄티노플을 중심으로 한 정교회로 나뉘었다. 동방과 서방은 교리와 언어, 정치와 지리 등의 차이로 인해 적대감이 생기고 서로 상대편의 대표를 출교시키는 등 1054년에 이르기까지 쌍방간의 긴장이 고조되었다.

이 두 분파 사이의 차이점 중 하나는 그들이 사용했던 성경이었다. 서방 교회의 경우는 라틴어 불가타를 사용했으나, 동방 교회는 그리스어 성경을 사용했다. 현재 남아 있는 대다수의 그리스어 사본은 성경 전체가 아니라 성경에 속한 한 권 혹은 몇 권으로 되어 있고, 그 가운데 가장 흔한 것은 사복음서나 시편이다. 동방 교회의 그리스어 사본 중에서 가장 초기에 속하는 것은 300여 개의 작은 그림으로 장식되어 있는 5세기의 창세기 사본이다. 이 사본을 일컬어 '코튼 창세기'라고 부르는데, 이는 17세기에 로버트 브루스 코튼 경이 런던에서 만든 서재의 일부였기 때문에 붙인 이름이다. 코튼 창세기는 1,250년 동안이나 건재했다. 그러나 1731년에 발생한 화재로 인해 그림이 가득하고 손으로 필사한 400여 페이지 중에서 불과 18페이지만 일부가 불에 탄 상태로 남아 있게 되었다.

726년, 동방제국의 황제였던 레오 3세는 십계명 중에 우상 숭배를 금지하는 두 번째 계명으로 인해 형상의 사용을 금지하는 칙령을 내렸다. 그는 성상聖像을 비롯한 모든 종교적인 예술품을 파괴하라고 명령했고, 그로부터 100년이 넘도록 동방에서 만든 성경에는 어떤 그림도 포함되지 않았다.

그러나 금지령이 해제된 뒤에는 복음서의 책들이 정교한 그림으로 장식되기 시작했다. 가장 중요한 사본 생산지의 하나였던 콘스탄티노플 소재 스투디오스 수도원은 다음과 같은 규율을 만들었다. "필사 작업을 하는 동안 주의가 산만해진 서기관은 빵과 물만 먹게 하는 벌을 줄 수 있고, 가죽 종이를 깨끗하게 보존하지 못한 서기관은 130일간의 참회를 부과하고, 홧김에 펜을 부러뜨린 서기관은 30일간의 참회를 부과할 수

전설에 따르면, 13세기 초 프라하의 동쪽에 있던 한 베네딕트 수도원에서 헤르마누스 수도사가 수도 서원을 위반한 것 때문에 생매장 선고를 받았다고 한다. 그는 역사상 최고로 장엄한 책을 하룻밤 사이에 만들기로 합의했다. 그가 그 일을 완수할 수 없다는 것을 깨닫고는 마귀에게 도움을 청했고, 마귀의 화려한 형상을 성경에 포함시켰다. 소위 '마귀의 성경'이라 불리는 코덱스 기가스는 세계에서 가장 큰 중세 성경으로 스웨덴 국립도서관에 소장되어 있다.

있다."[1]

"동방에서 나온 그리스어 성경의 역사를 가로지르는 한 가지 주제가 있다면, 그것은 그 책들이 쓸모 있게 만들어졌다는 사실이다. 단지 개인 소유주를 즐겁게 할 목적으로 만든 화려한 사본은 찾아보기 힘들다."[2] 역사가이자 사서인 크리스토퍼 드 하멜의 말이다. 11세기에 한 부유한 지주는 그의 유서에 성경의 일부를 유산으로 남기면서 "이것들은 필요한 때에 필요한 곳에서 꼭 사용돼야 한다"고 명기했다.[3] 반면에 서방에

1258년에 축성된 영국의 살스버리 대성당(사진)이나 1260년에 봉헌된 프랑스의 샤르트르 대성당 같은 중세의 장엄한 대성당은 짓는 데 여러 해가 걸렸고, 지금도 경관을 지배하고 있다. 하나님의 영광을 위해 지어진 이들 건물의 첨탑이나 높은 회중석 같은 수직적 요소들은 예배자들의 시선을 하늘로 이끌고 기도를 장려하며 하나님의 위엄을 느낄 수 있도록 디자인되었다. 스테인드글라스, 조각품, 그림들은 성경 이야기를 가르치기 위해 만들어졌다.

서는 미적인 면을 중시해 여러 장식이 달린 사본을 만드는 경우가 많았다. 때로는 디자인이 너무 정교해서 글씨를 읽기가 어려울 정도였다.

중세 시대에 무함마드가 등장해 이슬람을 창설했다. 물론 무함마드의 추종자들은 그를 가장 위대한 최후의 선지자로 받들었다. 632년에 무함마드가 죽은 지 6년 후에 그의 추종자들은 팔레스타인을 정복하고 예루살렘을 장악했으며, 거기에 바위사원the Dome of the Rock을 건립했다. 이 신전은 무함마드가 천사장인 가브리엘을 대동하고 메카에서부터 야간을 이용해 기적적으로 도착한 그 바위 위에 세워졌다고 무슬림들은 믿고 있다. 다른 한편, 유대인들은 그 바위 위에 아브라함이 아들 이삭을 제물로 바치려고 제단을 쌓았다고 믿고 있다.

무슬림은 북아프리카를 휩쓸고 8세기 중반에 스페인을 통해 유럽으로 진격했다. 그들이 세운 문명은 10세기에 지은 코르도바에서 전성기를 맞이했는데, 소문에 의하면 이 도시는 50만 권의 사본을 보유한 도서관을 비롯해 많은 모스크와 궁전과 도서관을 갖춘 50만 인구의 대도시였다고 한다. 당시만 해도 이슬람의 철학과 과학과 테크놀로지는 중세 중반기의 서부 유럽보다 훨씬 앞서 있었다. 그처럼 이슬람이 팔레스타인을 장악했기 때문에 로마 교회는 예루살렘과 거룩한 땅을 '이교도'에게서 탈환하기 위해 십자군 원정을 시작했던 것이다. 교황 우르바누스 2세는, 1095년에 시작된 첫 번째 십자군 원정에서 죽는 그리스도인은 누구나 즉각적으로 죄 사함을 받을 것이라고 말했다. 십자군전쟁은 거의 200년이나 계속되었고, 나중에 그 캠페인은 다른 불신자들과 교황의 정적들까지도 겨냥하였다.

중세 시대는 크게 세 시기로 나눈다. 초기에서 1000년에 이르는 암흑 시대, 1000년에서 1300년에 이르는 고高중세 시대, 그리고 1300년에서 콜럼버스가 신대륙을 발견한 1492년에 이르는 중세 후기 등이다. 암흑 시대는 "혼란과 무지와 무질서가 판쳤던" 시기였고, "고전 문화를 버리고 도서관과 건물과 예술품이 파괴되거나 방치되었으며 … 단 하나 남아 있는 것은 교회뿐이었다."[4] 그러므로 당연히 "성경이 중세 종교사상의 중심에 있었고, 중세의 태도와 신념과 열정과 문화와 예술을 이해하는 데 필수불가결한, 최고의 교과서였다"고 할 수 있다.[5]

모든 사람이 성경에 관해 알고 있었지만 가톨릭교회가 성경이 다른 토착어로 번역되는 것을 억제하는 바람에 대다수는 자기 모국어로 성경을 읽을 수 없었다. 그래도 모습을 드러낸 소수의 번역판은 이단이나 종교개혁가로 단정된 그룹에서 나왔다. 사실 교회가 보기에는 이 양자는 별로 다를 바가 없었다. 1199년 교황 인노첸시오 3세는 프랑스의 카타리파와 왈도파가 번역판을 사용하는 것을 보고 비공인된 성경 번역판의 사용을 모두 금지시켰다.

대다수의 사람은 성경을 읽지는 못했으나 드라마와 노래, 이야기와 그림, 태피스트리와 조각, 스테인드글라스 등을 통해 성경의 이야기와 가르침을 배웠다. 604년에 죽은 교황 그레고리오는 이렇게 말했다. "성경과 그것을 읽을 수 있는 사람의 관계는 문맹자에게 그림이 제공하는 것과 같다. … 무지한 자는 그림에서 본받을 것을 보고, 글을 모르는 사람은 그림을 읽을 수 있기 때문이다"[6] 그리고 당시에는 책을 만들려면 손으로 필사해야 했기 때문에 책이 너무도 희귀했고, 글을 읽을 줄 아는 왕과 귀족들조차 서기에게 그것을 읽도록 시켰다. 그래서 글을 모르는 평민들이 설교자와 사제와 음유시인에게서 성경에 관해 배우는 것은 무척 흔한 현상이었다.

**드라마 |** 중세 초기에는 미사 자체를 하나의 드라마로 생각했고, 종려 주일과 같은 특별한 경우에는 성경 이야기를 재연하는 행사가 온 마을을 사로잡았다. 중세 시대는 아니지만 가장 유명한 드라마로 꼽히는 것은 온종일 진행되는 수난절 연극이다. 1633년에 독일의 오버아머가우 사람들은, 만일 하나님이 자기네를 흑사병에서 살려주신다면, 10일마다 예수의 삶과 죽음을 묘사하는 연극을 하겠다고 약속했다. 다행히도 그들 가운데 극소수만 죽었기 때문에, 그 시민들은 약속을 지켜 1634년에 첫 연극을 한 이래 오늘까지 이어지고 있다.

**예술 |** 교회와 수도원은 성경의 인물들과 이야기를 묘사하는 그림과 모자이크와 조각으로 가득 차 있었다. 이탈리아의 베네치아에 있는 성 마가의 바실리카 성당에는 축구장을 다 덮을 정도로 정교한 황금 모자이크가 많다. 프랑스의 생 사벵 교회는 모세오경에 나오는 이야기들(창조, 아담과 하와, 바벨탑, 노아와 아브라함과 요셉과 모세의 이야기)을 그린 그림들로 온통 장식되어 있다.

**시 |** 중세의 시는 대부분 성경 이야기와 주제를 소재로 삼고 있다. 그중에서 가장 위대한 작품은 단테의 《신곡》이다. 14세기에 이탈리아에서 쓴 이 작품은 지옥과 연옥과 낙원을 통과하는 단테의 여정을 담고 있다. 모두 픽션이긴 했지만 단테의 〈지옥〉 편은 아마 성경만큼이나 사람들의 지옥관에 영향을 주었을 것이다.

**건축 |** 교회의 부와 각 지방의 자부심을 단적으로 보여주는 것은 중세 시대에 세운 장엄한 성당들이다. 대표적인 예를 들면, 프랑스의 샤르트르 성당과 노트르담 성당, 독일의 아헨 성당과 쾰른 성당, 이탈리아의 성 베드로 성당과 성 마가 성당, 스페인의 톨레도 성당과 세비야 성당, 잉글랜드의 솔즈베리 성당과 링컨 성당과 웨스트민스터 성당 등이다. 성당은 조각, 그림, 스테인드글라스, 건축 등을 통해 예배자로 하여금 하나님

과 성경을 바라보도록 설계되어 있다. 이 건물들은 규모가 아주 거대하고, 짓는 데 엄청난 돈과 시간이 들었다. 이런 성당들은 물론 하나님의 영광을 위해 건축되었겠지만 자만심과 질투심도 하나의 동인으로 작용했을 것이다. 성 베드로 성당의 건축에 필요한 재정을 확보하려고 면죄부를 팔았던 것이 빌미를 제공해 결국은 마르틴 루터가 95개 조항을 발표하게 되었고, 이것이 프로테스탄트 종교개혁을 낳았던 것이다.

흔히 교회와 성당은 한 성자에게 헌정되었고 가능하면 그 성자와 관련된 유물을 확보하려고 했는데, 그런 유물이 있으면 순례자와 기부금을 끌어들일 수 있었기 때문이다. 성자들은 위계가 있었다. 하늘의 여왕인 마리아가 맨 꼭대기에 있고, 사도들이 그 다음이며, 각 지방의 성자들이 그 아래에 있었다. 그런데 문제는 지방 성자의 유물(심지어는 유해까지)은 확보하기가 쉬웠으나 세계적인 성자의 것은 구하기가 어려웠다는 점이다.[7] 그래서 유물에 대한 수요는 매우 높았고, "구색을 갖춘 유골, 진짜 십자가의 파편으로 여겨지는 작은 나무 조각과 같은 것들을 경외심을 품고 보존했다."[8] "유물을 도둑 맞거나 조작되거나 변경되거나 배가될 때는 경건한 신앙심과 사기죄(그리고 이 둘 사이 어느 지점에)가 따로 뗄 수 없을 만큼 서로 엉켜 있기 마련이었다."[9]

중세 시대는 또한 세계적으로 가장 뛰어난 걸작품에 속하는 장식 성경을 만든 시기이기도 했다. 이런 성경은 삽화, 화려하게 꾸민 첫 철자, 가죽 종이 위에 금이나 은으로 도색한 디자인 등으로 가득 차 있었다. 11세기와 12세기에 만든 장식 성경은 보통 규모가 크고 여러 권으로 제본되어 있었다. 그 가운데 가장 큰 성경인 코덱스 기가스(*Codex Gigas*, '마귀의 성경'이라고도 불린다)는 높이가 90센티미터, 폭이 50센티미터, 무게가 약 75킬로그램이나 되었고, 동물 160마리를 이용해서 만든 가죽 종이 책이었다. 하지만 13세기에 들어와서는 오늘날 우리가 갖고

역사적으로 미술가들은 성경의 인물을 그릴 때 본인과의 동시대인의 모습으로 줄곧 그렸음을 알 수 있다. 그 가운데 아주 흥미로운 몇몇 본보기는 13세기에 만든 크루세이더 성경에 담겨 있다. 이 그림은 사울과 그의 부하들이 암몬 사람 나하스와 그의 부하들을 치는 장면인데(사무엘상 11:1) 모두 중세의 갑옷과 무기와 전투 대형을 갖추고 있다. 특히 흥미로운 모습은 왼쪽 여백에 한 병사가 투석기에 매달린 장면과 맨 위쪽에 한 병사가 성탑에서 서양식 활을 당기는 장면이다. 이 크루세이더 성경은 현재 뉴욕의 피에르폰트 모르간 도서관에 소장되어 있다.

있는 성경과 비슷한 크기의 작은 성경을 만들었다.

수천 권의 장식 성경이 지금까지 보존되어 있으며 그 제작과 내력을 둘러싼 흥미진진한 이야기도 상당히 많은 편이다. '새긴 형상'의 사용을 금하는 명령이 843년에 콘스탄티노플에서 해제되자 화려한 장식 사본을 비롯한 온갖 예술품이 번성하기 시작했다. 그 가운데 가장 뛰어난 두 작품은 《여호수아 두루마리*Joshua Roll*》[10]와 《파리 시편*Paris Psalter*》[11]이다. 전자는 코덱스가 아니라 두루마리에 여호수아서를 담고 있는 걸작이고, 후자는 전면 세밀화가 14페이지나 담겨 있는 사본으로서 16세기에 파리로 옮겨진 것이다.

**크루세이더 성경**[12] | 1244년과 1254년 사이에 프랑스의 루이 9세를 위해 파리에서 만든 그림 성경으로 세계 창조에서 다윗 왕까지의 이야기를 담고 있다. 본래 글은 없고 한 페이지에 2-4개의 그림만 있었다. 나중에 여러 소유주를 거치면서 라틴어와 페르시아어(1604년에 교황이 페르시아의 왕에게 선물로 주었다)와 히브리어로 된 설명이 붙었다. "이 책은 현존하는 사본들 가운데 가장 아름답고 우아한 고트어 사본이다."[13]

**코덱스 아우레우스(성 에메람)** | AD 870년에 샤를마뉴의 손자인 대머리 왕 샤를이 의뢰한 성경이다. 이 책에는 네 복음서의 텍스트가 들어 있고, 현란한 장식은 샤를의 부와 권력을 과시하기 위해 고안된 듯하다. 표지에는 금과 보석과 진주로 둘러싸인 그리스도의 모습이 황금 양각으로 새겨져 있다. 이 책의 중간에는 샤를 왕 자신을 그린 7페이지짜리 그림이 끼어 있고, 다른 한 군데에는 계시록 4장에 나오는 24장로들이 (샤를과 함께) 하나님의 어린양을 경배하는 장면이 그려져 있다.[14]

**윈체스터 성경** | 잉글랜드에서 만든 가장 위대한 예술품 중 하나로서[15] 본래는 두 권으로 된 대규모 성경이다. 이 성경의 텍스트는 한 명의 필사자가 쓴 것으로 보이지만, 아직도 미완성인 삽화들은 수십 년에 걸쳐 여러 미술가가 그린 것이다. 그 중에서 특히 눈에 띄는 것은 첫 철자들이다. 예컨대, 한 'P'는 엘리야 선지자가 말이 끄는 불 마차를 타고 하늘로 들려 올라가는 장면을 담고 있다.[16]

장식 성경들 가운데 가장 훌륭한 두 복음서는 모두 영국 제도諸島에서 만든 것이었다. 린디스판 복음서는 잉글랜드의 북부에서 만들었고, 아일랜드가 자랑하는 최고의 보물인 켈즈 사본은 스코틀랜드에서 만들기 시작하여 아일랜드에서 완성된 것이다.

기독교가 영국 땅을 밟은 것은 로마제국이 1세기에 영국 제도에까지 영토를 확장했을 때였다. 그 후 바이킹족이 영국을 침략하여 기독교를 서부와 북부 지방(아일랜드와 스코틀랜드)으로 몰아냈고, 성 어거스틴(이는《고백록》을 쓴 히포의 주교, 성 아우구스티누스와는 다른 인물이다)이 AD 597년에 로마에서 거기로 와서 '앵글족angles을 천사족angels으로' 개종시켰다. 그러니까 영국의 기독교 역사는 거의 2천 년이나 되는 셈이다.

린디스판 복음서는 놀랄 만큼 잘 보존되어 있는 사본으로서 8세기에 린디스판의 주교였던 에드프리스Eadfrith가 만든 작품이다. 약 200년 후에 스스로를 아주 보잘것없고 처량한 사제로 묘사했던 알드레드가 붉은 잉크로 라틴어 행간에 옛 영어 번역문을 삽입해놓았는데, 이는 현재 가장 초창기의 영어 번역으로 알려져 있다.

793년에 시작된 바이킹족의 침입으로 말미암아 875년에 수도사들은 린디스판 섬을 포기하지 않을 수 없었다. 그때 성 커스버트의 몸과 린디스판 복음서를 가져갔던 것으로 추정된다. 전설에 따르면, 죽은 성 커스버트가 나타나서 자기 몸이 더럼Durham에 안장되기를 원한다고 했다고 한다. 그래서 훗날 그의 몸을 모시기 위해 로마네스크 양식의 아름다운 더럼 성당을 지었다고 한다. 16세기에 이 책은 헨리 8세가 보낸 행정관들에게 빼앗겨 런던탑으로 옮겨졌다. 이 린디스판 복음서는 나중에 코튼 도서관에 보관되었다가 현재는 영국도서관에 소장되어 있다.

각 복음서는 그것을 쓴 복음전도자의 초상화와 함께 시작되고, 그 뒤에 복잡한 기하학적 디자인으로 가득 찬 이른바 '카펫 페이지'가 이어진다. 이는 깜짝 놀랄 만큼 아름다운 예술품으로서 42가지의 다양한 색채와 명암을 사용했고,[17] 잉글랜드 민족이 그 정체성을 점차 정립해가도록 도와주었다는 점에서 중요한 자료라고 할 수 있다.

켈즈 사본 역시 라틴어로 된 네 복음서를 담고 있다. 이 책은 AD 800년경에 스코틀랜드의 서해안에 위치한 아이오나 섬에 있는, 성 콜룸바가 세운 한 수도원에서 만들기 시작했던 것으로 보인다. 그러다가 바이킹의 침략을 받아 수도사들이 켈즈에 있는 아일랜드 사원으로 도망가서

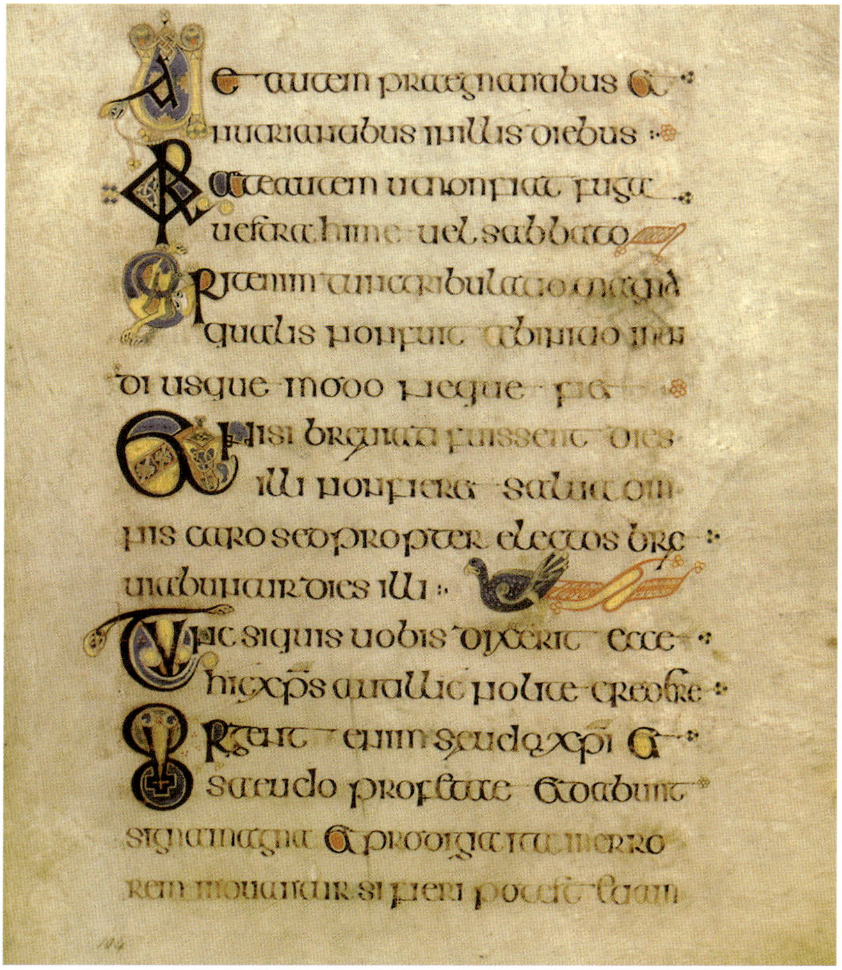

켈즈 사본은 가장 아름다운 중세의 예술품 중 하나이긴 하지만, 그것은 무엇보다도 신약성경의 한 부분이고, 그 예술은 복음서를 장식하기 위한 것이었다. 이 페이지는 마태복음 24장 19–24절이다. 각 문장은 (우리 성경에 있는 구절과 일치한다) 정교한 한두 철자와 함께 시작한다. 19절의 첫 라틴어 단어는 'vae'이다. 여기서 'v'와 'a'는 서로 합성되어 'e' 앞에 나온다. 20절은 'orate'로, 21절은 'erit'로, 22절은 'et nisi'로, 23절은 'tunc'로, 그리고 24절은 'sugent'로 각각 시작한다. 첫 철자(들)을 그린 방식을 살펴보면 참으로 흥미롭다. 켈즈 사본은 현재 더블린의 트리니티 대학 도서관에 소장되어 있다.

그 책을 완성했다. 이 책은 1006년에 두 달 동안 도둑을 맞은 적이 있고, 그때 표지와 몇 페이지를 잃게 되었으며, 1661년에 더블린에 위치한 트리니티 칼리지 도서관에 기증되어 지금까지 진열되어 있다.

켈즈 사본의 필체는 최상급에 속하고 그 장식 또한 훌륭하기 그지없다. 비록 금이나 은을 사용하진 않았지만, 예술가들은 "아프가니스탄에서 금만큼 귀중하게 여겨지는 청금석을 아낌없이 사용했다."[18] 12세기 웨일즈의 성직자요 역사가였던 제럴드는 이런 말을 했는데, 아마 켈즈 사본을 묘사한 대목으로 보인다. "거의 각 페이지마다 다른 디자인과 다양한 색채가 등장한다. … 훌륭한 장인기술이 당신을 둘러싸고 있지만, 당신은 그것을 알아채지 못할지 모르겠다. 그것을 좀 더 면밀히 살펴보라. 그리하면 예술의 전당 속으로 들어가게 되리라. 당신은 그토록 복잡하고 섬세하고 미묘한 디자인, 수많은 장식 매듭과 고리, 너무도 생생하고 참신한 색채를 파악하게 되어 그것을 인간이 아닌 천사의 작품이라고 말하게 될 것이다."[19]

이 사본의 장식은 너무도 복잡다단해서 확대경을 써야 잘 볼 수 있을 정도이다. 당시는 물론 확대경이 없던 시대였지만 말이다. 각 복음서의 첫 마디는 너무도 화려하고 정교하게 장식되어 있어서 텍스트를 거의 읽을 수 없을 정도이다. 동방과는 달리 서방에서는 미적인 면이 실용적인 면보다 더 중요시되었다.

성경이 중세의 사상과 문화의 중심에 있었던 만큼 중세 시대의 예술적 정신이 성경과 그 이야기에 초점을 두고 있었음은 놀랄 일이 아니다. 장엄한 성당들과 장식 성경들이 하나님의 영광을 위해 만들어진 것처럼, 그 성당들과 성경들은 당시의 사람들이 하나님을 예배하고 영화롭게 하는 일을 얼마나 중요시했는지를 보여주는 징표와 같다.

14세기와 15세기에는 교회의 리더십이 분열되어 분쟁을 일삼았고, 면죄부가 더욱 남용되었고, 흑사병이 유럽 인구 중 3분의 1의 생명을 앗아갔으며, 각 나라가 국가의 면모를 갖추기 시작함에 따라 교회와 교황의 정치적 중요성이 축소되기에 이르렀다. 그리고 미켈란젤로와 다빈치를 비롯한 여러 창조적인 지성들과 함께 이탈리아의 북부에서 르네상스가

탄생했다. 당시는 전염병과 기근, 전쟁과 "폭넓은 사회적 와해 현상"이 발생했던 시대였다.[20]

로마 교회의 영향은 영적인 성격만큼이나 정치적인 성격이 강했다. 몇 차례의 십자군전쟁은 교황의 정치적 권위를 공고히 만들어서 심지어는 왕들 위에까지 군림하게 해주었다. 이처럼 교황의 권력과 지위가 높아지면서 결국은 타락을 불러왔고, 반대자에 대해서는 출교와 죽음을 위협수단으로 삼아 통제하고 억압하기에 이르렀다. 이런 현상에 반발하여 탁발 수사로 구성된 집단들이 등장해 무소유를 지향하며 남의 도움에 의지하여 사는 일도 생기게 되었다. 그 가운데 가장 유명한 집단이 바로 프란체스코파와 도미니코파였다.

이런 세상에 태어난 인물이 있었으니 1320년대에 잉글랜드 북부에서 탄생한 존 위클리프John Wycliffe였다. 그는 옥스퍼드 대학교에서 수학과 자연과학과 신학을 공부했다. 탁월한 학생이자 연사였던 그는 교사가 되었다가 나중에 설교자가 되었고, 결국에는 애국자요 개혁가로서 정치에 관여하기에 이르렀다.

위클리프는 교회가 권력과 풍요로움에 의해 타락하게 된 경위를 생각할수록 변화를 일으키고 싶은 마음이 간절해져서 팸플릿과 책자를 쓰기 시작했다. 교회는 불순한 사제들이 자행하는 청탁, 갹출, 면죄부의 남용, 기부금의 낭비 등으로 부유해져서는 안 되고, 오히려 1세기의 교회처럼 가난해져야 한다고 주장했다.

위클리프의 가르침이 교회의 강력한 반대에 직면한 것은 놀랄 일이 아니었다. 교회가 위클리프의 가르침에 반기를 들면 들수록, 그는 교회의 자산이 민중의 손에 들려야 하고 교회가 개혁되어야 한다고 더욱 강경하게 주장했다. 그는 오직 성경만이 유일한 권위라고 했는데, 이는 훗날 종교개혁의 핵심 원칙이 되었다. 그래서 그를 '종교개혁의 샛별'이라고 부르게 된 것이다.

위클리프는 롤라드Lollard라고 불리는 순회 설교자들을 파송했다. 이들은 길고 검붉은 예복을 입고 맨발로 둘씩 짝지어 다니면서 복음과 경건한 삶과 위클리프의 가르침을 전하곤 했다. 하지만 교회는 롤라드를 이단으로 천명했다. 그 가운데 일부는 그들의 믿음과 그들의 가르침의 정치적 함의 때문에 화형을 당하기도 했다.

위클리프와 롤라드는 성경의 권위를 옹호했으므로 자연스럽게 성경 전체가 영어로 번역되는 것을 보고 싶어 했다. 뿐만 아니라, 이미 프랑스어로는 번역되어 귀족들이 사용할 수 있었기 때문에, 잉글랜드의 명예를 생각해서라도 영어로 번역할 필요가 있었다. 사실 150년 후에는 영어 성경이 "국가적 자부심과 국제적 위상의 상징으로 비치게 될 것"이었다.[21] 이런 면에서 성경을 영어로 번역하는 작업은 영적인 의미와 정치적 의미를 모두 갖고 있었다고 할 수 있다.

위클리프는 라틴어 신약성경을 영어로 번역하는 일을 완수했고, 그의 친구인 니콜라스 드 히어포드 역시 번역에 착수해 라틴어 구약성경의 상당 부분을 영어로 번역했는데, 결국 출교를 당해 잉글랜드를 떠나야 했기 때문에 완수하지 못했다. 히어포드가 남겨둔 구약의 일부를 위클리프가 모두 번역한 뒤에 존 퍼베이가 그 전체를 개정하는 작업을 맡았다.[22]

위클리프는 계속해서 교회의 불완전성에 관해 글을 쓰고 강연을 하고 설교를 했다. "위클리프는 신학과 교회 생활 면에서 성직자 지배구조 전체를 파괴하겠다고 위협한 것이다. 성경을 영어로 번역한 작업은 이제껏 몰랐던 규모로 사회를 평준화시키는 역할을 할 것이었다."[23] 존 위클리프는 뇌졸중으로 쓰러져서 1384년 12월 31일에 죽었다. 1415년에 열린 콘스탄스 공의회는 그를 '목이 곧은 이단'으로 선포하면서 그의 책을 불태우라는 포고를 내렸다. 그로부터 13년 후에는 교황 마르티노 5세의 명령에 따라 위클리프의 뼈를 파내 불에 태우고 그 재를 잉글랜드의 스위프트 강에 뿌리는 일이 있었다. 위클리프의 번역판은 현재 250여 권이 남아 있는데 대부분이 퍼베이의 개정판이다.

1408년에는 켄터베리에서 대주교 아룬델의 이름으로 이런 포고문이 발표되었다. "이제부터는 어느 누구도 자신의 권위로 성경의 어느 텍스트든지 영어나 다른 언어로 번역해서는 안 된다. … 그리고 어느 누구도 존 위클리프의 시대나 그 후에 만든 그런 책이나 팸플릿이나 책자를 읽어서도 안 된다. … 그럴 경우에는 전술한 번역판이 감독의 승인을 받기까지는 더 큰 출교의 고통을 받게 될 것이다." 이것은 교회의 권력을 유지하기 위한 조치였을 뿐 아니라, 그 바탕에는 "영어는 야만적인 언어라서 문법적인 구조도 제대로 갖춰 있지 않아 성경의 심오하고 미묘한 진리를 표현하기에 부적합하다"는 생각이 깔려 있었다.[24]

대주교 아룬델은 자신이 전투에서 이겼다고 생각했을지 모르지만 전쟁에서 이긴 것은 위클리프였다. 세계는 이미 변화될 준비가 되어 있었다. 정치적 자유와 교권에서의 자유를 향한 굶주림이 있었던 것과 같이 성경에 접근하고픈 갈급함도 있었다. '종교개혁의 샛별'이 성경을 열어 주었으므로 영어권 사람들은 구원이 믿음을 통해 온다는 것을 읽을 수 있었다. 하지만 유럽 전역에 걸쳐 종교개혁을 일으키는 일은 그로부터 150년 뒤에 마르틴 루터를 비롯한 개혁가들이 담당할 몫이었다.

## 가장 오래된, 모음 달린 성경

히브리어 알파벳의 22개 철자는 모두 자음이다. 모음이 없는 텍스트를 읽는 것은 그리 어려운 일이 아니고, 현대 히브리어조차 모음 없이 쓰는 문자이다. 가령, "Th lttl chld s cryng n th bdrm"과 같은 문장은 쉽게 읽혀진다. 더 나아가, 구약 시대의 서기관은 기억에 의존하여 한 책 전체를 정확하게 반복할 수 있었다.

유대인이 포로 생활에서 돌아온 뒤에는 예전만큼 히브리어에 친숙하지 못했기 때문에 결국 구약성경이 그리스어와 아람어로 번역되었던 것이다. AD 70년에는 로마인이 예루살렘을 파괴했고 135년에는 또 다른 유대 반란을 진압하고 많은 유대인을 그 땅에서 쫓아내거나 노예로 팔았다. 그리하여 많은 유대인이 히브리어를 못 하는 까닭에 성경을 읽기도 어려웠다.

마소레트(Masorete, '전통'을 뜻하는 히브리어 단어에서 유래한 호칭)는 성경의 히브리어 텍스트를 지키고 보존했던 유대인 학자들과 서기관들을 일컫는 호칭이었다. 팔레스타인 바깥에서 살던 유대인들은 그리스어로 된 70인역이나 아람어로 된 타르굼을 읽었는데, 그 번역본들 사이에 '상당한 차이'[25]가 있었기 때문에 마소레트들은 다양한 번역본을 검토하여 어떤 단어와 어떤 철자가 사용되어야 하는지를 정했다.

AD 500년경에 바빌로니아에 있던 유대인 서기관들은 히브리어에 모음을 더하는 체계를 개발했고, 훗날 마소레트들은 이른바 '모음 부호' 체계를 개선했다. 예컨대, 철자 밑에 붙은 한 점은 'i'를, 두 점은 짧은 'e'를, 짧은 줄은 짧은 'a'를 각각 가리킨다. 우리는 사해 사본 덕분에 이 마소라 텍스트가 적어도 BC 100년 이후의 구약성경을 정확히 반영하고 있다는 사실을 알게 되었다.

8세기와 10세기 사이에 갈릴리 호수의 해변 도시인 티베리아스(디베랴)는 벤 아쉐르 가족을 비롯한 마소레트 학자 공동체의 중심지가 되었다. 930년경에 아론 벤 아쉐르는 구약 사본 한 권을 가져다가 그것을 교정하고 거기에 모음 부호와 마소라 주석을 덧붙였다. 사해 두루마리가 발견되기 전에는 아론 벤 아쉐르의 사본인 코덱스 알레포가 가장 초기의 완전한 히브리어 구약 사본으로 인정되었다. 이 사본은 천 년 이상 티베리아스, 예루살렘, 이집트, 그리고 마지막으로 시리아의 알레포에서 잘 보존되어 있었다.

1947년에 UN이 이스라엘 국가를 세우자 시리아에서 폭동이 일어나 그 사본이 사라졌다. 누군가 그것을 비밀 장소에 숨겨놓았지만 이미 4분의 1가량이 파괴되거나 실종된 상태였다. 1958년에 코덱스 알레포의 남은 부분이 시리아에서 밀반출되어 지금은 예루살렘에 있는 '책의 성소'에 보관되어 있다.

이제까지 그 실종된 부분을 찾으려고 애썼으나 별로 성과가 없었다. 단지 역대하 2장에 속하는 한 페이지와 출애굽기의 한 페이지에 속하는 한 조각만 발견했을 뿐이다. 이 둘은 예전에 알레포에서 거주한 적이 있었고 지금은 뉴욕의 브루클린에서 사는 사람들이 소유하고 있었다.

코덱스 알레포에서 시편 119편 122–170절이 수록된 페이지의 맨 위편. 시편 119편은 여덟 행마다 (히브리어 알파벳상의) 동일한 철자로 시작한다. 위편 오른쪽을 보면 일곱 행이 모두 히브리어 철자 아인( ע )으로 시작하고, 다음 여덟 행은 페( פ )로 시작한다. 이어서 첫 여덟 행은 모두 짜데( צ )로, 왼쪽 칼럼의 맨 위편은 코프( ק )로, 그 다음은 레쉬( ר )로, 그리고 다음에 나오는 여덟 행은 쉰( ש )으로 각각 시작한다.

## 모르간 크루세이더 바이블MORGAN CRUSADER'S BIBLE

"현존하는 사본 중에서 가장 아름답고 우아한 고트어 사본의 하나"라고 크리스토퍼 드 하멜은 말한다. 이 사본은 1240년경에 프랑스의 루이 9세가 주문한 그림 성경이다. 본래는 텍스트 없이 페이지마다 2–4개의 그림이 들어 있었고, 창세기에서 다윗 왕의 통치까지의 장면이 마치 13세기에 일어난 것처럼 그려져 있었다. 예컨대, 전투 장면을 그린 35개의 그림은 중세의 기사와 말과 깃발과 대포로 가득 차 있다. 그 가운데 많은 그림은 구약에 나오는 가장 잔인한 이야기의 피비린내 나는 장면을 자세히 묘사하고 있다.

14세기에 이 성경은 이탈리아로 옮겨져서 한 서기관이 거기에 라틴어 설명문을 달았다. 1608년에는 폴란드의 크라쿠프를 담당하던 마치에요프스키 추기경이 교황을 대신해 그 책을 페르시아의 왕에게 주었는데, 그는 거기에 페르시아어 설명문을 더했다. 18세기에 들어와서는 거기에 히브리어까지 추가되었다. 존 피에르폰트 모르간이 1916년에 이 책을 구입한 이래 지금까지 뉴욕에 있는 피에르폰트 모르간 도서관에 소장되어 있다.

이 페이지는 사무엘상 15장 35절–16장 11절에 나오는 사건을 그림으로 보여주고 있다. 사무엘은 방금 사울에게 더 이상 왕이 되지 못할 것임을 얘기했지만 여전히 그를 위하여 슬퍼하고 있다(상단 왼쪽). 그 후 하나님은 사무엘에게 베들레헴에 가서 이새에게 그 아들 중 하나가 다음 왕이 될 것임을 일러주라고 말씀하시고, 베들레헴의 장로들이 사무엘을 만나러 나오고 있다(상단 오른쪽). 이어서 사무엘은 이새와 일곱 아들을 만나지만(하단 왼쪽), 하나님은 그들 중 아무도 택하지 않으셨다. 왕좌는 이새의 막내아들인 다윗, 곧 가까운 언덕에서 파이프를 연주하고 종을 치면서 양떼를 치고 있는 그에게 돌아갈 것이다. 다윗의 하프가 나무에 기대어 있다. 라틴어 설명문은 그림의 위편과 아래편에 정교한 첫 글자와 함께 표기되어 있다. 페르시아어 문장은 좌우편의 여백과 아래편의 라틴어 둘레에 적혀 있다. 히브리어로 된 유대–페르시아 설명문은 좌우 여백의 맨 바깥쪽과 아래편 페르시아어 아래에 표기되어 있다

모르간 크루세이더 성경 사본 전체(모르간 그림성경, 샤 아바스 성경이라고도 불린다)를 보려면 다음 웹 사이트를 방문하라. http://www.themorgan.org/collections/swf/exhibOnline.asp?id= 200. 줌을 이용하면 그림을 아주 자세히 검토할 수도 있다.

Valit Samuelem lugentem ppt saulem quē ama
bat. eo q iam dei incidiss deus ipe redarguit. ma
dans sibi ut uadat i bethleem / ad ungendū dnm sibi ali
um regem. et ne sic sibi piculum si Saul forsan hoc senserit.
uadat sub obtentu sacrificii illic fiendi.

Valit cum Samuel bethleem uenisset. seniores ci
uitatis occurrunt ei. querentes an pacifice ue
niat. qbus ille respondet q sic.
et q ad sacrificandū uenit.

1.4

وسمویل پیغمبر ان پسران هم بخانه ان مرد که پسران داشت و گفت پسر خود را به پیش من آور و او رفت و پسران شش نفر بودند یکیک می آورد و پیغمبر قبول نمی کرد و گفت

Valit Samuel sic preceptum sibi erat a deo aloquitur ysai bethlemite. iubens ut filios suos ad se
uenire faciat. qui cum omnes adduxisset qui in ciuitate erant. et nullus eet is quem noscebat.
dixit ysai. se non habere alios filios nisi unum paruulum. qui pascebat oues. ille aut erat dauit.
Samuel ergo iubet ut ille sibi adducat. dicens se non prius cibum esse sumpturū quā ille ueniat.

دیگر پسری داری بیاوران هم و گفت که یک پسر کوچکتر از همه که گوسفند نگاه میدارد و گفت او را بیاور رفت و او را آورد و چون به نزدیک پیغمبر رسید حق تعالی
فرمود که اینست که لایق پادشاهیست

## 켈즈 사본THE BOOK OF KELLS

켈즈 사본은 아일랜드가 자랑하는 가장 훌륭한 국보의 하나이고, 중세 사본 가운데 최고의 걸작으로 꼽힌다.

라틴어로 된 네 복음서가 담긴 켈즈 사본은 AD 800년경에 스코틀랜드의 서해안에 있는 한 수도원에서 만들기 시작한 것으로 보인다. 그러다가 바이킹의 침략을 받아 수도사들이 켈즈에 있는 아일랜드 사원으로 도망가서 그 책을 완성했다. 이 책은 1006년에 두 달 동안 도둑을 맞은 적이 있고, 1661년에 더블린에 위치한 트리니티 칼리지 도서관에 기증되어 지금은 매년 50만 명의 관광객이 그것을 관람하러 온다.

이 사본의 장식은 너무도 복잡해서 확대경을 써야 잘 볼 수 있을 정도이다(물론 이 책이 만들어질 때는 확대경이 없던 시대였다). 각 복음서의 첫 마디는 너무도 화려하고 정교해서 텍스트를 거의 읽을 수 없다.

이 이미지는 더없이 소중한 자료이다. "마태복음의 초두에 나오는 화려하고 멋진 페이지는 섬 지방 특유의 예술 양식이 담긴 그 어느 페이지보다 더 많은 시간을 들였을 것"이고, 이 부분은 논란의 여지가 없이 켈즈 사본의 "하이라이트로 간주되고 있다."[26] 그리스도를 가리키는 초기 기독교 상징인 '키로(Chi-Rho)'는 그리스어 이름의 첫 두 철자를 겹쳐놓은 것으로서 보통은 이렇게 표기한다.

이 페이지에는 키(X)의 오른편 두 팔이 맨 꼭대기에 있고 로(P)는 그 아래편에 끼워져 있다. 여기에는 또한 동물들, 얼굴들, 천사, 디자인 등도 들어 있다.

h generatio

## 린디스판 복음서THE LINDISFARNE GOSPELS

린디스판 복음서는 가장 화려한 중세의 사본 중 하나며 놀랄 만큼 잘 보존되어 있다. 중세 사본은 보통 필사자와 삽화가로 구성된 팀이 만들곤 했는데, 이 사본은 8세기에 잉글랜드 북부의 동부 해안에서 조금 떨어진 린디스판 섬에 위치한 베네딕트 수도원에서 에드프리스(Eadfrith)란 예술가가 홀로 필사하고 장식을 그린 작품이다.

텍스트는 라틴어 불가타지만 이 복음서가 만들어진 지 약 200년 후에 알드레드란 사제가 라틴어 행간에 옛 영어 번역문을 삽입해놓았는데, 이는 현재 가장 초창기의 영어 번역으로 알려져 있다. 알드레드는 또한 에드프리스가 그 책을 필사하고 그림을 그린 사람임을 표기해놓기도 했다. 에드프리스의 후계자로 린디스판의 주교가 된 에틸왈드가 그 책의 장정을 맡았고, 수행자인 빌프리스가 금속 세공 작업을 담당했다.

각 복음서는 그것을 쓴 복음전도자의 초상화와 함께 시작되고, 그 뒤에 복잡한 기하학적 디자인으로 가득 찬 '카펫 페이지'가 따르고, 텍스트의 첫 부분은 정교한 장식과 함께 시작한다. 이는 깜짝 놀랄 만큼 아름다운 예술품이다. 에드프리스는 42가지의 다양한 색채를 사용했고, 먼저 가죽 종이의 뒷면에 그림을 스케치해놓고 그것을 불빛에 비추면서 앞면에 잉크로 색깔을 입힌 것이다.

이 페이지는 마태복음의 첫 대목 "아브라함과 다윗의 자손, 예수 그리스도의 계보라"이다.

다음 웹 사이트에 들어가면 현재 영국도서관에 소장되어 있는 린디스판 복음서에서 뽑은 40페이지를 볼 수 있다. http://www.bl.uk/onlinegallery/virtualbooks/viewall/index.html# under "Pinnacle of Anglo-Saxon art." 이 복음서에 관해 더 알고 싶으면 다음 웹 사이트를 참고하라. http://www.bl.uk/onlinegallery/features/lindeisfarne/home.html.

+ ihs xps · Matheus homo
incipit euangelii
genelogia mathei

## 윈체스터 성경THE WINCHESTER BIBLE

잉글랜드에서 만든 가장 위대한 예술품 중 하나로서 12세기 후반부에 제작된 로마네스크 양식의 거대한 장식 사본이다. 본래는 두 권으로 만들어졌으나 1948년에 네 권으로 다시 제본했다.
이 성경의 텍스트는 한 명의 필사자가 쓴 것으로 보이지만 삽화들은 수십 년에 걸쳐 여러 미술가가 그린 것이다. 구약성경, 신약성경, 두 종류의 시편, 외경 등으로 구성된 텍스트는 완전한 상태지만, 장식 중 일부는 미완성된 상태이다. 더군다나 일부 장식과 페이지는 도둑과 수집가들에게 탈취되기도 했다.
이 성경은 특히 삽화를 곁들인 48개의 첫 철자들이 무척 아름답고 정교한 것으로 유명하다. 예컨대, 한 'P'는 엘리야 선지자가 말이 끄는 불 마차를 타고 하늘로 들려 올라가는 장면을 담고 있다.
이 페이지는 창세기의 첫 대목이다. 본문은 네 번째 줄에서 시작한다. "*In principio creavit Deus caelum et terrram*"("태초에 하나님께서 천지를 창조하시니라"). 대문자 'I' 속에는 일곱 개의 그림이 들어 있다. 아담의 옆구리에서 하와를 창조하는 장면, 비둘기 한 마리가 방주에서 기다리는 노아에게 돌아가는 장면, 아브라함이 이삭을 제물로 드릴 준비를 하는 장면, 하나님께서 모세에게 십계명을 주는 장면, 사무엘이 다윗을 왕으로 기름 붓는 장면, 예수의 탄생, 최후의 심판 등이다.

# INCIPIT LIBER GENESIS

IN PRINCIPIO CREAVIT DEVS CELVM ET TERRAM.

Terra autem erat inanis &
uacua · & tenebre erant
sup faciem abyssi · & sps
dei ferebatur sup aquas.
Dixitq; ds · Fiat lux · Et
facta est lux · Et uidit ds
lucem quod eet bona · &
diuisit ds luce a tenebris.
Appellauitq; luce die · &
tenebras noctem · Factuq;
est uespe & mane · dies un9.
Dixit quoq; ds · Fiat firma .II.
mentum in medio aquaru ·
& diuidat aquas ab aquis ·
Et fecit ds firmamentum ·
diuisitq; aquas que erant
sub firmamento · ab his
que erant sup firmamtu ·
Et factum est ita · Voca
uitq; ds firmamentu ce
lum · & factu est uespe &
mane. dies secundus.
Dixit uero ds · Congre .III.
gentur aque que sub
celo sunt in locu unum ·
& appareat arida · Fac
tumq; est ita · Et uocauit
ds aridam terra · congre
gationesq; aquaru appel
lauit maria · Et uidit ds
quod eet bonum · & ait · Germinet terra herba
uirente & faciente semen · & lignu pomiferum
faciens fructum iuxta genus suu · cuius semen
in semetipso sit sup terram · Et factu est ita ·

Et protulit terra herbam uirentem · & ferentem
semen iuxta genus suum · lignumq; faciens
fructum · & habens unu quodq; sementé sedm
speciem suam · Et uidit ds quod eet bonu · Fac
tumq; est uespe & mane. dies tertius · .IIII.
Dixit aute ds · Fiant luminaria in firma
mento celi · & diuidant diem & noctem ·
& sint in signa & tempora · & dies & annos · & lu
ceant in firmamento celi · & inluminent tram ·
Et factum est ita · Fecitque ds duo magna lu
minaria · Luminare maius ut preeet diei · &
luminare minus ut preeet nocti · Et stellas ·
Et posuit eas in firmamento celi ut lucerent
sup terra · & preessent diei ac nocti · & diuiderent
lucem ac tenebras · Et uidit ds quod eet bonu ·
& factu est uespe & mane. dies quartus · .V.
Dixit etiam ds · Producant aque reptile
anime uiuentis · & uolatile sup terram ·
sub firmamento celi · Creauitq; ds cete gran
dia · & omne anima uiuentem atq; motabi
lem qua pduxerant aque in species suas · &
omne uolatile sedm genus suum · Et uidit
ds quod esset bonum · benedixitq; eis dicens ·
Crescite & multiplicamini · & replete aquas
maris · auesq; multiplicent sup terra · Et fac
tum est uespe & mane · dies quintus · .VI.
Dixit quoq; ds · Producat terra anima ui
uentem in genere suo · iumenta & reptilia
& bestias terre sedm species suas · Factumq; est
ita · Et fecit ds bestias terre iuxta species suas ·
& iumenta & omne reptile terre in genere suo ·
Et uidit ds quod eet bonum · & ait · Faciam9
hominem ad imagine & similitudine nram ·
& psit piscibus maris · & uolatilib; celi · &
bestiis · uniuerseq; terre · omniq; reptili
qd mouetur in terra · Et creauit ds homine
ad imagine suam · ad imaginem dei creauit
illum · masculum & feminam creauit eos · Be
nedixitq; illis ds · & ait · Crescite & multiplica
mini · & replete tram · & subicite eam · & domi
namini piscibus maris · & uolatilib; celi · & uni
uersis animantib; que mouentur sup terram ·
Dixitq; ds · Ecce dedi uob omne herba afferen
tem semen sup terram · & uniuersa ligna que
habent in semetipsis semente generis sui ·
ut sint uob in escam · & cunctis animantib; tre ·
omniq; uolucri celi · & uniuersis que mouentur
in terra · & in quib; est anima uiuens · ut ha
beant ad uescendum · Et factum est ita · Vi
ditq; ds cuncta que fecit · & erant ualde bo
na · Et factum est uespe & mane. dies sextus · .VII.
Igitur pfecti sunt celi & terra · & omis ornatus
eorum · Compleuitq; deus die septimo op9
suum quod fecerat · & requieuit die septimo ·

## 존 위클리프가 번역한 신약성경THE NEW TESTAMENT TRANSLATED BY JOHN WYCLIFFE

1408년에는 위클리프 번역판을 읽으면 출교를 당한다는 포고문이 선포되었음에도, 비교적 널리 유포되었고 '위클리프 성경책들'의 사본이나 일부가 지금도 수백 권이나 남아 있다. 이 책들은 규모와 모양과 체제가 각양각색이다.

일부는 정교하게 장식한 첫 철자들과 훌륭한 장정이 돋보이는 큰 성경들인데, 에드워드 3세의 막내아들이었던 우드스톡의 토머스를 위해 만든 멋진 두 권짜리 성경이 대표적인 본보기이다. 이 그림은 그 성경에 실린 누가복음의 첫 페이지이다. 누가복음의 첫 네 절은 위클리프 번역판에 포함되지 않았으므로 1장 5절부터 시작하고 있다. 누가복음 1장 6절은 그림에 있는 장식된 첫 철자의 아래편 줄에서 시작된다. "And bothe weren juste before god."

위클리프 성경에 속한 책들이 모두 정교한 것은 아니다. 한 칼럼에다 텍스트를 기록한 경우도 많은데, 이는 위클리프파에 속한 순회 설교자들이 휴대하기 쉽게 만든 것들이다. 가령, 미국 성서공회의 도서관에 있는 한 사본은 크기가 12.5cm×18.4cm 정도이다. 포켓용으로 만든 이런 책에는 요한복음, 야고보서, 베드로전후서, 요한서신, 유다서, 계시록의 1–4장과 1/2장밖에 들어 있지 않다. 아래편 왼쪽 페이지에서 장식된 철자인 'I'에서 요한복음 1장 1절이 시작한다.

14세기의 한 역사가는 성경을 통속적인 언어로 번역한 것을 경멸하면서 위클리프에 대해 이렇게 말했다. "그는 그리스도께서 교회의 성직자와 학자들에게 주신 복음서를 번역하여 … 이로 말미암아 성경이 저속하게 되었고, 유식하고 지성적인 성직자보다 오히려 글을 읽을 줄 아는 평신도 남녀가 더 접근하기 쉽게 되었다. 그리하여 복음의 진주가 여기저기 흩어져서 돼지의 발밑에 짓밟히고 말았다."[27]

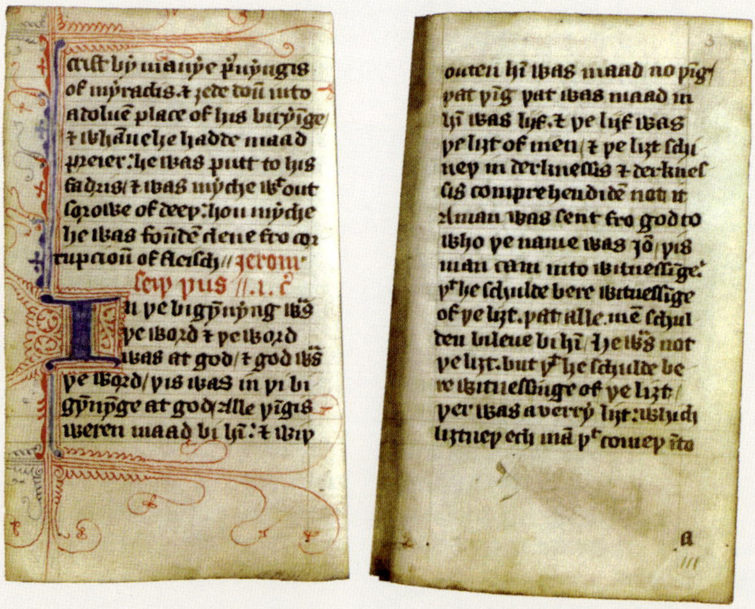

substaunce of oþir bigynnynge. To whom
þerfore aftir þe baptym of goddis
sone fro þe perfeccioun of genera
cioun fulfillid in crist. And fro þe
bigynnynge of natiuyte of man
to be þe herid: power was graun
tid: þat to men sechynge. he schul
de schewe in whom he was appre
hendinge bi þe entrynge of þe ge
neracioun of vndipartable god:
repeirynge aȝeyn in to god. bi na
þan þe sone of dauiþ admittid.
Prechynge to men his crist schul
de make bi þe sone þe work of a
parfit man turne aȝeyn in to hym
silf þe whiche luke bi dauiþ þe fa
dir to men comynge to god ȝaf a
wey in crist. to þe whiche luke þo
wer in seruise of þe apostlis dedis
to be write was ȝeue þat god ful
schewid in to god oþir to be god
þat was in þe ascensioun & þe so
ne of tresoun þat was iudas aque
chid. The preier of þe apostlis ma
ad þoruȝ þe lot of goddis choys
so þoul fulfillinge þe noumbre
schulde be fulfillid schulde ȝeue
to þere dedis of þe apostlis. Whom
longe to aȝens þe good þat was
goddis will likyng þe lord had
de chose þat þeir boþe to men re
dynge & sechynge.

T
sume prest zaka
rie in þe dayes of
Iudee. of þe sort of
f of þe douȝtris of
ame elizabeth. Soþe
ly þei boþe weren iust bifore god:
goynge in alle þe maundementis
& iustifiyngis of þe lord wiþouten
pleynt. And a sone was not to hem.
for þat elizabeth was bareyne &
boþe hadden goon forþe fer in her
dayes. Soþely it was don þat whanne
zakarie was sette in prest hode
in þe ordre of his sort. bifore god
aftir þe custom of presthod: bi sort he
wente forþ. þat he entrid in to þe
temple of þe lord schulde encense.
And al þe multitude of þe peple
was wiþoute forþe preiynge in þe
our of encense. Soþely an aungel
of þe lord apperide to hym: ston
dynge on þe riȝthalf of þe auter
of encense. And zacharie seynge
is disturblid: & drede fallide doun
on hym. Forsoþe þe aungel
seiþ to him. Zacharie drede þou
not. for þi preiere is herd: & eliza
beth þi wiif schal bere to þee a so
ne. & his name schal be clepid io
on. And he schal be ioye to þee &
gladynge: & many schulun en ioye
in his natiuite. Soþeli he schal
be greete bifore þe lord: & he schal
not drynke wyn & sydir & he schal
be fulfillid wiþ holy goost ȝit of
his modir wombe. And he schal conuer
te manye of þe sonys of israel
to þe lord god of hem. And he
schal go bifore hym. in þe spirit
& vertue of helye: & schal turne
þe hertis of fadris in to þe sonys.
& men out of bileue or þat bile
uen not to þe prudence of iust men
for to make redy a parfit peple to
þe lord. And zacharie seide to þe
aungel. Where of schal I wite þis?
ffor I am olde: & my wiif haþ gon
fer in here dayes. And þe aungel
answeringe seide to hym. fforsoþe
I am gabriel. þat stonde niȝ bi
fore god: & I am sent to þee. forto
speke & to euangelize or schewe to
þee þes þingis. And loo þou schalt
be stille or doumbe. & þou schalt
not mowe speke til in to þe day.
in þe whiche þese þingis schul
len be don. for þat þat þou hast not
bileued to my wordis þe whiche
schulen be fulfillid in here tyme.

6

CHAPTER

# THE STORY OF THE BIBLE

## 세상을 바꾼 180부의 성경

### 종교개혁 시대의 인쇄 성경

인쇄술의 발명으로 손으로 필사하여 책을 만드는 데 드는 비용이 극적으로 줄고, 문자 교육이 폭발적으로 증대되었다. 그리고 이제는 라틴어뿐 아니라 일상 언어로도 인쇄되었기 때문에 배움과 교육이 널리 퍼져 나갔고 이로 말미암아 과학 혁명도 일어날 수 있었다.

AD 1450년에서 1550년 사이에 세계는 큰 변화를 경험했다.

인쇄술의 발명으로 손으로 필사하여 책을 만드는 데 드는 비용이 극적으로 줄고, 문자 교육이 폭발적으로 증대되었다. 그리고 이제는 라틴어뿐 아니라 일상 언어로도 인쇄되었기 때문에 배움과 교육이 널리 퍼져 나갔고 이로 말미암아 과학 혁명도 일어날 수 있었다. 언어가 좀 더 일관성 있게 정리되면서 의사소통도 그만큼 더 쉬워졌다. 따라서 무역도 더 활발해져서 더욱 중요한 활동으로 자리를 잡았다.

중세의 봉건제도 아래서는 부와 권력이 소수의 집안에 집중되어 있었으나, 상인과 기업가와 무역상의 역할이 중요시되면서 중산층이 더욱 증대되었다. 유럽의 국가들은 제각기 민족주의적인 성향이 더 강해지고 있었다. 그들은 또한 돈을 세금이나 면죄부의 명목으로 교황에게 보내기보다 자기 나라에 확보하기 위해 여러 조치를 취했다.[1] 왕들은 더 이상 교황을 추종할 필요가 없다는 것을 인식하기 시작했다. (잉글랜드의 경우에는 헨리 8세의 리비도, 에고, 아들 후계자에 대한 욕망과 더불어 이런 절차가 진행되었다.) 여태껏 정치, 경제, 교회, 지식 등의 차원에서 유럽을 지배했던 바티칸의 시대가 저물어가고 있었다. 아울러 이 100년의 세월 동안 크리스토퍼 콜럼버스는 신대륙을 발견했고, 페르디난드 마젤란은 배로 세계를 일주했으며, 코페르니쿠스는 지구가 아닌 태양이 우주의 중심이라고 주장했다.

이와 같은 문자와 교육, 정치와 경제의 변동의 중심에는 바로 성경이 있었다. 이 100년 동안에 성경 이야기와 관련하여 다음 네 가지 중요한 발전이 이루어졌다.

- 인쇄술의 발명은 성경이 더 널리 보급되도록 해주었다.
- 성경이 여러 구어체로 번역되어 더 쉽게 읽을 수 있게 되었다.
- 성경을 (그리스어와 히브리어를 넘어) 번역하는 일에 관심이 커짐에 따라

구텐베르크 이전에는 무슨 책을 만들든지 공들여 필사해야만 했었다. 구텐베르크 이후에는 활자용 합금을 만들고, 기름 잉크를 개발하고, 포도주나 올리브용 압착기를 이용해 인쇄기를 만든 결과, 한 번에 수천 권의 책을 인쇄하게 되었다. 구텐베르크 이전에는 교양과 지식이 교육받은 자와 부유한 자에게 한정되어 있었으나, 그 이후에는 글을 읽을 줄 아는 모든 사람의 손에 책이 들려지게 되었다. 20세기에 그린 이 삽화는 구텐베르크가 독일의 마인츠 인쇄소에서 새로 인쇄된 페이지를 점검하고 있는 모습을 그리고 있다.

번역판 성경이 더 정확해지고 권위를 갖게 되었다.

- 종교개혁은 교황과 교회가 아니라 성경에 최고의 권위를 부여했다.

이 세계적인 지각 변동의 중심에 두 인물이 있었는데 다름 아닌 요하네스 구텐베르크와 마르틴 루터였다. 공교롭게도 둘 다 독일인이었다.

요하네스 구텐베르크의 생애는 우리가 거의 모르고 있는 편이다. 〈타임〉지는 1999년에 그를 '천 년의 인물'로 선정한 바 있다. 구텐베르크는 독일의 마인츠 근처에 살던 부유한 집안에서 태어났고(본명은 Johann

Gensfleisch), 슈트라스부르크에서 금 세공인으로 일하다가 인쇄 작업에도 관여하게 되었다. 당시의 인쇄기는 잉크를 종이로 옮기는 데 개별적으로 깎은 나무 블록을 이용하는 형태였다. 이 기계는 광고지, 놀이용 카드, 성자의 그림 등을 인쇄하는 데는 유용했지만 책을 인쇄할 만큼 실용적이지는 못했다.

1448년에 구텐베르크는 마인츠로 돌아가서 인쇄소를 개업하고 면죄의 증서를 인쇄하는 거대한 시장에 뛰어들었다. 그것은 죄에 대한 형벌을 용서받는 대신에 교회에 선물했다는 사실을 증명해주는 일종의 증서였다. 그는 또한 움직이는 활자를 이용해 책을 인쇄하는 방법도 개발했다. 그 과정에서 비교적 낮은 온도에 녹되 인쇄기의 압력을 견딜 수 있는, 활자를 위한 합금을 택했다. 아울러 종이에 가장 잘 묻는 기름 잉크도 개발했다. 구텐베르크의 발명이 오늘날에는 자명한 것처럼 보일지

구텐베르크(왼쪽)가 성경을 인쇄하려고 준비하는 동안 마인츠 인쇄소의 주요 수입원은 수천 장의 면죄 증서를 인쇄하는 일이었다. 면죄부는 죄의 형벌에 대한 용서를 증명하는 증서였고, 15세기에 이르면 죄 사함을 교회의 대표를 통해 돈으로 살 수 있었기에 기금 마련을 위한 도구로 남용되었다. 구텐베르크가 1455년에 인쇄한 면죄부(오른쪽)는 키프로스의 귀족이자 교황의 대리인이었던 폴리누스 샤프가 키프로스를 터키의 침략에서 보호하려고 돈을 마련하기 위한 것이었다. 이 증서의 크기는 23.1cm×15.4cm이며 가죽 종이에 인쇄한 것이다.

Vniuersis ... paulinus ...

Forma plenissime absolutionis et remissionis in vita

Forma plenarie remissionis in mortis articulo

몰라도 당시에는 실로 혁명적인 것이었다. 한 페이지를 만들 때마다 식자공이 철자들을 골라 틀에 정돈한 뒤에, 그것을 포도주나 올리브 압착기를 원용한 압착기의 바닥에 넣고 고정시켰다. 그리고 활자에는 말총으로 만든 볼로 잉크를 묻혔고, 물로 적신 종이 한 장을 잉크가 묻은 활자 위에 올려놓고 위에서 누르는 식이었다.

구텐베르크 이전에는 무슨 책을 만들든지 공들여 필사해야 했다. 하지만 구텐베르크 이후에는 한 번에 수천 권씩 인쇄를 할 수 있게 되었다. 그래서 누군가 어느 인쇄업자를 가리키며 "그는 예전에 1년 동안 손으로 썼던 분량을 하루 만에 인쇄한다"고 말했던 것이다.[2] 구텐베르크 이전에는 교양과 지식이 교육받은 자와 부유한 자에게 한정되어 있었으나, 그 이후에는 글을 읽을 줄 아는 모든 사람의 손에 책이 들려지게 되었다. 구텐베르크 이전에는 도서관이 소규모였으나 (가령, 케임브리지 대학교 도서관에는 1424년에 불과 122권밖에 없었다) 그 이후에는 문자 교육이 급속도로 퍼져 나갔다.

구텐베르크의 걸작은 바로 성경이었다. 그의 목표는 손으로 쓴 사본을 인쇄기를 이용해 똑같은 모습으로 재생산하는 것이었다. 그 작업은 엄청난 재정 투자가 필요한 일이었다. 그는 모두 10만 개의 활자 조각을 만들어야 했을 것으로 추정되고,[3] 그가 만든 것은 달필가의 필체를 그대로 빼닮은 아름다운 활자였다. 뿐만 아니라 종이와 가죽 종이도 구입해야 했다. (가죽 종이에 성경 한 권을 인쇄하려면 160마리도 넘는 동물의 가죽이 필요했다.) 1450년에 그는 부유한 금 세공인이었던 요한 파우스트에게서 800길드를 빌렸다. 1454년과 1455년에는 성경이 인쇄되기도 전에 미리 성경을 팔기 위해 프랑크푸르트에서 열린 모임에서 인쇄된 페이지의 사본을 전시했다. 판매 전망이 무척 밝아서 본래 약 130부를 인쇄하려 했다가 180부로 늘렸다. 당시 180부의 성경을 출판한 것이 결국 세상을 바꾼 셈이다!

구텐베르크의 목표는 중세 사본의 모양을 그대로 재생산하는 것이었기에 성경을 검은색 잉크로 인쇄하고 색깔 있는 글자를 추가할 여백을 마련했다. 각 성경이 독특했던 이유는 소유주가 장식에 얼마큼 투자할지에 따라 모양이 달라졌기 때문이다. 어느 사본의 한 페이지와 영국도서관에 소장된 두 권의 구텐베르크 성경에 나오는 동일한 페이지를 서로 비교해보라. 왼쪽 페이지는 '왕의 사본'으로 알려진 것을 종이에 인쇄한 것이고, 오른쪽 페이지는 '그렌빌의 사본'으로 알려진 것을 가죽 종이에 인쇄한 것이다. 세 성경에 나오는 왼쪽 칼럼의 마지막 두 행과 오른쪽 칼럼의 첫 철자인 'P'는 각각 다르다. 이 부분은 모두 손으로 만든 것이었다. 하지만 활자로 만든 나머지 부분은 모두 동일하다.

"구텐베르크가 인쇄술을 발명한 뒤에 무엇을 출판할지 돌아보다가 … 성경을 선택했다고들 생각한다. 하지만 사실은 그와 정반대이다." 크리스토퍼 드 하멜의 말이다. "아마 그는 성경을 판매할 시장을 파악하고 나서 어떻게 대규모로 공급할지를 곰곰이 생각했을 것이다."[4]

구텐베르크의 성경은 두 권으로 된 라틴어 성경으로서 가로 28.8센티미터 세로 40센티미터, 분량은 모두 1,282페이지였다. 각 페이지는 검은색(소수의 사본은 머리글자가 붉은색이다)으로 인쇄된 42행씩 두 칼럼으로 구성되어 있고, 색깔 있는 글자를 추가할 수 있도록 여백을 남겨놓았다. 각 성경은 손으로 색깔 있는 장식을 입혔기 때문에 제각기 독특성을 갖고 있었다. 그 가운데 현재 48권이 남아 있는데, 이 책들은 세계에서 가장 귀중한 인쇄물로 꼽힌다.

구텐베르크가 인쇄술을 발명했다고 해서 재정적으로 성공했던 것은 아니다. 오히려 파우스트에게 빌린 돈을 갚지 못해 인쇄소와 인쇄기와 활자를 모두 넘겨야 할 처지가 되었다.

움직이는 활자로 책을 만드는 장비와 기술은 급속도로 퍼져 나갔다. 그리하여 1500년에 이르면 로마, 파리, 베네치아, 콘스탄티노플, 홀란드, 스위스, 헝가리, 스페인, 잉글랜드, 덴마크, 스웨덴 등지에 인쇄소가 생겼고, 약 3만여 종의 인쇄물을 출판한 것으로 추정된다. 이는 지난 50년 동안 출판한 책이 그 이전 인류 역사를 통틀어 생산한 양보다 더 많았다는 것을 의미한다.[5] "책에 대한 열정은 종교개혁 시대의 활력소가 되었다"고 윌 듀란트는 말하면서, 당시 독일의 바젤에 살던 한 학자가 친구에게 보낸 편지를 다음과 같이 인용한다. "마차를 가득 채운 고전들이 … 베네치아에서 도착했소. 혹시 원하는 책이 있소? … 마차에서 물건을 내리기가 무섭게 각 책당 30명의 구입자들이 줄을 서서 가격을 물어보고, 그 책을 확보하려고 서로의 눈치를 살피고 있소."[6]

인쇄기의 발명을 계기로 통속적인 언어로 번역된 성경이 배포되기 시작했다. 1488년에는 이탈리아의 손치노에서 완전한 히브리어 구약성경을 최초로 인쇄했다. 1877년에 대영박물관은 라틴어, 독일어, 이탈리아어, 프랑스어, 네덜란드어, 히브리어, 보헤미아어 등 온갖 언어로 번역된 성경 전시회를 열었는데 모두 AD 1500년 전에 인쇄된 것들이었다.[7] 중세의 성경은 비싸고, 희귀하고, 교육받은 자만 이해할 수 있는 언어로 되어 있었다. 하지만 AD 1500년에 이르면 성경이 구텐베르크 이전에는

독일 사제요 신학교수요 번역가요 종교개혁의 아버지였던 마르틴 루터. 그의 가르침은 교회의 권위를 성경의 권위로 대체했고, 그의 번역판 덕분에 독일인은 성경을 스스로 읽을 수 있게 되었다.

읽을 수 없었던 수천 명의 손에 들리게 된다. 그리하여 "인쇄술은 계몽주의, 미국혁명, 프랑스혁명, 그리고 민주주의로 향하는 길을 열어주었다"고 윌 듀란트는 말한다.[8]

마르틴 루터는 1483년에 태어났으므로 인쇄된 책이 존재하지 않았던 시대를 모르고 자랐던 세대였다. 그는 에어푸르트 대학교를 졸업한 뒤에 번개에 맞을 뻔했던 경험을 계기로 아우구스티누스회 수도사가 되었다. 그리고 자신의 죄성을 깊이 인식하고는 오랜 시간 기도와 금식에 돌입했다.

로마 교회는 누구든지 죄를 용서받으려면 선행으로 자기의 믿음을 증명해야 한다고 가르쳤다. 그런 선행의 본보기로 교회에 헌금하는 것을 들었다. 이런 가르침은 결국 타락하여 남의 죄와 자신의 죄를 위해 면죄부를 구입하도록 요구하는 지경까지 이르렀다. "돈이 돈궤에 떨어지는 소리가 들리는 즉시 그 영혼은 연옥의 불에서 튀어오른다"고 했다. 교황 레오 10세가 로마의 성 베드로 성당을 완공하기 위해 면죄부를 팔고 있을 때, 루터는 1517년 10월 31일에 독일의 비텐베르크 교회 정문에 그 행습에 대해 95개 조항의 의문을 제기했다. 그 가운데 하나는 이랬다. "오늘날 부자 중의 부자인 교황은 어째서 자기 돈으로 성 베드로 교회를 짓지 않고 가난한 신자들의 돈을 끌어오는가?"

교회는 루터의 의문에 대해 미적지근하게 반응했고, 교회와 루터의 간격은 서로 약간의 비난을 주고받으면서 점점 더 벌어졌다. 교황은 루터를 '술 취한 독일인'이라고 부르면서 "술이 깨면 제정신이 돌아올 것"이라고 했고, 루터는 교황이야말로 "성경 전체가 얘기하고 있는 진짜 적그리스도"라고 되받아쳤다. 루터는 교회 내에 남아 교회를 개혁하기 원했으나 1521년에 출교를 당하고 말았다.

당시의 교회와 종교개혁가들(루터, 장 칼뱅, 울리히 츠빙글리 등) 간의 괴리는 면죄부의 남용 문제를 넘어섰고, 양자의 차이점을 종교개혁의 기치인 다섯 가지 '오직'으로 요약할 수 있다. '오직 믿음으로'(*Sola Fide*, 구원은 면죄부 구입과 같은 선행으로 오는 게 아니라 믿음으로만 온다는 뜻), '오직 성경으로'(*Sola Scriptura*, 교회나 교황이 아니라 성경이 궁극적인 권위이고, 그것은 모든 사람이 읽을 수 있다), '오직 은혜로'(*Sola Gratia*, 구원은 하나님의 은혜 혹은 공로 없이 얻은 은총으로 온다), '오직 그리스도로'(*Solus Christus*, 그리스도만이 하나님과 사람 간의 유일한 중보자이다), '오직 하나님께 영광을'(*Soli Deo Gloria*, 교황이나 성자들이 아니라 하나님만이 영광을 받을 분이다). 이런 선포는 단지 신학적인 차이점에 그치지 않고 교황의 정치적 권력과 교권에 대한 강력한 도전이기도 했다.

루터가 출교를 당했다는 소식을 들은 그의 추종자들은 루터를 유인해 독일의 아이제나흐 근처에 있는 바르트부르크 성에 안전하게 피신시켰다. 거기에 머무는 동안 루터는 에라스무스의 그리스어 신약성경과 손치노에서 인쇄된 1494년판 히브리어 구약성경을 각각 독일어로 번역하기 시작했다. 그리하여 신약성경은 1522년에 출판되었고 신구약 완역판은 1534년에 184개의 목판화와 함께 출판되었다. 독일어 번역판은 과거에도 만들어진 적이 있었으나, 루터의 번역은 동시대의 언어를 사용했기에 읽기가 쉬웠고, 여러 방언으로 찢어져 있던 언어를 표준화시키는 역할을 했다. "나는 모세를 독일인처럼 묘사하려고 애썼기 때문에 아무도 그가 유대인이었다고 생각하지 않을 것이다"라고 루터는 말했다.[9] 프리드리히 니체에 따르면, 루터의 번역은 최고로 훌륭한 독일어 작품이라고 한다. 영어판인 킹 제임스 성경KJV과 같이 루터의 성경은 독일어의 정립을 도와준 문학적인 고전이라고 할 수 있다. 아울러 전자처럼 후자도 오늘날까지 사용되고 있다.

교황이 루터의 저술을 금서로 규정했으나 별로 효과가 없었다. 비텐

95개 조항을 공시한 지 4년 후에 루터는 독일의 보름스에서 열린 의회에 소환되어 그의 글을 부인하라고 압력을 받았다. 그러자 이렇게 말했다. "내가 성경의 증언이나 자명한 이성에 의해 설득되지 않는 한 이 입장을 그대로 견지하겠다. 달리 어떻게 할 수가 없다. 하나님이여, 나를 도우소서." 루터가 거기서 떠난 뒤에 황제 카를 5세는 보름스 칙령을 선포하면서 "우리는 루터가 체포되어 악명 높은 이단으로 처벌받게 되기를 원한다"고 했다.

베르크에 있던 한 인쇄소는 불과 50년 만에 루터의 번역판을 거의 10만 부나 인쇄했다고 전해지고 있다. 사람들로 하여금 스스로 성경을 읽게 하는 것은 개인적인 영성의 문제일 뿐 아니라 정치 및 권력과도 관계된 일이었다고 알리스터 맥그라스는 설명한다. "성경이 평민의 손에 들려지도록 압력을 가한 것은 평신도를 교권에서 해방시키라는 암묵적인 요구였다."[10] 루터의 생애 동안에 출판된 자료를 보면 그의 성경을 비롯하여 책과 팸플릿 등 모두 3,700여 권에 달한다.

루터의 성경 번역은 다른 사람들에게도 영향을 주었다. 그리하여 곧 성경이 프랑스어, 네덜란드어, 이탈리아어, 스페인어, 포르투갈어, 덴마크어, 노르웨이어, 스웨덴어, 아이슬란드어, 헝가리어, 보헤미아어, 폴란드어, 러시아어, 그리고 근대 그리스어 등으로 번역되었다. 때로는 두 종류의 번역판이 만들어지기도 했다. 하나는 가톨릭의 공인을 받은 라틴어에서 번역한 판이고, 다른 하나는 그리스어와 히브리어에서 번역한 프로테스탄트 번역판이었다. 그리고 번역판은 종종 번역가의 신념을 반영하곤 했다. 예를 들어, 마태복음 3장 2절에는 세례 요한이 "회개하라, 천국이 가까이 왔느니라"(개역개정)고 외치는 대목이 나온다. 여기에 나오는 첫 단어를 가톨릭 번역가들은 "고행성사를 하라"고 번역함으로 교회가 요구하는 신체적인 행위를 부각시켰다. 반면에 프로테스탄트 번역가들은 "회개하라"고 번역함으로써 영적으로 하나님을 향하는 것을 강조했다.

"프로테스탄트와 가톨릭 간의 전선이 갈수록 더 굳어짐에 따라 가톨릭 진영은 마지못해 뒤로 물러나서 라틴어 불가타를 진정한 성경이라고 변호하기 시작했다. … 하지만 그것은 사실상 옹호할 수 없는 입장이었다."[11] 이에 대해 프로테스탄트들은, 가톨릭의 번역판들은 라틴어 불가타에서 옮긴 것인 데 비해 자신들의 번역판은 그리스어와 히브리어에서 옮긴 것인 만큼 원문에 더 가깝다고 주장했다.

평민은 라틴어를 구사하지 못했지만 라틴어 사용이 교회에만 국한되어 있었던 것은 아니다. 그것은 학문 분야에서 사용되는 보편적인 언어이기도 했다. 예컨대, 옥스퍼드와 케임브리지에서는 라틴어로 가르쳤고, 파리대학교의 주변 지역을 '라틴 지구'라고 부르는 것도 거기에서 라틴어가 사용되었기 때문이다.

이제는 사람들이 스스로 성경을 읽을 수 있게 된 만큼 여태껏 성경 해석의 독점권을 주장해왔던 로마 교회의 입장은 약화될 수밖에 없었다. 그런데 그리스도께서 최후의 만찬에서 떡을 가리키며 '내 몸'이라고 말한 대목이 무슨 뜻인지를 둘러싸고 루터와 츠빙글리 사이에 의견 충돌이 생기는 바람에, 교회가 성경의 최종 해석자가 되어야 한다는 주장이 유리한 고지를 점령하게 되었다. 만일 성경 해석을 개개인의 판단에만 맡겨두면, 성경이 수많은 관점에 시달리게 되고 기독교가 수많은 분파로 나뉠 수 있기 때문이었다.[12]

종교개혁에 대한 대응책으로 교황은 1545년에서 1563년 사이에 트렌트 공의회를 세 차례에 걸쳐 소집했다. 《가톨릭 백과사전*The Catholic Encyclopedia*》에 따르면, 그 회의의 주목적은 "프로테스탄트 이단에 대응하여 교회에 관한 교리를 확고히 지키기 위한 것"이었다.[13] 이 공의회는 무엇보다도 교회만이 성경을 해석할 수 있는 권한을 갖고 있다는 것, 라틴어 불가타가 결정적인 성경 번역판이라는 것, 외경도 구약성경의 일부라는 것, 에라스무스는 불경건한 이단이고 그의 저술은 금서禁書라는 것 등을 확증했다.

교황 식스투스 5세는 새로운 라틴어 불가타 판을 만들도록 지시했으나, 그것은 많은 비판에 부딪혀 1592년에 나온 개정판(이른바 '클레멘틴' 판版)으로 대체되었고, 이 개정판은 이후 300년 이상 사용되었다.

16세기와 17세기 초에 만든 성경 번역판 가운데 상당수가 오늘날에도 사용되고 있는 것은 무척 흥미로운 현상이다. 이를테면 다음과 같은 성

종교개혁에 대응하여 교황은 트렌트 공의회를 소집했고, 이 회의는 오직 교회만이 성경을 해석할 수 있는 권한을 갖고 있다는 것, 라틴어 불가타가 결정적인 성경 번역판이라는 것, 외경도 구약성경의 일부라는 것, 에라스무스는 불경건한 이단이고 그의 저술은 금서라는 것 등을 확증했다. 이 그림은 1563년 12월에 열린 트렌트 공의회의 25차 회의를 묘사한 공식적인 초상화이다.

경들이다. 루터의 독일어 성경(1522/1534), 킹 제임스 영어 성경(1611), 두에-랭스 영어 성경(1582/1609-10), 클레멘틴 라틴어 성경(1592), 레이나-발레라 스페인어 성경(1569), 지오반니 디오타니 이탈리아어 성경(1603) 등이 바로 그것이다.

1450년 이전에 서양을 지배했던 세계관은 교회와 정치, 경제와 지식 등 제반 분야에서 권위를 행사했던 중세 로마 교회의 세계관이었다. 하지만 1550년 이후에는 세 종류의 세계관이 서로 경쟁을 벌이게 되었다.

그동안 세상이 변했다는 말이다.

가톨릭의 입장은 성경의 권위를 인정했으나 교회에도 성경을 해석하는 권위와 책임을 똑같이 부여했다. 실질적으로는 교회가 궁극적인 권위인 셈이었다.

프로테스탄트의 입장은 오직 성경에만 권위를 부여했다. 정치적 권위는 왕이든 민주적으로 선출된 통치자든 사회 지도자들에게 주어졌고, 경제적인 권위는 개개인에게 부여되어 결국은 자본주의가 발달하게 되었으며, 지적인 권위는 신앙적으로 새로운 것을 발견하는 자유에 있었다.

세 번째는 인문주의자의 입장으로서 15세기와 16세기에 이탈리아 르네상스에서 발달하기 시작하여 1700년대의 계몽주의에서 꽃을 피웠다. 궁극적인 권위는 성경이나 교회에 있지 않고 이성과 과학과 철학에 있다는 입장이었다. 지식은 곧 힘이라고 믿었다.

이와 같은 변천사는 그런 변동을 촉발한 인물들의 생애를 중심으로 기술되고 있으며, 그 이야기의 중심에는 성경이 있었다. 제네바에 있는 성 베드로 성당의 기념 명판은 종교개혁가 장 칼뱅을 "하나님의 말씀의 종"이란 단 한 마디로 묘사하고 있을 뿐이다. 루터 또한 이렇게 말했다. "여태껏 내가 한 일이라곤 하나님의 말씀을 외치고 전하고 쓰는 것뿐이었고, 이 밖에는 아무것도 하지 않았다. 내가 잠을 자거나 비텐베르크 맥주를 마시는 동안에 … 위대한 일을 이룬 것은 그 말씀이고 … 나는 아무 일도 하지 않았지만, 모든 일을 행하고 이룬 것은 하나님의 말씀이다."[14]

## 그리스어 신약성경과 본문 비평

**– 비평 텍스트와 '공인된 본문'이란 무엇인가? 어떤 관계인가?**

사실 그리스어 신약성경의 텍스트를 결정하는 과정을 일컫는 '신약의 본문 비평'이란 말보다 더 지겨운 소리는 없다. 그러나 일부 진영에서는 그리스어 텍스트가 원문에 가장 가까운지를 정하는 문제가 여전히 많은 논란을 불러일으키고 있다.

당신이 어느 친구에게 편지를 썼는데, 그 친구가 당신이 쓴 내용을 다른 이들과 나누고 싶어 한다고 상상해보라. 복사기가 생기기 이전에는 친구가 당신의 편지를 직접 필사해야 했을 것이다. 사본을 받은 사람들이 또 남들과 나누고 싶었다면, 그들이 친히 사본의 사본을 써야 했을 것이다. 각 사본마다 철자나 구두점이 조금씩 다를 수 있고, 어떤 단어나 표현이 우연히 더해지거나 빠질 수도 있다. 만일 누군가 당신이 실제로 한 말을 파악하고 싶다면, 편지의 사본들을 최대한 많이 찾아서 면밀히 검토해야 할 것이다.

누가복음이나 바울 서신의 원문을 결정하는 작업도 이와 마찬가지다. 그것은 먼저 가능한 한 모든 사본을 찾고, 본문 비평의 원리를 사용하여, 원본이 무엇을 말했는지를 결정하는 일이다.

히브리어 구약성경의 본문은 마소라 학자들(각 단어와 글자가 정확하다는 것을 확인하던 유대인 학자)들이 보존했고, 교황 다마수스는 기존의 옛 라틴어 텍스트들이 서로 많이 다르다는 이유로 히에로니무스에게 정확한 라틴어 성경 번역판을 만들도록 요청했다.

이런 노력 덕분에 히브리어 구약과 라틴어 성경은 정확성을 보존할 수 있었지만, 그리스어 텍스트에 대해서는 그런 노력을 기울이지 않았다. 초기 그리스도인들이 사도들의 저술에 최대한 주의를 기울인 것은 분명하지만, 세월이 흐르면서 사본이 약간씩 달라진 것이 사실이다. 더군다나 처음 250년 동안은 여러 핍박을 받는 바람에 일부 저술이 실종되기도 했다. 중세 시대에는 동방 교회가 주로 그리스어 텍스트를 사용했으나 "그 사본들의 정확성에 대해 굳이 의문을 제기한 학자는 거의 없었다."[15]

현존하는 5,500개가 넘는 사본 가운데 300여 개는 9세기 이전에 언설체(uncial, 대문자로 기록한 것)로 쓰인 사본들이다. 그리고 2,600여 개는 9세기 이후에 소문자로 쓴(필기체로 필사한) 사본들이다. 나머지는 공적인 예배에서 사용하도록 만든 성구집이다.

학자들은 5,500개의 신약 사본들을 그 특징에 따라 여러 그룹으로 분류할 수 있다고 한다. (1)약 80퍼센트는 지중해의 동부에서 온 것이므로 비잔틴 그룹이라고 불린다. 또한 시리아식 본문 유형이나 다수파 본문이라고 부르기도 한다. (2)알렉산드리아 사본(중립적 본문 유형이나 이집트식 본문 유형이라고도 부른다)은 그보다 더 오래된 것으로서 주로 이집트에서 온 것이다. 예컨대, 4세기 사본인 바티카누스와 시나이티쿠스가 이 그룹에 속한다. (3)또 하나의 그룹은 지중해의 서부에서 온 것이다. (4)카이사르식 사본은 잡다하게 섞여 있어서 일부 학자는 그것을 하나의 그룹으로 볼 수 없다고 한다.

닐 라이트풋은 신약성경 사본의 여러 그룹을 통틀어 보면 20만 개도 넘는 차이점이 있다고 설명한다. "이처럼 큰 숫자가 나오는 이유는 모든 사본에 있는 모든 차이점을 다 계산했기 때문이다. 예를 들어 4,000개의 사본에 사소한 차이점이 하나씩만 있어도 모두 합하면 4,000개가 된다." 라이트풋은 그 차이점들을 다음 세 종류로 분류한다. (1)텍스트에 아무 영향도 주지 않는 사소한 차이점(20만 개로 다수를 차지한다) (2)텍스트에 거의 영향을 주지 않는 중요한 차이점 (3)텍스트에 영향을 주는 중요한 차이점이 바로 그것이다.[16]

거의 영향을 주지 않는 차이점의 실례로 요한복음 9장을 들 수 있다. 이는 예수께서 맹인의 눈을 뜨게 한 뒤에 유대인들이 그의 부모에게 사실에 관해 묻는 장면이다. 일부 사본들은 20절을 "그 부모가 그들에게 대답하여

Haec tibi pentadecas tetragonon respicit illud
Hospitium petri z pauli ter quinqz dierum.
Namqz instrumētum vetus hebdoas innuit: octo
Lex noua signatur. ter quinqz receptat vtrunqz.

Vetus testamentū multiplici lingua nūc
primo impressum. Et imprimis
Pentateuchus Hebraico Grę-
co atqz Chaldaico idioma-
te. Adiūcta vnicuiqz sua
latina interpreta-
tione.

1514년과 1517년 사이에 스페인에서 인쇄된 학문적 걸작인 콤플루툼 폴리글롯의 표지. 폴리글롯에는 최초로 인쇄된 그리스어 신약성경이 포함되어 있으며, 출판은 교황의 재가를 받느라고 1522년까지 연기되었다.

이르되"라고 시작하고 있고, 어떤 사본들에는 "그러나 그 부모가 그들에게 대답하여 이르되"라고 되어 있다. 또 다른 사본들에는 "그 부모가 대답하여 이르되"라고 기록되어 있으며, "그 부모가 그래서 대답하여 이르되"라고 나오는 사본들도 있다. 구절의 뜻에는 거의 영향을 주지 않지만, 그래도 몇십 개의 차이점으로 계산되는 셈이다.

물론 이보다 더 중요한 차이점도 있다. 예컨대, 마가복음 16장 9–20절은 비잔틴 그룹에는 나오지만 코덱스 시나이티쿠스와 코덱스 바티카누스 등 아주 오래된 사본들에는 포함되어 있지 않다. 간음 중에 잡힌 여인의 이야기를 담고 있는 요한복음 7장 53절–8장 11절 역시 보다 최근의 사본들에는 들어 있지만 시나이티쿠스나 바티카누스에서는 찾아볼 수 없다. KJV 영어번역판과 NKJV는 주로 비잔틴 그룹에 의존하는 그리스어 텍스트들에서 번역한 반면에 NIV와 RSV와 같은 대다수의 현대 번역판들은 시나이티쿠스와 바티카누스에 비중을 둔 텍스트를 바탕으로 하고 있기 때문에, 영어 번역판들에도 어느 정도의 차이점이 있는 것이다.[17] 그리고 이런 차이점으로 말미암아 신약의 텍스트를 더 열심히 연구하게 된다.

그리스어 신약 텍스트의 정확성을 판정하는 문제에 관심을 갖기 시작한 것은 인쇄술이 발명된 시기였고, 최초로 인쇄된 그리스어 텍스트를 출판하려고 경쟁이 붙었다.

1502년에 자기 돈으로 스페인에서 한 대학교를 세운 추기경 프란시스코 시메네스 데 시스네로스는 그리스어와 히브리어와 라틴어 공부에 헌신한 인물로서 '아주 오래되고 정확한' 그리스어 사본을 사용한다고 자처하는 여러 학자들을 불러 모아 콤플루툼 폴리글롯(이 성경이 인쇄된 스페인의 마을 콤플루툼의 이름을 좇아서 만든 호칭)을 만들게 했다. 신약에는 한 칼럼에 라틴어 불가타가 그리고 다른 칼럼에는 그리스어 텍스트가 실려 있고, 구약은 라틴어와 그리스어에다가 히브리어까지 수록되어 있다. 그리고 구약의 첫 다섯 책에는 아람어와 또 하나의 라틴어 번역판도 포함되어 있다. 신약은 이미 1514년에 완성되었지만 교황의 허락을 맡은 1522년에 가서야 출판되었다. 이 성경은 아주 훌륭한 학문적 작품이었다.

스위스 인쇄업자였던 요한네스 프로벤은 스페인 프로젝트에 대한 소문을 듣고 새로운 그리스어 신약성경을 만들기 위해 네덜란드 학자인 데시데리우스 에라스무스를 고용했고, 프로벤은 1516년에 최초로 인쇄된 그리스어 신약성경을 출판했다. 하지만 에라스무스는 그 책이 "충분한 편집 과정을 거치지 못하고 서둘러 인쇄되었다"고 시인했다. 에라스무스가 참고한 그리스어 사본들은 바젤 대학교에 있어서 편리하긴 했지만 완전한 것은 하나도 없었다. 예컨대, 그가 참고한 그리스어 사본들에는 계시록의 마지막 여섯 절이 없어서 자기가 직접 그 단락을 라틴어에서 그리스어로 번역했다. 이 밖에도 그리스어 사본들에는 없는 단락을 에라스무스가 라틴어에서 그리스어로 번역했기 때문에, 에라스무스의 그리스어 텍스트에 기초한 일부 현대 번역판에는 들어 있는 단락도 있다.[18] 그 후 20년에 걸쳐 에라스무스는 네 번의 개정판을 출판하면서 잘못된 인쇄를 바로잡고 그리스어 텍스트에 더 나은 글을 삽입했다.[19] 16세기에 출판된 다른 두 가지 그리스어 텍스트(로베르투스 스테파누스의 것[20]과 테오도르 베자의 것)는 에라스무스의 제5판과 비슷한 텍스트를 사용한 것이다. 이 텍스트들은 비잔틴 그룹에 기초한 것으로서 "공인된 본문"이란 이름으로 불리게 되었고, 나중에 그것을 KJV 번역가들이 사용하기도 했다.

19세기에 이르러서야 학자들은 어느 텍스트가 '최상'인지에 관해 판단을 내리기 시작했다. 즉 편집인이 생각하기에 어느 텍스트가 원문에 가장 가까운지를 판단하기 시작한 것이다. 1831년에 독일 학자인 칼 라흐만은 일부 사본은 수용하고 일부 사본은 부정하는 가운데 최초로 신약성경의 '비평 텍스트'를 출판했다. 몇 년 뒤에는 코덱스 시나이티쿠스를 발견한 콘스탄틴 폰 티센도르프도 똑같은 작업을 했다.

가장 유명한 본문 비평가는 케임브리지 학자인 B. F. 웨스트코트와 F. J. A. 호트였다. 이들은 바티카누스와 시나이티쿠스와 같은 4세기의 알렉산드리아 사본들이 가장 정확한 신약성경이라고 생각했는데, 이유인즉 오래된 것이기도 하거니와 당시는 편집 과정 중의 개정작업이 있기 이전이었기 때문이라고 했다. 1881년에 웨스트코트와 호트는 비잔틴 사본들이 아니라 알렉산드리아 사본들에 기초하여 그리스어 신약성경을 출판했다.

네덜란드의 학자요 신학자요 인문주의자였던 에라스무스는 비잔틴 그리스어 사본들을 이용해 그리스어 신약성경을 만들었다. 콤플루툼 폴리글롯의 출판이 지연되는 바람에 에라스무스의 텍스트가 최초로 출판된 신약성경이란 영예를 얻었다. 그는 제5판까지 출간했으며, 그리스어 텍스트를 기초로 훗날 루터의 성경, (추정컨대) 틴데일의 신약성경, 제네바 성경, 킹 제임스 성경 등이 출판되기도 했다.

오늘날 대부분의 학자는 웨스트코트와 호트만큼 알렉산드리아 사본에 매달리지는 않지만, 그래도 바티카누스와 시나이티쿠스의 우월성을 신뢰하고 '절충하는' 방법을 따르고 있다. 여기서 절충하는 방법이란 첫째, 다양한 차이점의 기원을 가장 잘 설명해주는 사본과 둘째, 저자가 직접 집필했을 가능성이 가장 높은 사본을 취사선택하여 활용하는 것을 말한다. 오늘날 가장 널리 사용되는 그리스어 신약성경인 성서공회연합회 판과 네스틀레-알란트 판은 모두 절충주의 방법을 따른 것이다. 1982년에 토마스 넬슨 출판사는 비잔틴 그룹의 현대적 비평본을 출간하면서 제목을 《다수파 텍스트에 따른 그리스어 신약성경The Greek New Testament According to the Majority Text》이라고 붙였다.

어느 신약성경 텍스트가 최상인가를 둘러싼 논쟁이 계속되고 있지만, 이런 상황에서 1901년에 프레데릭 케니언이 한 말을 유념하는 것이 좋을 듯하다. "서로 경쟁을 벌이는 텍스트 유형 간의 차이점은 교리의 문제가 아니다. 교리의 문제는 어느 텍스트가 정확한지 여부에 달려 있지 않다. 기독교의 진리는 스테파누스의 텍스트에 표현된 만큼이나 웨스트코트와 호트의 텍스트에도 표현되어 있다."[21] 그로부터 100년이 흐른 뒤에 알리스터 맥그라스도 동일한 주장을 했다. "우리는 현재 과거에 킹 제임스 성경 번역가들이 알았던 것보다 훨씬 더 정확한 그리스어 신약성경 텍스트를 갖고 있다. 이렇게 말한다고 해서 KJV가 대체로 믿을 만하다는 점을 의문시하는 것은 아니다. … 이런 차이점은 기독교 신앙의 가르침에 전혀 영향을 주지 않고, 복음서 기사나 초기 기독교의 중요한 역사적인 측면에도 영향을 미치지 않는다."[22]

## 구텐베르크 성경 Gutenberg Bible

1454–1455년에 인쇄된 요하네스 구텐베르크 성경은 그가 이룩한 최고의 업적이었다. 구텐베르크를 '천 년의 인물'로 선정한 〈타임〉지는 움직이는 활자로 인쇄한 최초의 책인 구텐베르크 성경은 "인류가 이룩한 모든 지식을 지구촌 전체에 퍼뜨릴 혁명적인 방법을 창조했다"고 전했다.

라틴어 불가타로 된 구텐베르크 성경은 모두 1,282페이지이고, 종이 사본은 두 권으로, 그리고 가죽 종이 사본은 무겁기 때문에 서너 권으로 장정되어 있다(전자는 13.6kg인데 비해 후자는 약 22.7kg이나 된다). 구텐베르크가 성경을 인쇄하기 시작할 때는 종이를 두 번씩 인쇄했는데, 한 번은 검은색 잉크로 하고 한 번은 머리글자를 붉은색으로 인쇄했다. 그러나 곧 그것을 그만두고 붉은색 글자는 손으로 써넣었다. 이처럼 장식용 글자를 추가하기 위해 여백을 남겨두었으므로 각 성경은 나름의 독특성을 갖고 있었다.

이 자료는 오스틴의 텍사스 주립대학교에 소장되어 있는 완전한 구텐베르크 성경(종이판)에서 여호수아서 끝 부분과 사사기의 첫 부분을 따온 것이다. 사사기의 첫 대목에 나오는 정교한 철자 'P'는 페이지 중앙을 따라 내려가 바닥의 여백으로 이어지는 긴 포도덩굴로 장식되어 있다. 구텐베르크는 검은색 잉크로 인쇄했기 때문에 이 세 사본의 검은색 부분은 모두 동일하지만, 그 밖의 모든 것은 손으로 추가한 것이다. 이 사본 말고도 완전한 구텐베르크 성경은 미국에 네 권이 더 있는데, 국회도서관, 하버드 대학교, 예일 대학교, 뉴욕에 있는 피에르폰트 모르간 도서관 등에 각각 소장되어 있다. 미국에 최초로 반입된 사본은 뉴욕 공립도서관이 구입한 불완전한 사본이었다. 그 사본이 미국에 도착했을 때 유럽인 에이전트는 세관 직원들에게 모자를 벗고 경의를 표해야 한다고 말했다고 한다.

현재 남아 있는 구텐베르크 성경은 모두 마흔여덟 권이고, 그 가운데 완전한 판은 스물한 권에 불과하며 상당수를 온라인으로 볼 수 있다. 텍사스 주립대학교에 소장되어 있는 성경을 보려면 http://www.hrc. utexas.edu/exhibitions/permanent/gutenberg/ 웹 사이트를 참고하라.

국회도서관에 있는 구텐베르크 성경은 다음 웹 사이트에서 볼 수 있다. http://www.rarebookroom.org/Control/gtnbbl/index.html(여기에서 사사기의 첫 권은 "spread 118"에 올라 있다). 독일의 바이에른 주립도서관에 소장된 사본을 보려면 http://daten.digitale-smmmlungen.de/~db/bsb00004647/images/(여기에서 사사기의 첫 권은 image 232이다)를 참고하라. 도쿄에 있는 게이오대학교 도서관에도 구텐베르크 성경의 초기본이 한 권 소장되어 있다. http://www.humi.keio.ac.jp/treasures/incunabula/ B42/keio/vol_ I/contents.html. 영국도서관은 종이에 인쇄된 구텐베르크 성경과 가죽 종이에 인쇄된 성경 등 두 권을 갖고 있으며, http://www.bl.uk/treasures/gutenberg/homepage.html에 들어가면 서로 비교해볼 수 있다.

ppl's ad iosue. Nequaq̄ ita ut loqueris
erit: sed dn̄o seruiem⁹. Et iosue ad po-
pulum. Testes inquit vos estis: q̄a ipsi
elegeritis vobis dominū ut seruiatis
ei. Responderūtq; testes. Nūc ergo ait
auferte deos alienos de medio vestri:
et inclinate corda vestra ad dn̄m deū
israhel. Dixitq; ppl's ad iosue. Domi-
no deo nr̄o seruiemus: ⁊ obedientes e-
rimus p̄ceptis eius. Percussit ergo io-
sue in die illo fedus: et proposuit ppl'o
precepta atq; iudicia in sychem. Scri-
psit quoq; om̄ia verba hec in volumi-
ne legis dn̄i: et tulit lapidem pergran-
dem · posuitq; eum subter quercū que
erat in sanctuario domini: et dixit ad
omnem populum. En lapis iste erit
vobis in testimonium · q̄ audierit
omnia verba domini que locutus est
vobis: ne forte postea negare velitis
et mentiri domino deo vestro. Dimi-
sitq; populum singulos in possessio-
nem suam. Et post hec mortuus est io-
sue filius nun seruus dn̄i · centū decem
annorū. Sepelieruntq; eum in finibus
possessionis sue in thamnathsare: que
sita est in monte ephraim · a septentri-
onali parte mōtis gaas. Seruiuitq;
israhel dn̄o cūctis diebus iosue et seni-
orum · qui longo vixerāt tempore post
iosue: et qui nouerant omnia opera
dn̄i que fecerat in isr̄l. Ossa quoq; io-
seph que tulerant filij isr̄l de egipto · se-
pelierūt in sychem ī parte agri quē eme-
rat iacob a filijs emmor p̄ris sychem
centum novellis ovib;: et fuit in pos-
sessionem filiorum ioseph. Eleazar
quoq; filius aaron mortuus est: et
sepelierunt eum in gabaath phinees
filij eius: que data ē ei ī mōte ephraim.
Explicit liber iosue benūn. Incipit
liber sophtim id est iudicum.

...nica q̄ta xl.

I.

Post mortem iosue con-
suluerunt filij isr̄l dn̄m:
dicētes. Quis ascendet
ante nos cōtra chana-
neum: et erit dux belli? Dixitq;
dn̄s. Iudas ascendet. Ecce
tradidi terrā in manu ei⁹.
Et ait iudas symeōni fratri suo.
Ascende mecū in sorte mea · et pugna
cōtra chananeū: ut et ego pergam tecū
in sorte tua. Et abijt cū eo symeon. As-
cenditq; iudas: et tradidit dn̄s chana-
neum ac pherezeum in manus eorū:
et p̄cusserunt in bezech decem milia vi-
rorum. Inueneruntq; adonibezech
in bezech: et pugnauerūt cōtra eum. ac
percusserūt chananeū et pherezeū. Fu-
git aūt adonibezech: quē p̄secuti com-
prehenderūt · cesis summitatib; manu-
um eius ac pedum. Dixitq; adonibe-
zech. Septuaginta reges amputatis
manuū ac pedum summitatib; colli-
gebant sub mensa mea ciborū reliqui-
as: sicut feci ita reddidit michi de⁹. Ad-
duxeruntq; eū in iherusalem: ⁊ ibi mor-
tuus est. Oppugnantes ergo filij iuda II.
iherusalē ceperūt eam · et p̄cusserunt in
ore gladij: tradētes cūctam incendio
ciuitatem. Et postea descendentes pu-
gnauerunt cōtra chananeū qui habita-
bat in mōtanis: et ad meridiē in cam-
pestribus. Pergensq; iudas cōtra cha-
naneū qui habitabat in hebron · cui⁹
nomē fuit āntiquitus cariatharbe: per-
cussit sysai et hayman et tholmai. Atq;
inde profectus abijt ad habitatores
dabir: cui⁹ nomen vetus erat cariath-
sepher id est ciuitas litterarū. Dixitq;
caleph. Qui p̄cusserit cariathsepher et
vastauerit eā: dabo ei axam filiā meā
uxorem. Cumq; cepisset eam othoniel
filius cenez frater caleph minor: dedit

## 마르틴 루터가 번역한 독일어 신약성경

GERMAN NEW TESTAMENT TRANSLATED BY MARTIN LUTHER

마르틴 루터가 성경을 독일어로 번역한 것은 종교개혁 운동에서 큰 의의를 지녔을 뿐 아니라 독일어의 발전과정에 기여한 하나의 분수령이기도 했다. 그는 바르트부르크 성에 격리되어 있는 동안에 에라스무스의 그리스어 신약 제2판을 이용해 신약성경을 번역했다. 당시에 그는 성을 떠나 가까운 마을과 시장을 방문해 사람들이 말하는 것을 주의 깊게 듣곤 했다고 전해진다. 루터는 1522년 3월에 바르트부르크에서 비텐베르크로 돌아와서 친구이자 그리스어 교수인 필리프 멜란히톤과 함께 번역문을 한 문장씩 점검했다.

루터의 성경이 종교개혁 운동에서 큰 의의를 지니는 이유는 하나님의 말씀을 모든 사람의 손에 들려주었기 때문이다. 그래서 종교개혁을 반대했던 존 코취레우스는 이렇게 불평하기도 했다. "루터의 신약성경을 인쇄기로 너무도 많이 생산하여 보급하는 바람에 다수가 새로운 루터 복음서를 받아들였고, 조금이라도 독일어를 읽을 줄 아는 사람이라면 재봉사와 구두 수선공까지, 아니 여자와 무식한 사람들까지 그것을 모든 진리의 샘으로 여기며 너무나 열심히 공부하기에 이르렀다. 어떤 이들은 그것을 암기하여 그들 가슴에 품고 다녔다."[23] 루터의 번역은 또한 성경을 다른 언어로 번역하는 작업을 촉발시키기도 했다. 이를테면, 틴데일은 신약성경을 영어로 번역할 계획을 세우고 일부러 루터를 만난 적이 있었다.

루터의 성경은 또한 독일어의 발전 과정에서 하나의 분수령이 되기도 했다. 성경을 독일어로 번역한 경우는 과거에도 있었지만, 루터의 번역은 동시대적인 언어를 사용한 읽기 쉬운 문체였고, 당시에 여러 방언으로 찢어져 있었던 언어를 표준화하는 역할을 했다. 이 성경이 널리 보급되면서(비텐베르크에 있던 한 인쇄소는 1534년과 1574년 사이에 10만 부 이상을 인쇄했다고 한다) 독일인의 언어가 하나로 통일되었을 뿐 아니라 독일의 민족주의 정신도 고양되었다. 여러 면에서 루터의 성경은 독일의 문화와 사회와 언어에 깊이 스며들었는데, 이는 영어 번역판인 킹 제임스 성경이 영국과 미국의 문화와 사회와 언어에 스며들었던 것에 견줄 수 있다.

루터의 신약성경이 최초로 인쇄된 것은 1522년 9월, 즉 그가 바르트부르크 성에서 비텐베르크로 돌아온 지 6개월 후에 멜콰이어 로트헤르 인쇄소에서였다. 두 번째 인쇄는 1522년 12월에 이루어졌으며, 이 페이지는 그 재판에서 따온 로마서의 첫 페이지로서 현재 미국 성서공회 도서관에 소장되어 있다.

# Die Epistel sanct Pauli zu den Romern.

## Das Erst Capitel.

Vnterschrifft. Aulus eyn knecht Jhe-
su Christi: beruffen zum
Apostel/ausgesondert zu predigen
das Euangelion Gottis (wilchs er
zuuor verheyssen hat/durch seyne
propheten/yn der heyligen schrifft/
von seynem son/der yhm geporn ist
von dem samen Dauid/nach dem
fleysch/vñ krefftiglich erweyset eyn
son Gottis/nach dem geyst der do
heyliget/sint der zeyt er aufferstan-
den ist von den todten/nemlich/
Jhesus Christ vnser her/durch wil
chen wyr haben empfangen Gnad
vñ Apostel ampt vnter alle heyden/
den gehorsam des glawbens auffzurichten/vnter seynē namen/wil
cher yhr zum teyl auch seyt/die da beruffen sind von Jhesu Christo.

(nach dē geyst 2c.) Der geyst Gottis ist gebē nach Christus auffart/von da an/heyliget er die Christen vnd verkleret Christum yñ aller welt/das er Gottis son sey/mit aller macht/ynn wortē/wunder vñ zeychen.

Vberschrifft. Allen die zu Rom sind/den liebsten Gottis/vñ beruffnen heyligē.

Grus. Gnad sey mit euch vnd fride von Got vnserem vater vnd dem hern Jhesu Christo.

Ehrbietūg. Auffs erst/danck ich meynem Got/durch Jhesu Christ/ewr al-
ler halben/das man von ewrem glawben ynn aller welt sagt. Denn
Got ist meyn zeuge/wilchem ich diene yñ meynem geyst/am Euan-
gelio von seynem son/das ich on vnterlass ewr gedenck/vnd alle zeyt
ynn meynem gepet flehe/ob ich yhe der mal eyns eynen fertigen weg
haben mocht durch Gottis willen zu euch zu komen. Denn mich ver
langet euch zusehen/auff das ich euch mitteyle etwas geystlicher ga
be euch zusterken (das ist) das ich sampt euch trostet wurde durch
ewren vnd meynen glawben/den wyr vnternander haben.

Jch wil euch aber nicht verhalten/lieben bruder/das ich myr offt
hab furgesetzt zu euch zukomē/byn aber verhyndert bisher/das ich
etwas guttis schaffete auch vnter euch/gleych wie vnter andern hey-
den. Jch byn eyn schuldener beyde der kriechen vnd der vnkriechen/
beyde der weysen vnd der vnweysen/darumb/so viel an myr ist/byn
ich geneygt/auch euch zu Rom das Euangelion zupredigen.

Denn ich scheme mich des Euangelion von Christo nicht/denn
es ist eyn krafft Gottis/die da selig macht/alle/die dran glewben/
die Juden furnemlich/vnd auch die Kriechen/syntemal drynnen
offinbart wirt die gerechtickeyt die fur Got gilt/wilche kompt aus
glawben ynn glawben/wie denn geschrieben stehet/Der gerechte
Abac. 2. wirt seynes glawbens leben.

Denn Gottis zorn von hymel wirt offinbart vbir alles gottloses
wesen vnd vntugēt der menschen/die die warheyt Gottis auffhal-

## 에라스무스가 편찬한 그리스어와 라틴어를 병기한 신약성경

THE NEW TESTAMENT IN GREEK AND LATIN COMPILED BY ERASMUS

최초로 출판된 그리스어 신약성경은 1516년에 네덜란드 학자였던 데시데리우스 에라스무스가 편찬한 그리스어-라틴어 신약성경이라고 할 수 있다. 이 성경의 중요성은 그것이 최초였다는 사실[24]보다 다른 번역판에 미친 영향에 있었다. 루터는 에라스무스의 그리스어 텍스트를 이용해 신약을 독일어로 번역했고, 틴데일도 그것을 이용해 신약을 영어로 번역했다. 뿐만 아니라 에라스무스의 성경은 1550년에 스테파누스가 만든 그리스어 '공인 본문'(Textus Receptus, 300년 동안 거듭해서 인쇄되고 연구된 그리스어 신약 텍스트)의 토대가 되기도 했다.

에라스무스는 처음에 라틴어 불가타의 개정판을 만들려고 했다. 그래서 찾을 수 있는 모든 사본을 수집하여 오류라고 생각되는 부분을 수정하고 라틴어를 다듬었다. 그때 스위스 인쇄업자였던 요한 프로벤이 그에게 그리스어 신약성경을 만들도록 의뢰했는데—아마 콤플루툼 폴리글롯(Complutensian Polyglot, 다국어 대조 성경)이 출판되기 전에 신약성경을 내놓으려고 했던 것 같다—결국은 두 번역판이 동시에 출판되었다. 흔히들 이 신약성경의 중요성을 최초로 인쇄된 그리스어 신약성경이라는 점에서 찾는데(이것도 사실이지만), 오히려 에라스무스는 일차적인 중요성을 라틴어 개정작업과 그리스어를 추가한 데서 찾았던 것 같다. "나의 마음은 히에로니무스의 텍스트를 수정한다는 생각에 너무도 흥분되어 … 모종의 신에게 영감을 받은 느낌이 든다. 나는 이미 많은 고대 라틴어 사본들을 서로 대조해보고 히에로니무스를 수정하는 작업을 거의 끝마쳤다."[25]

에라스무스가 참고한 그리스어 사본들 중에는 완전한 것이 하나도 없었고 주로 예전의 사본보다는 최근의 것들에 의지했다. 그리고 애초에 라틴어 프로젝트로 시작했기 때문에, 그가 참고한 그리스어 사본에 불가타에 들어 있는 단락이 없을 경우(예컨대, 사도행전 9장 5-6절, 계시록 22장 16-21절)에는 자신이 라틴어 텍스트를 그리스어로 번역해 그리스어 텍스트에 포함시켰다. 아울러 그 책이 "충분한 편집 과정을 거치지 못하고 서둘러 인쇄되었다"고 시인했다. 그 후 20년에 걸쳐 에라스무스는 네 번의 개정판을 출판하면서 잘못된 인쇄를 바로잡고 그리스어 텍스트에 더 나은 글을 삽입했다.

이 페이지는 에라스무스가 1516년에 만든 초판(라틴어-그리스어 대조 성경)에서 마태복음의 첫 페이지를 따온 것이며, 이 성경은 현재 미국 성서공회 도서관에 소장되어 있다.

# QVATVOR EVANGELIA, AD VETVSTISSIMORVM EXEMPLARIVM LATINORVM FIDEM, ET AD GRAECAM VERITATEM AB ERASMO ROTERODAMO SACRAE THEOLOGIAE PROFESSORE DILIGENTER RECOGNITA.

## ΕΥΑΓΓΕΛΙΟΝ ΚΑΤΑ ΜΑΤΘΑΙΟΝ.

ΒΙΒΛΟΣ γενέσεως ΙΗΣΟΥ ΧΡΙΣΤΟΥ, ὑοῦ Δαβίδ, ὑοῦ ἀβραάμ. Αβραὰμ ἐγέννησεν τὸν ἰσαάκ. ἰσαὰκ δὲ, ἐγέννησεν τὸν ἰακώβ. ἰακὼβ δὲ, ἐγέννησεν τὸν ἰούδαν, καὶ τοὺς ἀδελφοὺς αὐτοῦ. ἰούδας δὲ, ἐγέννησεν τὸν φαρὲς, καὶ τὸν ζαρὰ, ἐκ τῆς θάμαρ. φαρὲς δὲ, ἐγέννησεν τὸν ἐσρώμ. ἐσρὼμ δὲ, ἐγέννησεν τὸν ἀράμ. ἀρὰμ δὲ ἐγέννησεν τὸν ἀμιναδάβ. ἀμιναδὰβ δὲ, ἐγέννησεν τὸν ναασσών. ναασσὼν δὲ, ἐγέννησεν τὸν σαλμών. σαλμὼν δὲ, ἐγέννησεν τὸν βοὸζ ἐκ τῆς ῥαχάβ. βοὸζ δὲ, ἐγέννησεν τὸν ὠβὴδ, ἐκ τῆς ῥούθ. ὠβὴδ δὲ, ἐγέννησεν τὸν ἰεσσαί. ἰεσσαὶ δὲ, ἐγέννησεν τὸν δαβὶδ τὸν βασιλέα. Δαβὶδ δὲ ὁ βασιλεὺς ἐγέννησεν τὸν σολομῶνα ἐκ τῆς τοῦ οὐρίου. σολομὼν δὲ, ἐγέννησεν τὸν ῥοβοάμ. ῥοβοὰμ δὲ, ἐγέννησεν τὸν ἀβιά. ἀβιὰ δὲ, ἐγέννησεν τὸν ἀσά. ἀσὰ δὲ, ἐγέννησεν τὸν ἰωσαφάτ. ἰωσαφὰτ δὲ, ἐγέννησεν τὸν ἰωράμ. ἰωρὰμ δὲ, ἐγέννησεν τὸν

## EVANGELIVM SECVNDVM MATTHAEVM.

Liber generationis Iesu Christi filij Dauid, Filij Abrahã, Abraham genuit Isaac. Isaac aũt, genuit Iacob. Iacob aũt, genuit Iudã, & fratres eius. Iudas aũt, genuit Phares, & Zarã, e Thamar. Phares autẽ, genuit Esrom. Esrom aũt, genuit Aram. Arã autem, genuit Aminadab. Aminadab aũt, genuit Naasson. Naasson aũt, genuit Salmon. Salmon autẽ, genuit Boos, e Rhachab. Boos aũt, genuit Obed, e Ruth. Obed autẽ, genuit Iesse. Iesse aũt, genuit Dauid regem. Dauid autẽ rex, genuit Solomonem, ex ea q̃ fuerat uxor Vrię. Solomon autem, genuit Roboam. Roboam aũt, genuit Abiam. Abia autem, genuit Asa. Asa autem, genuit Iosaphat. Iosaphat autem, genuit Ioram. Ioram autem, genuit Oziã.



IOANNES FROBENIVS SVIS TYPIS EXCVDEBAT

## 콤플루툼 폴리글롯COMPLUTENSIAN POLYGLOT

16세기에 만든 가장 훌륭한 학문적 작품의 하나는 콤플루툼 폴리글롯이다. 이 다국어 대조 성경이 구텐베르크 이후 60년밖에 지나지 않은 시점에 출판된 것을 생각하면 그것을 만든 식자 기술에도 놀라지 않을 수 없다. 1502년에 자기 돈으로 스페인의 알칼라 데 에나레스(라틴어로는 Complutum) 대학교를 세운 추기경 프란시스코 시메네스 데 시스네로스는 그리스어와 히브리어와 라틴어 공부에 헌신한 인물로서 여러 학자들을 불러 모아 5권짜리 성경을 만들게 했다. 여섯 번째 책은 사전과 문법 등 여러 도움 되는 내용들을 담고 있다.

각 페이지의 중앙에는 라틴어 불가타가 들어 있다. (이 식자 작업의 특징은 여백을 그냥 남겨놓지 않고 작은 원들로 가득 채웠다는 점이다.) 라틴어를 중심으로 좌우에는 그리스어와 히브리어가 수록되어 있다. 구약성경에 실린 그리스어 텍스트는 70인역을 편집한 것이고, 신약성경의 경우는 예전의 그리스어 텍스트들을 편찬한 것이다. 그리스어 단어 바로 위에는 라틴어 번역이 첨가되어 있다. 히브리어는 오른편에서 왼편으로 쓰기 때문에 행간 번역을 포함시키기가 마땅치 않아서, 편집자는 히브리어 글자의 첫 부분에 작은 로마식 알파벳을 표기하고 그에 상응하는 라틴어 번역에도 같은 알파벳을 써 넣었다. "좀 복잡하게 들릴지 모르지만 실제로 사용하는 데는 전혀 어려움이 없다. 히브리어 단어를 몰라도 히브리어 텍스트와 비교하는 일이 가능하다."[26] 바깥쪽 여백에는 텍스트에 나오는 히브리어 단어의 어원이 수록되어 있다.

모세오경은 페이지 아래쪽에 두 개의 번역문이 더 들어 있다. 히브리어 서체로 쓴 아람어 판인 '온켈로스의 타르굼'과 문자적인 라틴어 번역문이다.

콤플루툼 폴리글롯은 탁월한 학문적 작품이다. 그리고 다섯 종류의 텍스트, 네 종류의 인쇄면, 행간 부분, 히브리어와 라틴어를 서로 대조시키는 표기 등 이 모든 것을 포함하는 식자 작업을 손으로 했다는 것이 도무지 믿어지지가 않는다. 이 모든 지난한 작업에도 불구하고 모두 600부밖에 인쇄하지 않았고, 그 가운데 123부가 지금까지 남아 있는 것으로 알려져 있다.

이 페이지는 현재 미국 국회도서관에 소장되어 있는 콤플루툼 폴리글롯에서 창세기의 첫 페이지를 따온 것이다.

**Trãsla. Gre. lxx. cũ interp. latina.** **Transla. B. Hiero.** **Tex. Heb.** **Geñ.** **Ca.i.** **Primitiua. heb.**

## Trãsla. Gre. lxx. cũ interp. latina.

Ca.i.
In pricipio fecit deus celum et terrã.
ἐν ἀρχῇ ἐποίησεν ὁ θεὸς τὸν οὐρανὸν καὶ τὴν γῆν. ἡ
at terra erat inuisibilis ⁊ icõposita. et tenebre su
δὲ γῆ ἦν ἀόρατος καὶ ἀκατασκεύαστος. καὶ σκότος ἐ-
tenebre. a. per abyssum: et spiritus dei ferebatur su
3.88. πάνω τῆς ἀβύσσου. καὶ πνεῦμα θεοῦ ἐπεφέρετο ἐ-
hiere. per aquam. et dixit deus fiat lux. ⁊ fa
b. πάνω τοῦ ὕδατος. καὶ εἶπεν ὁ θεὸς γενηθήτω φῶς. καὶ ἐ-
cta ẽ lux. et vidit deus lucẽ: ꝙ bona. et di
γένετο φῶς. καὶ εἶδεν ὁ θεὸς τὸ φῶς, ὅτι καλόν. καὶ διε-
uisit deus inter lucẽ: ⁊ inter
χώρισεν ὁ θεὸς ἀναμέσον τοῦ φωτός, καὶ ἀναμέσον τοῦ
tenebras. ⁊ vocauit deus lucẽ diem: et tene
σκότους. καὶ ἐκάλεσεν ὁ θεὸς τὸ φῶς ἡμέραν, καὶ τὸ σκό-
bras vocauit noctẽ. et factũ ẽ vespe: et factũ ẽ
τος ἐκάλεσε νύκτα. καὶ ἐγένετο ἑσπέρα, καὶ ἐγένετο
mane: dies vnus. et dixit deus fiat firmamẽtũ in
πρωΐ, ἡμέρα μία. καὶ εἶπεν ὁ θεὸς γενηθήτω στερέωμα ἐν
medio aque. ⁊ sit diuidens inter aquã
μέσῳ τοῦ ὕδατος. καὶ ἔστω διαχωρίζον ἀναμέσον ὕδα-
⁊ aquã. ⁊ fecit deus firmamẽtũ. ⁊ di-
τος καὶ ὕδατος. καὶ ἐποίησεν ὁ θεὸς τὸ στερέωμα. καὶ διε-
uisit deus inter aquam: q̃ erat sub
χώρισεν ὁ θεὸς ἀναμέσον τοῦ ὕδατος, ὃ ἦν ὑποκάτω τοῦ
firmamẽto: et inter aquã: que super
στερεώματος, καὶ ἀναμέσον τοῦ ὕδατος, τοῦ ἐπάνω
firmamẽtũ. et vocauit deus firmamẽtũ ce-
τοῦ στερεώματος. καὶ ἐκάλεσεν ὁ θεὸς τὸ στερέωμα οὐρα-
lum. et vidit deus. ꝙ bonũ. et factũ ẽ vespere: ⁊
νόν. καὶ εἶδεν ὁ θεὸς ὅτι καλόν. καὶ ἐγένετο ἑσπέρα, καὶ
factũ ẽ mane: dies secũdus. ⁊ dixit deus cõgre-
ἐγένετο πρωΐ, ἡμέρα δευτέρα. καὶ εἶπεν ὁ θεὸς συναχ-
getur aqua que sub celo in congrega-
θήτω τὸ ὕδωρ τὸ ὑποκάτω τοῦ οὐρανοῦ εἰς συναγω-
tiõe3 vnã: et appareat arida. ⁊ factũ ẽ ita. ⁊ cõ-
γὴν μίαν, καὶ ὀφθήτω ἡ ξηρά. καὶ ἐγένετο οὕτως. καὶ συ-
gregata ẽ aqua que sub celo in cõgre
νήχθη τὸ ὕδωρ τὸ ὑποκάτω τοῦ οὐρανοῦ εἰς τὰς συνα-
gatiões suas: ⁊ apparuit arida. ⁊ vocauit deus ari
γωγὰς αὐτοῦ, καὶ ὤφθη ἡ ξηρά. καὶ ἐκάλεσεν ὁ θεὸς τὴν ξη-
dã: terrã. ⁊ cõgregatiões aquarũ vocauit ma
ράν, γῆν. καὶ τὰ συστήματα τῶν ὑδάτων ἐκάλεσε θα-
ria. et vidit deus: ꝙ bonũ. et dixit deus ger
λάσσας. καὶ εἶδεν ὁ θεός, ὅτι καλόν. καὶ εἶπεν ὁ θεὸς βλα-
minet terra herbã feni seminãtẽ semẽ ſm
στησάτω ἡ γῆ βοτάνην χόρτου σπεῖρον σπέρμα κατὰ
genus ⁊ scđz similitudinẽ: et lignũ pomiferũ faciẽs
γένος καὶ καθ' ὁμοιότητα, καὶ ξύλον κάρπιμον ποιοῦν
B fructũ. cuius semẽ ipsius in ipso scđz genus sup
καρπόν. οὗ τὸ σπέρμα αὐτοῦ ἐν αὐτῷ κατὰ γένος ἐπὶ
terrã. ⁊ factũ ẽ ita. et protulit terra her-
τῆς γῆς. καὶ ἐγένετο οὕτως. καὶ ἐξήνεγκεν ἡ γῆ βοτά-
bã feni seminãtẽ semẽ ſm genus ⁊ scđz simi
νην χόρτου σπεῖρον σπέρμα κατὰ γένος καὶ καθ' ὁμοιό-
litudinẽ: ⁊ lignũ pomiferũ faciens fructũ. cuius se
τητα, καὶ ξύλον κάρπιμον ποιοῦν καρπόν. οὗ τὸ σπέρ-
mẽ eius in ipso: scđz genus sup terrã. et vidit
μα αὐτοῦ ἐν αὐτῷ κατὰ γένος ἐπὶ τῆς γῆς. καὶ εἶδεν

## Transla. B. Hiero.

.1. In principio creauit deus celum & terrã. Terra autem erat inanis & vacua: & tenebre erant sup faciẽ abyssi: & spiritus dei ferebatur super aquas. Dixitq3 deus. Fiat lux. Et facta ẽ lux. Et vidit deus lucem ꝙ esset bona: & diuisit lucem a tenebris: appellauitq3 lucem diẽ: & tenebras noctem. Factumq3 est vespe & mane dies vnus. Dixit quoq3 deus. Fiat firmamentũ in medio aquarum: & diuidat aquas ab aquis. Et fecit deus firmamentum. diuisitq3 aquas q̃ erant sub firmamẽto ab his que erant super firmamentũ. Et factũ est ita. Vocauitq3 deus firmamentum celum: & factum est vespe & mane dies secundus. Dixit vero deus. Congregentur aque q̃ sub celo sunt in locum vnum: & appareat arida. Et factum ẽ ita. Et vocauit deus aridã terram: cõgregationesq3 aquarũ appellauit maria. & vidit deus ꝙ esset bonum: & ait. Germinet terra herbã virẽtem & faciẽtẽ semẽ: & lignum pomiferũ faciens fructũ iuxta genus suũ cuius semẽ i semetipso sit sup terrã. Et factũ est ita. Et ptulit terra herbã virẽtẽ & faciẽtẽ semẽ iuxta genus suũ: lignũq3 faciẽs fructũ: & hñs vnũ quodq3 sementem ſm spẽm suã. Et vidit

## Tex. Heb. Geñ. Ca.i.

בראשית ברא אלהים את
השמים ואת הארץ׃ והארץ
היתה תהו ובהו וחשך על פני
תהום ורוח אלהים מרחפת על
פני המים׃ ויאמר אלהים יהי
אור ויהי אור׃ וירא אלהים את
האור כי טוב ויבדל אלהים בין
האור ובין החשך׃ ויקרא אלהים
לאור יום ולחשך קרא לילה
ויהי ערב ויהי בקר יום אחד׃
ויאמר אלהים יהי רקיע בתוך
המים ויהי מבדיל בין מים
למים׃ ויעש אלהים את הרקיע
ויבדל בין המים אשר מתחת
לרקיע ובין המים אשר מעל
לרקיע ויהי כן׃ ויקרא אלהים
לרקיע שמים ויהי ערב ויהי
בקר יום שני׃ ויאמר אלהים
יקוו המים מתחת השמים אל
מקום אחד ותראה היבשה ויהי
כן׃ ויקרא אלהים ליבשה ארץ
ולמקוה המים קרא ימים וירא
אלהים כי טוב׃ ויאמר אלהים
תדשא הארץ דשא עשב מזריע
זרע עץ פרי עשה פרי למינו
אשר זרעו בו על הארץ ויהי
כן׃ ותוצא הארץ דשא עשב
מזריע זרע למינהו ועץ עשה
פרי אשר זרעו בו למינהו וירא

## Primitiua. heb.

Ca.i.
ראש
היה תהה בהה
פנה
תהם רחף
אמר היה
ראה
בדל
קרא
רקע
בדל
עשה
שנה
קוה
ראה
קרא
קוה
דשא זרע
פרה היה
יצא

## Transla. Chal.

בקדמין ברא ייי ית שמיא וית ארעא׃ וארעא הות צדיא וריקניא וחשוכא על אפי
תהומא ורוחא דייי מנשבא על אפי מיא׃ ואמר ייי יהא נהורא והוה נהורא׃ וחזא ייי
ית נהורא ארי טב ואפריש ייי בין נהורא ובין חשוכא׃ וקרא ייי לנהורא יומא
ולחשוכא קרא ליליא והוה רמש והוה צפר יומא חד׃ ואמר ייי יהא רקיעא במציעות
מיא ויהא מפריש בין מיא למיא׃ ועבד ייי ית רקיעא ואפריש בין מיא דמלרע
לרקיעא ובין מיא דמלעיל לרקיעא והוה כן׃ וקרא ייי לרקיעא שמיא והוה רמש
והוה צפר יום תנין׃ ואמר ייי יתכנשון מיא מתחות שמיא לאתר חד ותתחזי יבשתא
והוה כן׃ וקרא ייי ליבשתא ארעא ולבית כנישות מיא קרא ימי וחזא ייי ארי טב׃
ואמר ייי תדאי ארעא דיתאה עשבא דבר זרעיה מזדרע אילן פירין עביד פירין
לזנוהי דבר זרעיה ביה על ארעא והוה כן׃ ואפיקת ארעא דיתאה עשבא דבר זרעיה
מזדרע לזנוהי ואילן עביד פירין דבר זרעיה ביה לזנוהי וחזא

## Interp. chal.

In principio creauit deus celũ ⁊ terrã. Ca.i. Terra aũt erat deserta ⁊ vacua: ⁊ tenebre sup faciem abyssi: ⁊ sp̃us dei insufflabat sup faciẽ aquaꝝ. Et dixit deus. Sit lux: ⁊ fuit lux. ⁊ vidit deus lucẽ ꝙ esset bona. Et diuisit deus inter lucẽ ⁊ inter tenebras. appellauitq3 deus lucẽ diẽ: ⁊ tenebras vocauit noctẽ. Et fuit vespe ⁊ fuit mane dies vnus. Et dixit deus. Sit firmamentũ in medio aquaꝝ: ⁊ diuidat inter aquas ⁊ aq̃s. Et fecit deus firmamentũ: e. diuisit iter aquas q̃ erant subter firmamẽtu3: ⁊ inter aq̃s q̃ erant sup firmamentũ: ⁊ fuit ita. Et vocauit de⁹ firmamentũ celu3. Et fuit vespe ⁊ fuit mane dies scđs. Et dixit de⁹. Cõgregẽtur aque q̃ sub celo sunt in locũ vnum: ⁊ appareat arida. Et fuit ita. Et vocauit deus aridã terrã: ⁊ locũ cõgregationis aquarũ appellauit maria. Et vidit de⁹ qđ esset bonũ. Et dixit deus. Germinet terra germinationẽ herbe cui⁹ filius semẽtis seminaƀ: arborẽq3 fructiferã facientẽ fructus ſm genus suũ: cuius filius semẽtis in ipso sit sup terrã. Et fuit ita. Et pduxit terra germẽ herbe cuius filius semẽtis seminaƀ ſm genus suũ: et arborẽ facientẽ fructus: cui⁹ filius semẽtis i ipso ſm genus suũ. Et vidit

## Primitiua chal.

הוה צדה ריק
נשב הוה
טוב פרש
מצע
פרש ארע
עלה
כנש חזה
טוב
דאה זרע פרה
זנא נפק דאה
זרע

# 7
CHAPTER

# THE STORY OF THE BIBLE

## 성경이 잉글랜드를 만들다
### 영어 성경에 얽힌 이야기

《레미제라블》의 저자인 빅토르 위고는 "잉글랜드는 두 권의 책, 곧 성경과 셰익스피어를 갖고 있다. 잉글랜드는 셰익스피어를 만들었지만, 성경은 잉글랜드를 만들었다"고 했다. 영국인은 어디로 가든지 킹 제임스 성경을 가져갔다. 신세계에서 최초로 인쇄된 영어 성경은 바로 킹 제임스 성경이었고, 거기에 나오는 단어들은 미국의 장소 이름, 정치 연설, 문학 등에서 볼 수 있다.

종교개혁을 강력하게 반대했던 사제, 존 코취레우스(1479-1552)는 독일의 쾰른에서 피터 퀜텔에게 인쇄를 맡겨놓고 어느 호텔의 선술집에서 저녁식사를 하고 있었다. 벽난로는 가을 저녁의 한기를 잊게 해주었고 사람들로 북적이는 선술집이 시끄럽긴 했지만, 그 와중에서도 퀜텔의 인쇄소에서 일하는 두 인쇄공이 주고받는 대화를 엿들을 수 있었다.

맥주잔을 여러 번 들이켜 거나하게 취한 뒤에 한 인쇄공이 자기네가 인쇄 중인 어떤 책을 언급하는 소리가 들렸다. 그 책이 조만간에, 왕이나 추기경이 좋아하든 싫어하든, 잉글랜드에 사는 모든 사람을 다 루터교인으로 만들 것이라는 말이었다. 코취레우스는 그 대화에 더욱 귀를 기울였다.[1]

다른 인쇄공은 그들의 보스인 퀜텔이 프로젝트를 비밀리에 진행하고 있기 때문에 인쇄공들에게 영국 손님에게는 절대로 말해서는 안 된다고 지시했다고 했다. 소문에 의하면, 그들은 아주 똑똑했고 그 가운데 한 명은 8가지 언어를 구사할 수 있었다고 한다.

코취레우스는 두 인쇄공과 합류했고 그들을 자기 방으로 초대했다. 그들에게 한동안 맥주를 대접한 뒤에 그들이 윌리엄 틴데일William Tyndale이 만든 영어판 신약성경을 3,000부 인쇄하고 있다는 사실을 알게 되었다. 아울러 그 책들을 잉글랜드로 밀반출할 것이라는 계획도 듣게 되었다.

코취레우스는 쾰른 당국에 고발했고, 당국자는 그 문제를 조사한 끝에 인쇄 중지 명령을 내렸고, 잉글랜드의 헨리 8세에게 "나쁜 물건이 잉글랜드의 모든 지역에 들어오지 못하도록 항구를 단단히 감시하라"고 당부하는 편지까지 썼다. 이런 조치를 알게 된 틴데일은 다음에 무슨 일이 일어날지를 잘 감지했다. 그래서 틴데일과 조수인 윌리엄 로이는 이미 인쇄된 사본과 모든 종이를 들고 남쪽으로 160킬로미터가량 떨어진 보름스로 도망갔다.

1539년에 내려진 국왕 칙령은 교회의 공직자들에게 "모든 사람이 대성경(the Great Bible)을 읽도록 특별히 자극하고 권면해야 한다"고 선포했다. 공직자들은 그것을 열렬히 환영하면서 런던에 있던 성 바울 성당의 예배당에 이 사슬 달린 대성경을 비치해놓고, 교구민들은 너무 큰 소리로 읽어서 예배를 방해해서는 안 된다는 '훈계'로 삼았다. 손으로 턱을 받치고 존 포터의 낭독을 듣고 있는 여인은 앤 아스큐로서 성경을 공부한다는 이유로 남편에게 쫓겨난 시인이다. 나중에 그녀는 당국으로부터 고문을 통해 그녀와 함께 성경을 공부한 자들의 이름을 밝히라는 압력을 받았다. 이 판화는 조지 하비 경이 그린 그림에서 만든 것이다.

역사적으로 윌리엄 틴데일만큼 영어 성경에 큰 영향을 준 인물은 없었고 그만큼 큰 희생을 치른 사람도 없었다. 그는 문자 그대로 자기 생명을 바쳤다. 그 성경으로 말미암아 나무에 묶인 채 교살되었고 그 몸은 화형에 처해졌던 것이다.[2]

존 위클리프는 틴데일에 앞서 150년 전에 이미 성경을 번역했지만, 그 성경은 중세 영어로 씌어 있어서 초서의 《캔터베리 이야기》처럼 오늘날에는 읽기가 어렵다. 위클리프와 초서 이전에는 린디스판 복음서의 라틴어 행간에 옛 영어 번역문이 삽입된 적이 있었다. 그리고 735년에 영국사의 아버지라고 불리는 비드Bede라는 수도사가 생애 말기에 요한복음을 옛 영어로 번역하기도 했었다.[3]

틴데일이 살았던 시대만 해도 영어가 계속해서 발달하는 중이었고,

“한때 촌놈이나 쓰는 야만적인 언어로 조롱받았던 것이 애국자와 시인의 언어로 존경받게 되었다. … 영어로 쓰는 일(혹은 영어로 번역하는 것)은 새로운 자신감을 얻은 민족과 나라의 언어로 그 존엄성을 인정하는 정치적인 행위였다.”[4]

이 윌리엄 틴데일 초상화 아래에 라틴어로 이렇게 표기되어 있다. “이 그림은 한때 옥스퍼드 대학교에 있는 이 식당의 학생이었던 윌리엄 틴데일을 묘사한 것이며 … 그는 신약성경과 모세오경을 일상어로 번역하는 데 정력을 기울였고 … 이는 그의 동포들의 구원에 크게 이바지한 노고인 만큼 마땅히 잉글랜드의 사도라고 불리게 되었다. 그는 1536년에 브뤼셀 근처 빌보르드에서 순교자의 면류관을 얻었으며, 그의 대적이었던 황제의 검찰총장의 말에 따르면, 실로 유식하고 경건하고 선한 사람이었다.” 이 그림은 옥스퍼드 대학교 허트포드 대학의 식당에 걸려 있다.

윌리엄 틴데일이 1494년에 태어날 때만 해도 일찍이 1408년에 만든 헌법(위클리프의 번역판에 대한 대책으로서 비공인된 영어 성경을 일절 읽어서는 안 된다는 금지령)이 여전히 실효성을 갖고 있었다. 틴데일은 먼저는 옥스퍼드에, 그리고 나중에는 케임브리지에 다녔다. 거기에서 교목과 튜터로 일하는 동안 어느 날 저녁 한 성직자와 식탁에서 나눈 대화의 한 대목이 유명하다. “나는 교황과 그의 모든 법률에 반항하오.” 그러고는 만일 하나님이 자기 목숨을 살려주신다면 “쟁기를 모는 소년이 성직자보다 성경을 더 많이 알게 할 것”이라고 덧붙였다! 틴데일의 말은, 성경이 “농부, 재봉사, 석공, 매춘부, 뚜쟁이, 터키인”의 손에 들려야 한다고 했던 에라스무스의 말을 연상시켰다.

틴데일은 새로운 성경 번역에 착수하기 위해 런던에 있는 주교에게 승인을 얻으려고 애썼다. 그러나 헨리 8세가 여전히 가톨릭 신앙을 변호하고 있었던 만큼 그만 퇴짜를 맞고 말았다. 그래서 틴데일은 1524년에 독일로 이주해 다시는 잉글랜드로 돌아오지 않았다. 독일에서 그는 비텐베르크에 살고 있던 루터를 만났고 신약성경 번역을 완수하게 되었다. 그는 쾰른에서 여백에 주석이 달린 큰 성경(4절판)을 인쇄하기 시작했다. 그 후 그가 윌리엄 로이와 함께 보름스로 도망간 뒤에는 주석을 달지 않은 작은 성경(8절판)을 3천 부(혹은 6천 부) 인쇄했다.

1526년 초, 많은 신약성경이 "상품을 넣은 상자, 술통, 옷 짐짝, 밀가루와 옥수수 부대 등에 숨겨진 채" 잉글랜드로 밀반입되었다.[5] 헨리는 틴데일의 번역에 반대했고, 교회 공직자들은 성경을 구입해서 공개적으로 불태웠다. 이런 반대가 오히려 판매를 도와주었고 틴데일이 죽을 때까지 잉글랜드에서 5만 부 이상 팔린 것으로 알려져 있다(물론 그 가운데 일부는 불에 탔지만 말이다). 한번은 유럽을 방문하던 어느 주교가 한 상인과 접촉해 틴데일 신약성경을 모두 사겠다고 나섰다. 속셈은 그것을 모두 잉글랜드로 가져가서 런던에서 불태울 생각이었다. 한 친구가 틴데일에게 그렇게 하면 빚을 모두 갚고 최근에 수정한 부분을 포함시켜 더 많은 부수를 인쇄할 수도 있을 것이라고 설득했다. "그래서 거래가 성사되었다. 주교는 그 책들을 확보했고, 패킹햄(상인)은 고맙다는 소리를 들었고, 틴데일은 돈을 벌었다."[6] 이제 틴데일은 구약성경에 관심을 돌려서 1530년에는 모세오경의 영어번역판을 선보였고 1531년에는 요나서를 출판했다.

영국 당국은 틴데일이 잉글랜드로 돌아오길 바랐을 터이고, 틴데일은 "나의 고통과 … 나의 가난과 … 모국에서 쫓겨난 가련한 처지와 친구들이 없어 비참한 신세"를 논하며 무척 슬퍼했다.[7] 그는 헨리 8세에게 보낸 편지에, 만일 영어 성경을 헨리의 백성들이 자유로이 읽을 수 있게 해준다면 자기는 잉글랜드로 돌아가서 어떤 고통이나 고문도 감수할 의향이 있고 심지어는 죽음까지 불사하겠다고 썼다. 38년에 걸친 헨리의 통치 기간에 72,000여 명이나 처형당한 것을 감안하면 죽음을 당할 가능성이 높았다.

그 후 틴데일은 안트베르펜이라는 항구도시(오늘날 벨기에에 위치한 도

윌리엄 틴데일은 독일의 쾰른에 있는 피터 퀜텔 인쇄소에서 신약성경 번역판을 인쇄하기 시작했다. 당국이 인쇄 중지 명령을 내리자 틴데일과 그의 조수는 보름스로 도망가서 피터 쉐퍼의 도움을 받아 인쇄를 마칠 수 있었다. 이 신약성경들은 "상품을 넣은 상자, 술통, 옷 짐짝, 밀가루와 옥수수 부대 등에 숨겨진 채" 잉글랜드로 밀반입되었고, 많은 사람이 그것을 열심히 읽었다. 바이올렛 오클리가 그린 이 벽화는 펜실베이니아 주 의회 의사당에 있다.

시)에서 영국 상인의 집에 머물고 있는 동안에(1534) 신약성경의 개정판을 출간했다. 당시는 영국 의회가 더 이상 교황의 지상권을 인정하지 않는다고 발표한 해였는데, 이는 틴데일에게 도움이 될 수도 있었던 움직임이었지만 실제로는 그렇게 되지 않았다. 안트베르펜은 프로테스탄트를 탄압하는 잔인한 종교재판의 와중에서도 그들을 관용했던 섬이었는데, 1535년에 한 잉글랜드 젊은이가 틴데일을 집 밖으로 유인하여 그의 대적에게 체포되도록 주선했다. 영국 정부의 항의에도 불구하고 틴데일은 16개월 동안 감옥에 갇혀 있었다. 당시에 그는 당국에게 이런 편지를 썼다. "내가 여기서 겨울을 지내야 한다면, 친절을 베풀어서 … 더 따뜻한 모자와 … 더 따뜻한 코트와 … 내 레깅스를 기울 만한 천 조각을 보내주시오. 하지만 무엇보다도 … 히브리어 성경과 히브리어 문법책과 히브리어 사전을 볼 수 있도록 허락해주시오." 결국 틴데일은 재판에서 사형 선고를 받았다. 그가 남긴 마지막 한 마디는 "주님, 잉글랜드 왕의 눈을 열어주소서"라는 기도였다.

윌리엄 틴데일은 뛰어난 언어학자이자 탁월한 번역가였다. 그의 번역에 나오는 많은 어구는 오늘날까지 사용되고 있다. 가령, 다음과 같은 표현들이다. "give up the ghost"[8], "the powers that be"[9], "my brother's keeper"[10], "the salt of the earth"[11], "fight the good fight"[12], "a law unto themselves"[13] 등이 그것이다. 위클리프는 성경의 일부를 번역했다는 사실보다 남들에게 영향을 미친 점이 더 높이 평가되는 데 비해, 틴데일은 대부분의 성경을 자기 손으로 직접 번역했던 인물이다. KJV는 여러 면에서 틴데일의 번역판을 개정한 것이라고 할 수 있다.

합법적이든 불법적이든 상관없이 '통속적인 잉글랜드 방언'[14]으로 번역된 성경에 대한 수요는 폭발적으로 늘어나서 그 후 75년에 걸쳐 여러 중요한 번역판이 잉글랜드에서 인쇄되었다.

**커버데일 성경(Coverdale Bible, 1535) |** 틴데일은 구약성경의 번역을 완수하기 전에 죽었다. 하지만 마일즈 커버데일의 번역판은 완역된 영어 성경이었다. 제2판(1537)은 "왕의 은혜로운 인가와 함께 완성되었다"고 하는데, 이는 백성이 핍박에 대한 두려움 없이 그것을 자유로이 읽을 수 있다는 뜻이었다. 커버데일은 그리스어와 히브리어에서 번역하지 않고 라틴어와 독일어 번역판으로부터 번역하되 틴데일의 번역과 비교하면서 자신의 번역판을 만들었다. 커버데일의 영어는 아주 읽기 쉬운 문체로 알려져 있다.

**매튜 성경(Matthew's Bible, 1537) |** 윌리엄 틴데일은 죽기 전에 미완성된 원

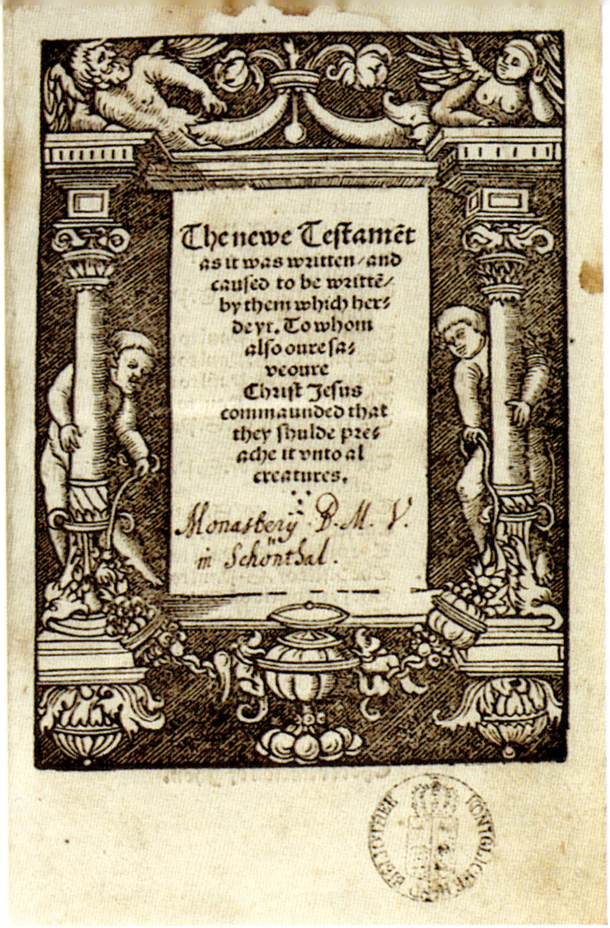
The newe Testamēt
as it was written/and
caused to be writtē/
by them which hers
de yt. To whom
also oure sa-
veoure
Christ Jesus
commaunded that
they shulde pres
ache it vnto al
creatures.

1990년대 초까지는 1526년에 인쇄한 틴데일 신약성경 중 단 두 권만 (둘 다 불완전하고 제목 페이지가 없다) 현존하는 것으로 알고 있었다. 한 권은 성 바울 성당의 도서관에 있고, 다른 한 권은 영국도서관이 브리스톨 성경대학에서 구입하여 소장하고 있는 것이다. 그런데 1996년 11월에 독일의 슈투트가르트에 있는 뷔어템베르기쉐 랑드 도서관에서 완전한 사본이 한 권 발견되었다. 이 도서관은 세계에서 가장 중요한 성경들을 모아놓은 장소 중 하나이다. 제목 페이지에 있는 판화는 보름스의 피터 쉐퍼 인쇄소에서 찍은 많은 책에 사용되었던 것이다. 틴데일은 아마 단어들을 중앙 패널에 삽입하라고 주문했을 것이다.

고(여호수아서에서 역대하까지)를 친구인 존 로저스에게 맡겼는데, 로저스는 토머스 매튜라는 가명을 사용했던 성경학자였다. 매튜 성경은 틴데일의 신약을 개정하고, 틴데일이 번역한 구약 부분은 그대로 넣고 나머지는 커버데일이 번역한 것으로 보충한 성경이었다. 로저스는 '쟁기를 모는 소년'도 이해할 수 있도록 가장자리에 주석을 첨부했고, 로마가톨릭교회에 대해 비판적이었던 틴데일의 주석과 서문도 일부 남겨두었다. 이러함에도 불구하고 매튜 성경은 헨리 8세의 은혜로운 인가를 받아냈는데, 후자는 자기가 무엇을 승인해주고 있는지 잘 몰랐던 것이 분명하다.

**태버너 성경**(Taverner's Bible, 1539) | 그리스어 학자이자 변호사였던 리처드 태버너가 런던의 한 인쇄업자에게 매튜 성경을 약간 개정해달라는 요청

을 받고 만든 성경이다. 이 성경은 두 차례밖에 인쇄되지 않았으며, 대大성경이 왕의 인가를 받는 바람에 널리 사용된 적이 없었다.

**대성경(Great Bible, 1539) |** 잉글랜드에는 당시에 왕이 인가한 성경이 두 권 있었다. 하지만 커버데일 성경의 구약은 히브리어에서 번역한 것이 아니었고, 매튜 성경은 틴데일과 로저스가 붙인 주석이 문제가 되었다. 그래서 대주교 대리였던 토머스 크롬웰은 커버데일에게 매튜 성경을 개정하여 또 다른 번역판을 만들도록 요청했다. 왕은 칙령을 내려서 이 대성경이 모든 교회에 비치되도록 했으며, 교회 공직자들은 "모든 사람에게 그것을 읽도록 특별히 자극하고 권면해야 한다"고 선포했다. 그들은 실제로 그렇게 했고, 설교자들은 일부 교구민이 자기네 설교를 듣는 대신에 모여서 성경을 읽고 토론하는 것을 더 좋아하고 그나마 무질서하게 그렇게 한다고 보고했다. 20세기 초에 프레데릭 케니언은 이렇게 말했다. "성경 읽기는 잉글랜드 국민을 꽉 붙잡아서 그 후로 느슨해진 적이 없었고, 이는 프로테스탄트 교회가 이 나라에서 안정된 기반을 닦는 데 크게 기여했다."[15] 이 대성경은 1539년과 1541년 사이에 제7판까지 출판되었다.

**제네바 성경(Geneva Bible, 1560) |** 메리 여왕은 1553년에 즉위하여 다시 영국을 로마 가톨릭 국가로 만들기 위해 프로테스탄트 지도자들(존 로저스, 휴 라티머, 니콜라스 리들리 등)을 화형하는 등 공포 정치를 단행했다. 적어도 800명 정도의 프로테스탄트들은 몸을 피해 이미 수백 명이 메리의 죽음을 기다리고 있던 독일과 스위스와 제네바 독립 시市로 도망갔다. 제네바에 있던 그 사람들은 새로운 성경 번역판이 필요하다고 생각했다. 그리하여 제네바 성경을 출판할 준비를 모두 갖추었던 해가 1560년이었는데, 공교롭게도 당해에 메리가 죽고 엘리자베스 1세가 즉위했다. 이 여왕은 "교황주의자나 청교도주의자의 여왕이 되기를 원치 않았던" 군주였기 때문에 성경은 그녀에게 헌정되었다.

1535년에 틴데일은 배신당해 체포된 뒤에 잉글랜드의 대주교 대리였던 토머스 크롬웰의 호소에도 불구하고 16개월 동안 감옥에 갇혀 있었다. 그 후 재판에서 이단의 죄목으로 사형선고를 받았다. 그는 사형장에 끌려가서 나무에 묶이고 불꽃에 둘러싸였다. 그가 뜨거운 열정을 품은 채 큰소리로 남긴 최후의 한마디는 "주님, 잉글랜드 왕의 눈을 열어주소서"라는 기도였다. 이어서 교살을 당했고 그 몸은 불태워졌다. 이 판화는 《폭스의 순교자 열전》에서 따온 것이다.

제네바 성경은 보통 사람이 쉽게 접근할 수 있는 모든 면을 갖추고 있었다. 작은 크기에다가 가격도 적당했다. 활자도 읽기 쉬웠고 제네바 인쇄업자인 로베르투스 스테파누스가 개발한 편리한 구절 구분도 도입되었다. 아울러 존 녹스와 장 칼뱅(서문을 쓴 인물)과 테오도르 베자와 같은 위대한 종교개혁가들이 이 성경을 추천했다. 그리고 다섯 장의 판화 지도를 간지로 끼워 넣었고, '어려운 대목'을 설명하기 위해 지리와 본문과 신학에 관한 주석을 많이 달아놓았다.[16] 이 성경에 칼뱅주의적인 주석이 달려 있기 때문에 더욱 널리 보급되었고 그것이 성경의 권위를 도모하는 역할도 했다. "이 성경은 경건한 삶과 기독교 신앙에 대한 평신도의 인식에 얼마나 큰 영향을 미쳤는지 모른다."[17] 제네바 성경은 외경도 포함하고 있지만 이는 구약성경의 맨 뒤쪽에 따로 첨부되어 있다.

제네바 성경은 50년이 넘도록 영국의 평민들이 사용했던 성경이며 인쇄도 160판을 넘을 정도였다. 그리하여 제네바 성경은 잉글랜드 프로테스탄티즘의 정체성과 불가분의 관계를 맺게 되었다.[18] 장로교도와 청교도가 바라는 개혁된 잉글랜드 국교회의 모습을 보여주는 일종의 상징이었다. 셰익스피어도 이 성경을 읽었고, 청교도들이 뉴잉글랜드로 가져갔던 것도 이 성경이며, 킹 제임스 성경이 등장하여 잉글랜드에서 인쇄가 금지될 때(1616)까지 널리 사용되었다.

**주교 성경**(Bishops' Bible, 1568) | 제네바 성경이 대성경을 제치고 평민들 사이에 인기를 누리자 교회 당국은 거기에 실린 칼뱅주의적인 주석에 반기를 들었다. 그리하여 대주교 파커가 주교 위원회를 구성하여 대성경의 개정판을 만들도록 해서 출판된 성경이 이른바 '주교 성경'이다. 이 개정판은 질적인 면에서 일관성이 없고 때로는 딱딱하고 형식적인 냄새를 풍긴다. 엘리자베스 여왕은 이 성경을 추천하지 않았고, 교회 당국만 그것을 사용했을 뿐 평민은 사용하지 않았다.

**두에-랭스 성경**(Douay-Rheims Bible, 1582/1609-1610) | 예전에 잉글랜드의 프로테스탄트 학자들이 메리 여왕의 억압을 피해 제네바로 망명하여 제네바 성경을 만든 것과 같이, 이번에는 가톨릭 학자들이 엘리자베스 여왕을 피해 도망가서 가톨릭 주석과 설명이 달린 영어 성경을 만들었다. 이 성경은 라틴어에서 번역한 것이다. 책의 서문에 따르면, 라틴어 성경이 덜 오염되었기 때문에 "그들이 동의하지 않는 부분에서는 그리스어 텍스트보다 더 낫다"고 한다. 신약성경은 1582년에 출판되어 잉글랜드로 밀반입되었으나, 자금이 부족하여 신구약 완역본('두에-랭스'라는 이름은

아들 후계자를 원했던 헨리 8세의 욕망을 계기로 일련의 사건이 발생한 끝에 잉글랜드 교회는 로마와 분리되기에 이르렀다. 헨리는 처음에는 교황 레오 10세에게 '신앙의 옹호자'란 호칭을 얻었고, 잉글랜드 교회가 로마에서 분열된 뒤에는 영국 의회에서 똑같은 호칭을 부여받았다. 그는 비록 틴데일 성경은 승인하지 않았지만 백성들이 커버데일 성경이나 매튜 성경을 읽는 것을 금하지 않았다. 1539년에는 "헨리가 자발적으로 선을 베풀어서 그의 사랑하는 백성들이 모든 교회에 비치되어 있는 대성경을 읽는 것을 예나 지금이나 기뻐했다"고 한다.[19] 이 초상화에 나오는 어린 에드워드는 9살의 나이에 왕이 되었고, 왕비였던 제인 세이모어는 에드워드를 낳고 두 주 후에 죽었다. 1545년에 그린 이 초상화는 현재 햄프턴 궁전에 걸려 있다.

망명객들이 살았던 프랑스의 두 도시의 이름을 딴 것이다)은 그로부터 27년이 흐른 뒤에야 출간되었다. 1738년에 이르러 런던 주교였던 리처드 챌로너가 두에-랭스 성경을 대폭 개정하여 로마 가톨릭의 표준 영어번역판으로 자리를 잡아 20세기 중반까지 사용되었다.

그동안 성경을 번역한 사람들과 출판한 사람들은 모두 하나님께 헌신하고 신자들을 섬기기 위한 동기로 그 일을 했다고 믿고 싶다. 하지만 정치와 기업가적 기질도 중요한 역할을 하기 마련이다. 잉글랜드의 제임스 1세는 교회와 국가의 긴밀한 관계를 믿었던 국교도와 교회를 국가에서 독립시키려 했던 청교도 간의 종교적 긴장을 다루지 않으면 안 되었다. 제임스는 장로교가 강한 스코틀랜드의 왕 출신이었기 때문에 잉글랜드 청교도들은 개혁을 요구하는 자기네 목소리를 지지해줄 것으로 생각했다. 그러나 제임스는 '왕권신수설'을 강력하게 신봉했고, 장로교도와 청교도를 '해충'이라고 부르며 그들의 독립적인 입장과 제네바 성경을 혐오했다.

그럼에도 불구하고 제임스는 1604년 1월에 "교회 문제와 관련해 잘못된 몇 가지 사항을 개혁하기 위해" 햄프턴 궁전에서 회의를 소집했다. 회의는 중대한 사안이 없이 진행되다가 청교도 대표로 참석했던 존 레이놀즈가 새로운 성경 번역을 제의하게 되었다. 이 소리를 듣자 제임스 왕은 선뜻 동의했다. "솔직히 말하면 나는 여태껏 잘 번역된 성경을 본 적이 없고, 그 중에서 최악은 제네바 성경이오." 그는 자신의 지시로 새로운 영어 성경이 출판되면 백성의 정치 지도자요 영적 지도자로서의 이미지를 강화시킬 수 있을 것임을 알았다. 그래서 케임브리지와 옥스퍼드의 '가장 유식한' 학자들에게 번역 작업을 맡기고, 나중에 주교들의 검토를 거쳐서 추밀원에게 제출하게 한 뒤에, 최종적으로 "왕의 재가를 받도록 하라"고 지시했다.

제임스의 새 성경은 주교 성경과 마찬가지로 위원회에 의해 완성된 것이다. 왕은 54명의 학자를 임명하고 그들을 6개의 위원회로 나누었다. 셋은 구약성경을 맡고, 둘은 신약성경을 맡고, 나머지 하나는 외경을 맡았다. 모든 위원회가 작업을 마쳤을 때 각 위원회에서 두 명씩을 선정하여 그들로 성경 전체를 최종적으로 검토하게 했다. 그 후에 윈체스터와 글로스터의 주교들이 모여 성경을 검토하고 캔터베리의 대주교도 그렇게 했다. "제임스 왕과 그를 둘러싼 주교들과 학자들과 조신들은 모두 깊은 확신, 확고한 편견, 악명 높은 야심, 정치적으로 '강경한 자세' 등을 품은 인물이었음은 의심의 여지가 없다."[20]

이 성경의 제목 페이지는 '새로 번역된' 것이라고 주장하지만[21] 그 위원회들이 백지 상태에서 시작한 것은 아니다. 오히려, 구체적으로 "최대한 주교 성경을 따르되, 다른 성경의 텍스트가 주교 성경보다 낫다고 생각되면 그 번역판들(틴데일 성경, 매튜 성경, 커버데일 성경, 대성경, 제네바 성경)을 따르라"는 지침을 주었다. 번역가들은 그리스어 텍스트(에라스무스의 다수파 텍스트)와 히브리어 텍스트도 참고하였다. 그들은 완전히 새로운 번역판을 만들려는 것이 아니라 "여러 좋은 번역판들로부터 으뜸가는 번역판 하나를 만들고자 했다"는 점을 서문에서 밝히고 있다.

번역가들은 주교 성경을 따르라는 지침을 받았고, 이는 대성경의 번역을 따른 것이고, 이는 커버데일이 매튜 성경을 개정한 것이고, 이는 커버데일의 첫 번째 성경을 개정한 것이고, 이는 틴데일의 번역을 내포하고 있기 때문에, 킹 제임스 성경은 당연히 틴데일과 커버데일의 표

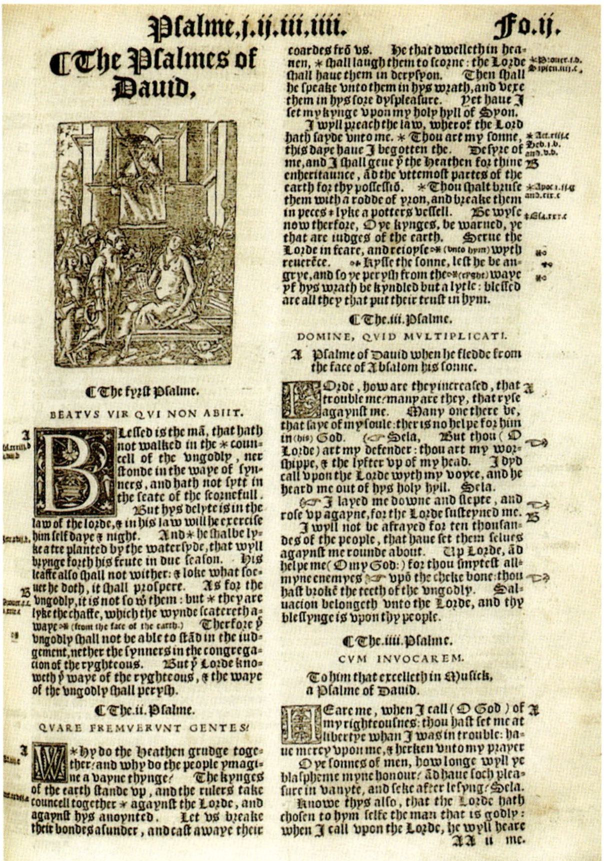
Psalme.i.ii.iii.iiii. Fo.ii.

The Psalmes of Dauid.

The fyrst Psalme.

BEATVS VIR QVI NON ABIIT.

The.ii.Psalme.

QVARE FREMVERVNT GENTES?

The.iii.Psalme.

DOMINE, QVID MVLTIPLICATI.

The.iiii.Psalme.

CVM INVOCAREM.

대성경(The Great Bible)은 왕이 공인한 최초의 영어 성경이었다. 이런 호칭을 갖게 된 것은 큰 사이즈(25.9cm×37.8cm) 때문이다. 이 성경은 각 교구마다 구입하여 편리한 장소에 비치해서 누구나 읽을 수 있도록 되어 있었다. 제목 페이지는 헨리의 정치적 의제를 분명히 보여준다. 거기에는 왕이 하나님에게 직접 '하나님의 말씀'을 받아 그것을 성직자들에게 주고, 그들은 그것을 백성들에게 주며, 그들 모두가 '대왕 만세!'라고 외치는 장면이 그려져 있다. 헨리는 하나님보다 네 배나 큰 사이즈로 나온다. 이 페이지는 시편이 시작되는 대목이다.

현을 상당히 많이 포함하게 되었다. 이 점을 잘 보여주는 것은 KJV가 'you'라는 단어 대신에 'thou'와 'thee'를 사용하고 있다는 사실이다.[22] 알리스터 맥그라스는 "잉글랜드의 북부 도시인 더럼의 법정 기록을 꼼꼼히 살펴보면 1575년경에 이르러 구어체 영어에서 일반적인 호칭이 'thou'에서 'you'로 대체되었다는 사실을 알 수 있다"고 한다.[23] 1575년은 킹 제임스 성경이 출판되기 35년 전이었다. 창세기 3장 11절에 나오는, 하나님이 아담에게 말씀하시는 대목은 KJV에 이렇게 번역되어 있다. "And he said, who told thee that thou wast naked? Hast thou eaten of the tree, whereof I commanded thee that thou shouldest not eat?"("이르시되, 누가 너의 벗었음을 네게 알렸느냐? 내가 네게 먹지 말라 명한 그 나무 열매를 네가 먹었느냐?"). 이 성경의 번역가들이 따르도록 되어 있던 주교 성경 역시 'thou'와 'thee'를 사용하고 있지만 좀 더 격식을 차리는 문체이다. "And he sayde: Who tolde thee that thou wast naked? Hast thou not eaten of the same tree, concernyng the which I commaunded thee that thou shouldest not eate of it?" 이로 보건대, 번역가들이 커버데일 성경으로 돌아간 것이 분명하다. "And he sayde: who tolde the, that thou art naked? Hast thou not eaten of the tre, wherof I commaunded the, yt thou shuldest not eate?"[24] 말하자면, KJV에 나오는 'thee'와 'thou'는 1611년 당시의 구어체 영어를 반영한 것이 아니라는 뜻이다. 오히려 그보다 100년 전인 1500년대 초에 사용되던 구어체를 반영하고 있다.

그의 어머니였던 스코틀랜드의 여왕 메리가 1567년에 감옥에 갇히자 13개월밖에 안 된 제임스 6세가 스코틀랜드의 왕이 되어 35년 동안 통치했다. 1603년에는 잉글랜드와 스코틀랜드와 아일랜드를 아우르는 대영제국의 왕 제임스 1세로 즉위했다. 이듬해에 그는 백성의 정치 지도자요 영적 지도자로서의 이미지를 강화시키고 통일된 프로테스탄트 잉글랜드를 이룩하기 위해 케임브리지와 옥스퍼드의 '가장 유식한' 학자들에게 새로운 영어 성경을 번역하여 출판하도록 지시했다. 그의 이름은 그동안 가장 많은 사랑을 받아온 이 영어 성경의 이름(킹 제임스 성경)을 통해 회자되고 있다. 이 그림은 폴 반 소메르의 작품이다.

6개의 위원회, 12명의 검토자, 2명의 주교, 그리고 한 명의 대주교가 제각기 맡은 임무를 완수한 뒤에 그 원고는 잉글랜드에서 성경 인쇄를 독점하고 있던 로버트 바커에게 넘겨졌다.

이렇게 하여 '새 번역판'이라 불렸던 킹 제임스 성경은 약간의 선전과 함께 1611년에 출판되었다. 맨 처음 두 차례는 교회에서 읽을 수 있도록 큰 판(26.3cm×40cm)으로 인쇄했다. 그리고 곧 작은 판이 인쇄되었다. 인쇄가 거듭됨에 따라 철자, 삽화, 제목 페이지, 활판상의 오류

런던 남서쪽 교외의 템스 강변에 있는 햄프턴 궁전은 헨리 8세의 장엄한 왕궁이었으며 훗날 여러 군주들이 증축한 것이다. 제임스 1세는 대영제국의 왕으로 즉위한 지 1년도 안 된 1604년에 잉글랜드 국교회에 속한 '주교들과 다른 유식한 인물들'과 네 명의 온건한 청교도와 함께하는 회의를 소집했다. 청교도 대표였던 존 레이놀즈가 새로운 성경 번역을 제의하자 제임스는 선뜻 동의하여 마침내 킹 제임스 성경이 탄생했던 것이다.

등에 차이가 있었다. 예컨대, 이른바 '사악한 성경The Wicked Bible'에 나오는 제7계명을 보면 'not'이란 단어가 빠져서 "그대는 간음할지어다"로 인쇄되어 있다. 때로는 한 인쇄소에서 쓰다가 남은 종이를 다른 인쇄소에서 사용하기도 했다. 그래서 현존하는 1611년 원본 가운데 완전히 동일한 두 권을 찾을 수 없다. 그래서 그런지 오늘날에는 상인들이 페이지를 서로 맞춰서 완벽한 첫 판으로 속여서 팔고 있는 실정이다.[25] 지금은 킹 제임스 성경이 '흠정欽定(황제가 손수 제도나 법률 따위를 제정하는 일)역'이라 불리고 있지만, 사실은 제임스 왕이든 누구든 그것을 공식적으로 인정한 적은 없었다.

결국 킹 제임스 성경이 제네바 성경을 누르고 우위를 차지하게 된 것은 번역의 질이나 가격과 관련이 있는 만큼, 전자는 군주와의 연줄이 있고 후자는 청교도와 연줄이 있는 것과도 관련이 깊다. 1616년에 이르러 잉글랜드에서는 제네바 성경의 인쇄가 금지되었지만 네덜란드에서 인쇄하여 그것을 수입하곤 했다. 그 후 1660년에 청교도 의회가 런던에서 붕괴되고 잉글랜드 군주제가 부활하자 제네바 성경에 대한 수요는 증발하고 킹 제임스 성경이 군림하게 되었다.

그런데 초기에 찍은 판은 인쇄상의 오류가 있고 세월이 흐르면서 철자와 단어 용법이 변함에 따라 킹 제임스 성경의 수정과 개정을 요구하는 목소리가 많았다. 가장 중요한 수정작업은 초판이 인쇄된 지 150년이 흐른 1762년에 F. S. 패리스가 한 것이다. 패리스 박사의 개정판은 1769년에 벤저민 블레이니에 의해 한 번 더 손질된 이후 지금까지 표준판 킹 제임스 성경으로 자리 잡고 있다.

킹 제임스 성경의 판권 소유는 아주 독특한 사례에 속한다. 세계의 대부분 지역에서는 더 이상 판권이 보호되지 않고 있다. 그러나 유독 영국에서는 아직도 영국 왕실이 판권을 갖고 있어서 왕이나 여왕의 허락을 받아야 인쇄가 가능하다.

킹 제임스 성경은 잉글랜드의 문명에 지대한 영향을 미쳤다. 영어가 온전한 언어로 형성되도록 도왔고, 영문학에 배경을 제공해주었고, 음악을 만들도록 고무했으며, 몇 세기 동안 각 가정마다 다른 모든 것에 앞서 소유하고 읽곤 했던 유일한 책이었다. 다음과 같은 영국의 예술 비평가인 존 러스킨의 경험은 결코 드문 일이 아니었다. "내 사상에 위대한 점이 있다면 그것이 무엇이든 … 다음 사실에 기인한 것이다. 나의 어린 시절에 어머니께서 날마다 성경을 읽어주고, 날마다 그것을 암기하도록 하신 것 말이다."[26] 《레미제라블》의 저자인 빅토르 위고는 "잉글랜드는

1605년 11월 5일, 의회가 열리기 전날 저녁에 가이 포크스라는 군인이 의회 건물의 지하실에서 나무 한 더미와 화약 36통을 지키고 있다가 발각되었다. 이는 로버트 케이츠비가 주도한 가톨릭 음모 사건의 하나였다. 그는 그 다음 날 상원을 폭파시키고, 제임스 왕의 말처럼 "나 자신과 아내와 자손뿐 아니라 상원 전체"를 말살시킨 뒤에 잉글랜드에 가톨릭주의를 부활시킬 작정이었다. 이 그림은 당시 13명의 음모자 중 8명을 그린 그림이다. 그들은 물론 재판을 받고 처형되었다.

두 권의 책, 곧 성경과 셰익스피어를 갖고 있다. 잉글랜드는 셰익스피어를 만들었지만, 성경은 잉글랜드를 만들었다"고 했다.

영국인은 어디로 가든지 킹 제임스 성경을 가져갔다. 신세계에서 최초로 인쇄된 영어 성경은 바로 킹 제임스 성경이었고, 거기에 나오는 단어들은 미국의 장소 이름, 정치 연설, 문학 등에서 볼 수 있다. 또한 초기 교육의 토대가 되기도 했다. 출간 300주년 기념식에서 테오도르 루스벨트는 킹 제임스 성경을 일컬어 "가난하고 억압받는 자들의 마그나 카르타이고 … 세계에서 가장 민주적인 책"이라고 칭찬했다. 영국 선교사들은 킹 제임스 성경을 들고 오스트레일리아의 오지에서 잠비아에 있는 치탐보 추장 마을까지 찾아갔다.[27]

온 세계 사람들은 "여호와는 나의 목자시니 내게 부족함이 없으리로

다"[28]는 말씀과 "수고하고 무거운 짐 진 자들아, 다 내게로 오라. 내가 너희를 쉬게 하리라"[29]는 말씀에 위로를 받아왔다. 그리고 "비판을 받지 아니하려거든 비판하지 말라"[30]는 말씀과 "강하고 담대하라. 두려워하지 말며 놀라지 말라. 네가 어디로 가든지 네 하나님 여호와가 너와 함께 하느니라"[31]는 말씀에 도전을 받아왔다. 아울러 "무서워하지 말라. 보라, 내가 온 백성에게 미칠 큰 기쁨의 좋은 소식을 너희에게 전하노라. 오늘 다윗의 동네에 너희를 위하여 구주가 나셨으니, 곧 그리스도 주시니라"[32]는 말씀에 함께 기뻐했다. 또한 킹 제임스 성경은 기독교 메시지의 핵심을 시적인 아름다움으로 잘 표현했다. "But now is Christ risen from the dead … For as in Adam all die, even so in Christ shall all be made alive(그러나 이제 그리스도께서 죽은 자 가운데서 다시 살아나사 … 아담 안에서 모든 사람이 죽은 것같이 그리스도 안에서 모든 사람이 삶을 얻으리라)."[33]

사람들은 지난 400년 동안 킹 제임스 성경을 보물로 여겨왔다. "영어를 읽을 줄 아는 사람이 있는 곳은 어디든지 이 성경이 있다. 우리가 몸담고 있는 이 지구에서 그동안 이 책이 미친 영향은 도무지 헤아릴 수 없다. 이 성경의 어구는 헌신된 영혼을 기대 이상으로 더 높이 끌어올리고, 인간 경험의 깊은 심연보다 더 낮은 곳까지 내려가게 할 수 있는 독특한 특징을 갖고 있다. … 때로는 번역문이 틀리거나 서툴거나 모호하기도 하다. 사실 킹 제임스 성경의 표현 중에서 수백 군데가 지금은 더 큰 지식이나 더 나은 텍스트로 대치된 상황이다. 거기에 담긴 옛날 영어 문체가 언어를 혼란스럽게 할 수도 있다. 자세히 살펴보면 결코 완벽하지 않다. 그럼에도 이 성경이 받은 크나큰 사랑은 성육신한 하나님을 그토록 아름답게 묘사한 것으로 얼마든지 정당화될 수 있다."[34]

## 영국을 지배한 군주들의 족보(15세기 말 - 18세기 초)

기독교가 영국에 도착한 시기는 3세기 전이었던 것으로 보인다. 그리고 6세기에 교황이 영국에 선교사들을 파송했고 그 후 천 년 이상 영국 교회는 교황의 권위 아래 있었다. 16세기에 이르러 유럽에서 종교개혁이 일어났을 때도 영국은 여전히 가톨릭 국가였다. 1521년에 교황 레오 10세는 영국의 왕 헨리 8세에게 '신앙의 옹호자'란 호칭을 내렸는데, 아이러니하게도 그가 결혼의 성례전적 성격과 교황의 지상권을 옹호하는 책을 썼기 때문이었다.

그러다가 교황에 대한 충성심에 금이 가게 된 계기는 헨리 8세가 아들 후계자를 얻기 위해 아라곤의 캐서린과의 결혼을 무효로 하고 앤 볼린과 결혼하게 해달라고 교황 클레멘트 7세에게 요청했다가 퇴짜를 맞은 일이었다. 그래서 헨리는 1534년에 잉글랜드 국교회를 로마 교회에서 분리시켜 버린 뒤에 스스로 잉글랜드 교회의 수장이 되었고 기존의 결혼관계를 무효로 만들었다. 이어서 교황 바오로 3세는 헨리를 출교시켰다. 몇 년 뒤에 영국 의회는 헨리의 아들 에드워드 6세를 '신앙의 옹호자'로 선언했으며, 영국의 군주가 국교회의 수장이란 것을 가리키는 이 호칭은 지금까지 그대로 내려오고 있다.

이처럼 헨리 8세와 로마가톨릭교회와의 다툼은 신학적인 차이로 인한 것이 아니었다. 다른 이유로 잉글랜드 국교회가 로마에서 떨어져 나온 만큼, 헨리 8세는 종교개혁의 가르침을 결코 수용하지 않았다. 하지만 그는 영국에 있는 모든 수도원의 땅과 교회의 자산을 자기 손에 넣었다. 말년에는 지나치게 뚱뚱해지고 신경질을 부리고 포악해졌다. 헨리가 1547년에 죽은 뒤 아홉 살이었던 에드워드 6세가 왕좌를 물려받았고, 그는 프로테스탄티즘을 지지하는 입장을 취했다. 에드워드는 6년간 통치하다가 불과 15세의 나이에 죽고, 메리가 그 뒤를 이어받아 영국을 다시 가톨릭 국가로 돌려놓았다. 그녀는 협조하지 않는 자는 모두 이단의 죄목으로 화형에 처하게 하는 바람에 피의 메리(Bloody Mary)란 호칭을 얻었다. 메리가 1558년에 죽은 뒤에 이복 자매인 엘리자베스 1세가 왕위를 물려받았는데, 그녀는 프로테스탄트였지만 가톨릭에 대해서 관용적이었다. 엘리자베스 여왕이 통치하던 1588년에 스페인이 영국을 다시 가톨릭 국가로 만들기 위해 정복하려고 했으나, 스페인의 무적함대가 영국군에게 패배함에 따라 영국은 프로테스탄트 국가로서의 입지를 더욱 굳혔다.

엘리자베스 1세에게는 뚜렷한 후계자가 없었다. 헨리 8세가 자신의 뒤를 이을 후계자를 위해 열심히 준비했지만 그의 자식 가운데 누구도 자식을 낳지 못했다. 그리하여 다음 왕은 헨리 8세의 부친인 헨리 7세의 자손 중에서 찾아야 했다. 헨리 7세의 장녀는 스코틀랜드의 제임스 4세와 결혼을 했고, 그들의 손자인 제임스 6세는 그의 어머니이자 스코틀랜드의 여왕이었던 메리가 감옥에 갇힌 뒤 한 살의 나이에 스코틀랜드의 왕이 되었다. 이 스코틀랜드의 제임스 6세가 1603년에 대영제국(잉글랜드, 스코틀랜드, 웨일스)과 아일랜드를 통치하는 제임스 1세로 즉위했던 것이다.

어떤 가톨릭교도들은 무력으로 잉글랜드를 가톨릭 국가로 만들려고 시도했지만 스페인의 무적함대의 신세와 같이 결국 실패하고 말았다. 그들은 제임스 왕의 참석하에 1605년 11월 5일에 개최되는 상원 회의에 맞추어 회의장 바로 아래편 지하실에 1.5톤도 넘는 화약을 담은 36개의 술통을 비치했다. 그러나 이 음모는 결국 발각되어 가담자들은 모두 재판을 받아 처형되었고, 가톨릭교도에 대한 프로테스탄트의 관용은 몇 세기 동안 정체되었다.

## 튜더 왕가와 스튜어트 왕가

| 군주 | 통치 기간 | 신앙 | 관계 |
|---|---|---|---|
| **튜더 왕가** | | | |
| 헨리 7세 | 1485–1509 | 가톨릭 | 에드먼드 튜더와 매거릿 뷰포트의 아들 |
| 헨리 8세 | 1509–1547 | 가톨릭/프로테스탄트 | 헨리 7세의 아들 |
| 에드워드 6세 | 1547–1553 | 프로테스탄트 | 헨리 8세와 제인 세이모어의 아들 |
| 레이디 제인 그레이 | 9일간(1553년) | 프로테스탄트 | 헨리 7세의 증손녀/ 헨리 8세의 조카의 딸 |
| 메리 1세 | 1553–1558 | 가톨릭 | 헨리 8세와 아라곤의 캐서린의 딸 |
| 엘리자베스 1세 | 1558–1603 | 프로테스탄트 | 헨리 8세와 앤 볼린의 딸 |
| **스튜어트 왕가(스코틀랜드 출신)** | | | |
| 제임스 1세 | 1603–1625 | 프로테스탄트 | 헨리 7세의 고손자, 스코틀랜드의 여왕 메리의 아들, 이전에는 스코틀랜드의 왕 제임스 6세 |
| 찰스 1세 | 1625–1649 | 프로테스탄트 | 제임스 1세의 아들 |
| **왕의 부재(不在)** | | | |
| 찰스 2세 | 1660–1685 | 프로테스탄트 | 찰스 1세의 아들 |
| 제임스 2세 | 1685–1688 | 가톨릭 | 찰스 1세의 아들, 찰스 2세의 형제 |
| 윌리엄 3세* | 1689–1702 | 프로테스탄트 | 찰스 1세의 외손자, 메리 2세의 남편 |
| 메리 2세* | 1689–1694 | 프로테스탄트 | 제임스 2세의 딸 |
| 앤 | 1702–1714 | 프로테스탄트 | 제임스 2세의 딸, 메리 2세의 자매 |

* 윌리엄 3세와 메리 2세는 부부로서 동일한 권력을 갖고 공동으로 통치했다. 메리가 1694년에 죽은 뒤에는 윌리엄이 홀로 다스렸다. 자식은 없었다.

## 윌리엄 틴데일이 번역한 신약성경WILLIAM TYNDALE'S NT

최초로 인쇄된 영어 신약성경은 지금부터 거의 500년 전인 1526년에 선보인 틴데일 번역판이었다. 제1쇄는 1525년에 독일의 쾰른에서 인쇄되었고 여백에 주석이 달려 있었다. 당국에게 발각되자 틴데일과 그의 조수는 이미 인쇄된 페이지를 챙겨서 남쪽으로 160킬로미터 떨어진 보름스로 도망갔다. 거기에서 작은 크기의 신약성경을 3천 부(혹은 6천 부) 인쇄했다. 쾰른에서 인쇄한 페이지 중에 현재 남아 있는 것은 마태복음의 첫 22장을 담은 사본이 유일하다(영국도서관에 소장되어 있음). 1996년까지는 1526년에 보름스에서 인쇄한 틴데일 신약성경 중 단 두 권만(둘 다 불완전하다) 현존하는 것으로 알고 있었다. 한 권은 성 바울 성당의 도서관에 있고, 다른 한 권은 영국도서관이 1994년에 백만 파운드를 주고 브리스틀 침례대학에서 구입해 소장하고 있는 것이다. 그런데 1996년에 독일의 슈투트가르트에 있는 뷔어텐베르기쉐 랑드 도서관에서 완전한 사본이 한 권 발견되었다. 이 두 페이지는 영국도서관에 있는 사본에서 누가복음의 끝부분과 요한복음의 첫 부분을 따온 것이다.

틴데일은 뛰어난 언어학자이자 탁월한 번역가였다. 그의 번역에 나오는 많은 어구는 오늘날까지 사용되고 있다. 가령, 'give up the ghost', 'the salt of the earth', 'fight the good fight' 등과 같은 표현들이다. 킹 제임스 성경의 많은 표현은 틴데일 성경에서 가져온 것이다. 이 사실은 KJV에 나오는 요한복음의 첫 대목과 여기에 나오는 요한복음의 첫 부분을 비교해 보면 쉽게 알 수 있다. 'begynnynge'을 비롯한 몇몇 단어의 철자가 바뀌긴 했으나 대부분은 똑같다.

이 페이지가 실린 성경은 추정컨대 독일에서 잉글랜드로 밀반입된 것을 구입한 소유주가 그 책을 소중히 여겨 어느 정도의 돈을 투자하여 장식을 덧붙인 것으로 보인다. 여기에 나온 요한복음의 첫 부분에서 그런 장식을 볼 수 있다. 영국도서관은 이 신약성경을 '영어로 인쇄된 책 가운데 가장 중요한 것'이라고 했다.

역사적으로 윌리엄 틴데일만큼 영어 성경에 큰 영향을 준 인물은 없었고 그만큼 큰 희생을 치른 사람도 없었다. 그는 영어를 말하는 사람들이 당신의 손에 들린 바로 이 페이지를 읽을 수 있게 하려고 자기 생명을 바쳤던 것이다.

and bones/ as ye se me have. And when he had
thus spoken/ he shewed thē his hondes/ and his
fete. And whyll they yett boleved nott for ioye/
and wondred/ he sayde vnto them: Have ye he-
re eny meate? and they gave hym a pece of a bro-
uled fisshe/ ād of an hony combe. And he toke it/
and ate it before them.

¶ And he sayde vnto thē: These are the wordes/
which I spake vnto you/ whill I was yett with
you: that all must be fulfilled which were writtē
of me in the lawe of Moses/ ād in the prophetꝭ/
and in the psalmes. Then opened he their wyt-
tes/ that they myght vnderstond the scriptures/
and sayde vnto them: Thus ys yt written/ and
thus it behoved Christ to suffre/ ād to ryse aga-
yne from deeth the thyrde daye. And that repen-
taunce/ and remission of synnes/ shulde be pre-
ached in his name amonge all nacions. And the
begynnynge must be at Jerusalem. And ye are
witnesses of these thyngꝭ. And beholde/ I wyll
sende the promes of my father apon you. Butt
tary ye in the cite of Jerusalen/ vntill ye be ende-
wed with power from an hye.

¶ And he ledde them out into Bethany/ and li-
fte vp hys hondes/ and blest them. And it cā to
passe/ as he blessed them/ he departed from thē/
ād was caryed vp in to hevē. And they worship-
ped hym/ and returned to Jerusalem with gre-
ate ioye. And were continually in the temple/
praysynge/ and laudinge God.

¶ Here endeth the Gospell off
¶ Sanct Luke.



# ¶ The Gospell off ¶ Sancte Jhon.

## ¶ The fyrst Chapter.

IN the begynnynge
was that worde/ ād that
worde was with god: and god
was thatt worde. The same
was in the begynnynge wyth
god. All thyngꝭ were made by
it/ and with out it/ was made
noo thige/ that made was. In
it was lyfe/ And lyfe was the
light of mē/ And the light shy-
neth ī darcknes/ ād darcknes cōprehēded it not.

¶ There was a mā sent from god/ whose name
was Jhon. The same cā as a witnes/ to beare
witnes of the light/ that all men through hī my-
ght beleve. He was nott that light: but to beare
witnes of the light. That was a true light/ wh-
ich lighteneth all men that come ī to the worlde.
He was in the worlde/ ād the worlde by hī was
made: and the worlde knewe hym not.

¶ He cā ito his awne/ ād his receaved hī not. vn-
to as meny as receaved hī/ gave he power to be
the sōnes of god: ī that they beleved ō his name:
which were borne not of bloude nor of the will of
the flesshe/ nor yet of the will of men: but of god.

¶ And that worde was made flesshe/ and dwelt
amonge vs/ and we sawe the glory off yt/ as the
glory off the only begotten sonne off the father.

## 제네바 성경THE GENEVA BIBLE

제네바 성경은 50년이 넘도록 영국의 평민들이 사용했던 성경이다. 그리하여 잉글랜드 프로테스탄티즘의 정체성과 불가분의 관계를 맺게 되었다. 셰익스피어도 이 성경을 읽었고, 청교도들이 뉴잉글랜드로 가져갔던 것도 이 성경이다. 신약은 1557년에, 그리고 전체 성경은 1560년에 각각 출판되었다.
제네바 성경은 보통 사람이 쉽게 접근할 수 있는 모든 면을 갖추고 있었다. 작은 크기에다가 가격도 적당했다. 활자도 읽기 쉬웠고, 편리한 구절 구분을 도입한 최초의 영어 성경이기도 했다. 아울러 평범한 독자들을 겨냥한 탁월한 번역이기도 했다.
피의 여왕, 메리의 잔인한 탄압을 피해 제네바로 도망갔던 프로테스탄트 망명객들이 만든 이 성경은 존 녹스와 장 칼뱅(서문을 쓴 인물)과 테오도르 베자와 같은 위대한 종교개혁가들의 추천을 받았다. 그리고 다섯 장의 판화 지도를 간지로 끼워 넣었고, '어려운 대목'을 설명하기 위해 지리와 본문과 신학에 관한 주석을 30만 단어나 달아놓았다. 한 세대도 넘게 이 주석들은 경건한 삶과 기독교 신앙에 대한 평신도의 이해에 큰 영향을 미쳤다. 그러나 제임스 1세는 이 성경이 왕권신수설(왕은 하나님이 임명한 인물인즉 존경해야 하고 묻지 말고 순종해야 한다는 교리)에 도전한다는 이유로 제네바 성경을 좋아하지 않았다. 그 후 제임스 왕이 지시한 새로운 번역판(KJV)이 출판되면서 제네바 성경의 인쇄가 잉글랜드에서는 금지되었다.
다음 페이지에 실려 있는 에베소서의 서문은 제네바 성경이 지닌 칼뱅주의 신학을 잘 보여주고 있다. 바울은 "갈라디아인들에게 구원의 확신을 주고 있는데, 그것은 그들이 태어나기도 전에 하나님의 자유로운 선택을 받고 성령에 의해 이 영원한 생명으로 인침을 받아 예정함을 입었기 때문이었다." 위쪽 왼편 구석을 보면, 이 성경을 이전에 사용했던 사람이 갈라디아서 6장 12절에 나오는 어구("무릇 육체의 모양을 내려 하는 자들")를 설명해주는 주석('외적인 의식으로')을 가리키는 손가락을 그려 넣은 것이 눈에 띈다.

vnto you with mine owne hand.
12 As manie as desire to make a faire shewe
h in the flesh, they constraine you to be cir
cumcised, onely because they wolde not
suffer persecuciõ for the i crosse of Christ.
13 For they them selues which are circum-
cised, kepe not the Law, but desire to ha-
ue you circumcised, that thei might reioy-
ce k in your flesh.
14 But God forbid that I shulde reioyce,
but in ỹ crosse of our Lord Iesus Christ,
whereby the l worlde is crucified vnto me,
and I vnto the worlde.

h By the outwarde ceremonies.
i That is, for preaching Christ crucified.
k That thei haue made you Iewes.
l By ỹ worlde he meaneth all outwarde pompe, ceremonies & thīgs, which please mens fantasies.

15 For in Christ Iesus nether circumcision
auaileth anie thing, nor vncircumcision,
but a newe m creature.
16 And as manie as walke according to this
rule, peace *shal* be vpon them, & mercie,
and n vpon the Israel of God.
17 From hence forthe let no man o put me
to busines: for I beare in my bodie the
p markes of the Lord Iesus.
18 Brethren, the grace of our Lord Iesus
Christ *be* with your spirit, Amen.

Vnto the Galatians written from Rome.

m Which is regenerate by faith.
n That is, vpõ the Iewes, as Rom 2,19.
o Let no man trouble my preaching frõ hence forthe: for my markes are witnesses how valiantly I haue foght.
p Which are odious to the worlde, but glorious before God.

# THE EPISTLE OF Paul to the Ephesians.

THE ARGVMENT.

*While Paul was prisoner at Rome, there entred in among the Ephesians false teachers, who corrupted the true doctrine which he had taught them, by reason wherof he wrote this Epistle to confirme them in that thing, which they had learned of him. And first after his salutacion, he assureth them of saluacion, because they were thereunto predestinate by the fre election of God, before they were borne, and sealed vp to this eternal life by the holie Gost, giuen vnto them by the Gospel, the knowledge of the which mysterie he prayeth God to confirme towarde them. And to the intent they shulde not glorie in them selues, he sheweth them their extreme miserie, wherein they were plonged before they knewe Christ, as people without God, Gentiles to whome the promises were not made, and yet by the fre mercie of God in Christ Iesus, they were saued, and he appointed to be their Apostle, as of all other Gentiles: therefore he desireth God to lighten the Ephesians hearts with the perfite vnderstanding of his Sonne, & exhorteth them likewise to be mindeful of so great benefites, nether to be moued with the false apostles, which seke to ouerthrowe their faith, and treade vnder fote the Gospel, which was not preached to them, as by chance or fortune, but according to the eternal counsel of God: who by this meanes preserueth onely his Church. Therefore the Apostle commendeth his ministerie, forasmuche as God thereby reigneth among men, and causeth it to bring forthe moste plentiful frutes, as innocencie, holines, with all suche offices apperteining to godlines. Last of all, he declareth not onely in general what oght to be the life of the Christians, but also sheweth particularly, what things concerne euerie mans vocacion.*

CHAP. I.

*After his salutacion, 4 He sheweth that the chief cause of their saluacion standeth in the fre election of God through Christ. 16 He declareth his good wil towarde them, giuing thankes and praying God for their faith. 21 The maiestie of Christ.*

1 PAul an Apostle of Iesus
Christ, by ỹ wil of God,
to the * Saintes, which a-
re at Ephesus, & to the
faithful in Christ Iesus:
2 Grace *be* with you, &
peace frõ God our Fa-
ther, & *from* the Lord Iesus Christ.
3 * Blessed *be* God euen the Father of our
Lord Iesus Christ, which hathe blessed vs
with all a spiritual blessing in heauenlie
" things in Christ,
4 * As he hathe b chosen vs in him, before ỹ
fundacion of the worlde, ỹ we * shulde be
c holie, & without blame before hĩ in loue:
5 Who hathe predestinate vs, to be d adop-
ted through Iesus Christ vnto him self, ac
cording to the good pleasure of his wil,
6 To the e praise of the glorie of his gra-

a As with the knowledge of God in Christ, ỽ faith, hope, charitie and other gifts.
" Or, places.
b This electiõ to life euerlasting can neuer be chãged: but in temporal offices, ỽ God hathe appointed for a certeine space, when the terme is expired, he changeth his election, as we se in Saul and Iudas.
1. Cor. 1, 2.
c Whẽ Christs iustice is imputed ours.
2 Cor. 1, 3.
1. pet. 1, 3.
2. Tim. 1, 9.
d Where as we were not ỹ natural childrẽ he receiued vs by grace, and made vs his children.
Colos. 1, 22.
e The principal end of our election is to praise & glorifie the grace of God.

ce, wherewith he hathe made vs accepted
in *his* beloued,
7 By whome we haue redemption through
his blood, *euen* the forgiuenes of sinnes, ac-
cording to his riche grace:
8 Whereby he hathe bene abũdant toward
vs in all wisdome & vnderstanding,
9 And hathe opened vnto vs the mysterie
of his wil according to his good pleasure,
which he had purposed f in him,
10 That in the dispensacion of the fulnes
of the times he might gather together in
one g all things, bothe which are in heauẽ
and which are in earth, *euen* in Christ:
11 In whome also we are chosen when we
were predestinate according to the pur-
pose of him, which worketh all things af-
ter the counsel of his owne wil,
12 That h we, which first trusted in Christ,
shulde be vnto the praise of his glorie:
13 In whome also ye *haue trusted* after that
ye heard the worde of trueth, *euen* ỹ Gos-
pel of your saluacion, wherein also after
that ye beleued, ye were sealed with the
holie

f That is, in Christ.
g By this he meaneth the whole bodie of the Church, ỽ he diuideth into them, ỽ are in heauen, & them which are in earth: also ỹ faithful which remaine in earth, stand of the Iewes & the Gentiles.
h To wit, the Iewes.

## 1611년판 킹 제임스 성경 1611 KING JAMES VERSION BIBLE

1611년에 초판을 찍은 킹 제임스 성경은 틴데일 신약성경이나 제네바 성경처럼 가정에서 읽도록 만든 것이 아니었다. 그것은 "교회에서 읽도록 지정되어 있던" 큰 성경이었다.

동판으로 인쇄한 초판의 제목 페이지를 보면, 맨 위쪽에 성부 하나님(여호와를 뜻하는 히브리어 철자), 성령 하나님(비둘기), 성자 하나님(타원형 속의 어린양)을 상징하는 문자나 그림이 있다. 타원형의 왼편과 오른편에는 베드로(열쇠를 쥐고 있는 인물)와 야고보가 있고, 그 뒤편에는 바울을 비롯한 여러 사도들이 포진되어 있다. 네 복음서의 저자들은 각각 손에 펜을 들고 있는데, 베드로를 중심으로 위편 왼쪽에는 마태가, 위편 오른쪽에는 마가가 있고, 이 그림의 맨 아래편 왼쪽에는 누가가, 아래편 오른쪽에는 요한이 자리 잡고 있다. 모세와 아론은 제목 패널의 좌우에 서 있다. 그 아래에는 펠리칸이 기근의 때에 새끼들에게 자기의 피를 먹이기 위해 부리로 가슴을 쪼고 있는 그림이 있는데, 이는 그리스도께서 피를 흘리는 모습을 상징하는 것이다.

그림의 중앙에는 이런 글이 쓰여 있다. "구약과 신약이 모두 실린 성경. 원어에서 새로 번역한 것이고, 폐하의 특별 명령으로 예전의 번역판들과 부지런히 비교하고 개정하여 만든 판. 교회에서 읽도록 지정된 성경. 인쇄는 역대 폐하들의 전문 인쇄업자인 런던의 로버트 바커가 담당하다."

두 판 모두 1611년에 인쇄되었다고 주장하지만, 이 제목 페이지와 함께 룻기 3장 15절이 'he went into the citie'로 되어 있는 판은 1611년에, 그리고 판화로 된 제목 페이지와 함께 룻기 3장 15절이 'she went into the citie'로 되어 있는 판은 1613년에 각각 인쇄되었을 가능성이 많다. 초기에 인쇄한 킹 제임스 성경은 판에 따라 철자, 삽화, 제목 페이지, 활판상의 오류 등에 차이가 있다. 성경을 인쇄하는 데 여러 인쇄소가 동원되었고, 때로는 한 인쇄소에서 쓰다가 남은 종이를 다른 인쇄소에서 사용하기도 했다.

יהוה

THE
HOLY
BIBLE,

Conteyning the Old Testament,
AND THE NEW.

Newly Translated out of the Originall tongues: & with the former Translations diligently compared and reuised, by his Maiesties speciall Comandement.

Appointed to be read in Churches.

Imprinted at London by Robert Barker, Printer to the Kings most Excellent Maiestie.

ANNO DOM. 1611.

C Boel fecit in Richmont

8

CHAPTER

# THE STORY OF THE BIBLE

## 모든 민족의 눈이 우리를 향하고 있다

### 미국의 성경 이야기

미국인은 많은 도시에 성경적인 이름을 붙였고, 미국 문학에는 성경의 비유들이 스며 있었다. 벤자민 프랭클린과 국회의 한 위원회는 국가 인장에 미국이 영국에게서 자유를 얻은 것을 상징하는 것으로서 모세가 홍해를 가로질러 이스라엘을 인도하는 모습을 넣자고 제의했다.

The Lord to mee a shepheard is,
want therefore shall not I.
Hee in the folds of tender-grasse,
doth cause mee downe to lie.
(Psalm 23:1-2, *The Bay Psalm Book*)
여호와는 나의 목자시니
내게 부족함이 없으리로다.
그가 나를 푸른 풀밭에 누이시며
쉴 만한 물가로 인도하시는도다(시 23:1-2).

아메리카에서 최초로 인쇄된 책은 "30명의 경건하고 유식한 목사들이 운율에 맞춰 번역한 시편"이었다. 아메리카로 건너온 유럽인의 첫 정착지는 매사추세츠 배이 콜로니가 아니었다. 영국인은 1607년에 제임스타운을 세웠고, 네덜란드인은 1613년에 맨해튼 아일랜드에 정착했으며, 영국 청교도들은 1620년에 플리머스에 상륙했다. 그러나 아메리카에 거주하고 있던 유럽 혈통의 절반 정도가 매사추세츠 배이 콜로니에 살고 있었으니 그곳이 최대의 식민지이긴 했다. 당시에 시편을 인쇄하기 위해 케임브리지에 인쇄 기계를 들여왔고, 1640년에 스티븐 데이가 《배이 시편 *The Bay Psalm Book*》을 1,700부 인쇄했다. 이 시편은 여러 판을 거쳤으며 그 글귀는 찬송가로 만들어져 100년간 교회에서 사용됐다.

아메리카에서 최초로 인쇄된 책이 시편이었다는 것은 그 나라가 성경에 기초해 세워진 사실에 걸맞은 일이었다. 뉴잉글랜드에 첫 발을 디딘 이주민들은 성경의 하나님을 예배할 수 있는 자유를 찾아온 것이었다. 최초의 대학들도 성경을 가르치는 목사를 양성하기 위해 세운 것이었다.[1] 1777년에 대륙 국회의 한 위원회는 "성경을 아주 보편적으로 사용

미국은 성경 위에 세운 나라였다. 1837년에 미국 국회는 로버트 위어에게 "홀란드의 델프트 항에서 필그림들이 출항하는 모습"을 그리도록 위탁했는데, 이는 현재 국회의사당에 남아 있는 네 편의 불후의 명작 중 하나다. 이 낭만적인 그림은 19세기 미국의 자아상을 잘 보여주고 있다. 필그림의 목사였던 존 로빈슨은 그 가족들을 위해 기도하려고 스피드웰 호에 올라탔고, 중앙에 있는 윌리엄 브류스터는 신약의 첫 부분을 편 채 성경을 들고 있다. 왼편의 무지개는 희망과 하나님의 보호를 상징하는 것이다.

해야 하고 그 중요성이 너무도 크기 때문에 국회는 성경 2만 권을 수입해야 한다"고 지적하였다.[2] 미국은 성경적 이미지와 성경적 언어와 성경적 가르침으로 가득 찬 나라가 되었다. 성경은 많은 미국인의 신앙의 중심축이 되었다. 하지만 모두 그랬던 것은 아니다. 어떤 이들에게는 '성경이 모든 진리 위의 진리가 아니라 모든 이야기 위의 이야기였고'[3] 그들이 받은 문화적 유산의 일부일 뿐이었다. 미국에서의 성경에 관해 얘기할 때는 두 가지 이야기가 모두 중요하다.

뉴잉글랜드의 첫 정착민은 종교의 자유를 찾아온 사람들이었다. 잉글랜드 국교회에서 분리되길 원했던 청교도였던 필그림들은 1620년에 제네바 성경을 들고 아메리카로 왔고 '하나님의 영광과 기독교 신앙의 증진을 위해' 식민지 정착촌을 세웠다.[4] 매사추세츠 배이 콜로니는 비분리주의적 청교도들이 세운 식민지인데, 그 목적은 평화로운 시민 정부와 "질서 정연한 대화의 본보기를 보임으로써 그 나라 원주민에게 유일하게 참된 하나님과 인류의 구세주와 기독교 신앙에 대한 지식과 순종을 불러일으키기 위함이었다."[5] 매사추세츠, 코네티컷, 뉴플리머스, 뉴헤이븐 정부들이 1643년에 뉴잉글랜드 연합을 결성했을 때, 그들은 "우리 모두는 단 하나의 동일한 목적을 품고 아메리카의 이 지역으로 왔는데, 그것은 우리 예수 그리스도의 나라를 증진시키고 평화로이 순수한 복음의 자유를 누리기 위함이었다"고 했다.[6] 이런 종류의 진술은 미국 식민지의 초기 문헌에 많이 등장하고 있다.

물론 종교적 신앙 이외의 다른 동기를 품고 아메리카에 온 사람들도 많이 있었다. 제임스타운에 정착한 대다수는 기회와 부를 추구하고 있었다. 필그림이 도착한 지 2년도 되지 않아 거의 '무례하고 야비한 놈들'로 가득 찬 정착촌이 생겼다. 일부 정착민은 잉글랜드 감옥에서 대서양을 건너 온 죄수들이었다. 또 어떤 이들은 모험을 즐기러 왔다. 그리고 종교적 자유를 원했던 이주민들도 반드시 타인을 위해 그런 자유를 원했던 것만은 아니었다. 버지니아 회사의 1609년도 헌장은 '로마 교회의 미신을 전파한다고 우리가 의심할 만한' 정착민은 없어야 한다고 진술했다.[7] 이 헌장은, 영국에서 가이 포크스와 가톨릭 음모자들이 의회 건물을 폭파시켜 왕을 살해하려 했던 사건이 있은 지 불과 4년밖에 되지 않은 시점에 제임스 1세가 준 것이었다. 그런즉 제임스 왕이 가톨릭에 대해 달갑잖게 생각했다는 것은 충분히 이해할 수 있다. 1636년에 로저 윌리엄스가 종교적 자유를 위해 로드 아일랜드를 세웠지만, 그 종교적 자유는 어디까지나 매사추세츠 당국이 주는 자유였다. 이유인즉, 윌리엄스가 잉글랜드 국교회는 배교자이고 잉글랜드의 왕은 그리스도인이 아니라고 설교하는 바람에 그것을 너무 극단적이라고 여긴 매사추세츠 정부의 탄압을 받았기 때문이었다.

아메리카에서 처음 인쇄된 성경은 존 엘리엇이 세계에서 가장 어려운 언어의 하나인 알공퀸의 나티크 방언으로 번역한 것이었다. 그는 매사추세츠의 록스베리에 있는 교회를 떠나 인디언을 방문하여 거기에서 많은 시간을 투자했다. "날씨는 춥고 눈발이 휘날렸다. 그 기간 내내 축축한 날씨였지만, 그 정도의 대가는 복음을 그들에게 가져가는 특권에 비하면 아무것도 아니었다"고 그는 썼다.[8] 엘리엇은 1,100명의 '기도하는 인디언'을 14개의 자치 공동체로 나누었고 성경을 번역하는 데 10년

청교도 목사인 존 엘리엇은 1631년에 매사추세츠 배이 콜로니에 도착했다. 15년 뒤에 알공퀸의 나티크 방언을 배워서 설교를 할 정도가 되었다(아래 그림). 알공퀸에 대한 그의 헌신과 그들에 대한 사랑이 특별하여 마침내 '인디언의 사도'라는 별명을 얻었다. 엘리엇이 번역한 신약성경(1661)과 전체 성경(1663)이 아메리카에서 인쇄된 최초의 성경이었다. 이 제목 페이지(오른쪽 그림)는 필립 왕으로 알려진 왐파노그 추장이 1675년에 영국에 대항하여 일으킨 전쟁에서 많은 성경이 파괴된 뒤 1685년에 인쇄한 두 번째 판에서 따온 것이다.

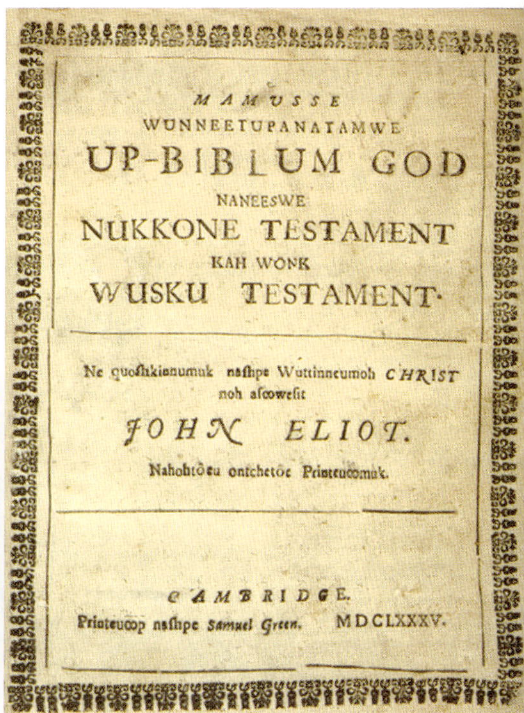

MAMUSSE
WUNNEETUPANATAMWE
UP-BIBLUM GOD
NANEESWE
NUKKONE TESTAMENT
KAH WONK
WUSKU TESTAMENT.

Ne quoshkinnumuk nashpe Wuttinneumoh CHRIST
noh asoowesit
JOHN ELIOT.
Nahohtôeu ontchetôe Printeuoomuk.

CAMBRIDGE.
Printeuoop nashpe Samuel Green. MDCLXXXV.

을 투자했다. 신약성경은 1661년에, 그리고 전체 성경은 1663년에 각각 인쇄되었다. 두 번째 판은 필립 왕으로 알려진 왐파노그 추장이 1675년에 영국에 대항하여 일으킨 전쟁에서 많은 성경이 파괴된 뒤에 인쇄되었다.

아메리카에서 가장 처음 유럽 언어로 인쇄된 성경은 마르틴 루터의 독일어 번역판이었다. 지금은 필라델피아에 편입된 저먼타운에 살던 크리스토퍼 사우어는 독일어 신문과 연감을 인쇄하는 창의적이고 정력적인 이민자였다. 그가 이룩한 최고의 업적은 1743년에 인쇄한 성경이었다. 그의 아들은 아버지가 죽은 뒤인 1763년에 두 번째 판을 인쇄했다. 1776년 세 번째 판의 인쇄를 끝내고 제본을 준비하던 중에 군인들이 저먼타운에 들이닥쳐서 그 종이를 말에 깔 짚으로 쓰고 탄약통을 만드는데 사용하고 말았다.

미국의 기독교는 처음부터 신세계로 건너온 온갖 교단들과 민족들을 반영하는 여러 그룹으로 구성되어 있었다. 교회의 교인들만 투표권이 있었던 매사추세츠는 회중교회가, 버지니아는 성공회가 각각 주류를 이루었다. 미국 침례교회의 발생지인 로드 아일랜드는 양심의 자유의 원칙 위에 세운 도시였다. 퀘이커교도들은 뉴잉글랜드에서 환영을 받지 못하자 펜실베이니아로 이주하여, 억압당하는 신앙인의 피난처로서 '거룩한 실험'이란 것을 창립하였다. 1683년에 독일 메노파는 저먼타운에 정착했고 훗날에는 모라비아파가 베들레헴에 한 공동체를 세웠다.

하지만 1725년과 1760년 사이에 부흥의 물결이 식민지를 휩쓸고 공통의 회심 경험이 기독교 신앙에 대한 공통된 이해를 낳게 되면서 그런 교단 간의 벽이 허물어지기 시작했다. 제1차 대각성 운동은 수많은 회심자를 낳고, 신자들을 경건한 삶과 성경공부로 인도하고, 선교사를 배출하고, 프린스턴과 러트거스와 브라운 같은 대학들을 설립하고, 가난한 자를 더욱 많이 돕는 등 지대한 영향을 미쳤다.

그리하여 1774년과 1775년에 필라델피아에서 대륙 국회가 열렸을 때는 굉장한 종교적 대각성을 직접 목격하고 성경을 높이 존중하던 이들을 대표하는 인물들이 모였던 것이다. 계몽주의는 인간의 이성이 일차적인 권위의 원천이라고 가르쳤지만, 조나단 에드워즈와 조지 휫필드와 같은 설교자들은 성경의 신적 권위를 강조했다.

13개의 식민지가 잉글랜드에서의 독립을 선언하고 새로운 국가가 되었을 때, 그 신생국의 특징을 규정짓기 위해 여러 이야기와 이미지를 선택했는데, 그 중에서 다수가 성경에서 나온 것이었다. 아메리카는 약속의 땅으로 간주되었다. 하나님은 온 땅의 족속들을 축복하기 위해 구약의 이스라엘처럼 미국인을 선택했다. 1630년에 매사추세츠 배이 콜로니의 총독이었던 존 윈스롭은 미국이야말로 "언덕 위의 도시가 될 터이고 모든 민족의 눈이 우리를 향하고 있다"고 말했는데, 그것은 산상설교에 나오는 그리스도의 말씀을 암시하는 발언이었다. 이런 발언은 훗날 존 F. 케네디와 로널드 레이건이 미국을 묘사할 때 사용하기도 했다. 회중교회 목사인 사무엘 웨스트는 1776년에 매사추세츠 배이 콜로니의 입법의원들에게 한 설교에서 "나로서는 하나님의 섭리로 이 대륙이 자유와 참 종교의 피난처가 될 것을 바라지 않을 수 없고, 심지어는 믿지 않을 수 없다"고 했다.[9] 미국은 실로 '교회의 영혼을 가진 국가'[10]가 되었던 것이다.

하지만 모든 사람이 그렇게 생각했던 것은 아니다. 토머스 제퍼슨은 교단의 도그마에 반기를 들고, 인쇄된 성경에서 문자 그대로 여러 부분을 잘라내고는 기적이 하나도 없는 예수 이야기를 이리저리 끼워 맞춰 46페이지짜리 '아주 작은 책'을 만들었다. 토머스 페인은 더욱 노골적이었다. 그는 프랑스어로 쓴 불경건한 책, 《이성의 시대*The Age of Reason*》에서 구약에 관해 이렇게 말했다. "성경의 절반 이상은 외설적인 이야기들, 관능적인 유흥, 잔인한 처형, 끊임없는 복수 등으로 가득 차 있고 … 인

신세계인 아메리카에서 최초로 인쇄된 유럽 언어 성경은 크리스토퍼 사우어가 1743년에 인쇄한 마르틴 루터의 독일어 번역판 1,200권이었다. 사우어는 식민지에 사는 독일인들이 자기네 문화를 보존하도록 돕고 싶어서 독일어 신문과 연감과 책을 출판했다. 그러나 그가 이룩한 최고의 업적은 바로 그 성경이었다. 저먼타운의 형제단(Brethren) 회중은 사우어의 집에서 25년도 넘게 모임을 가졌다. 그의 아들이 1763년에 두 번째 판을, 그리고 1776년에 세 번째 판을 인쇄했으나, 세 번째 인쇄물은 대부분 군인들에 의해 파손되었다.

류를 타락시키고 포악하게 만든 사악한 역사이다." 토머스 페인이 죽었을 때 〈뉴욕 시티즌〉지는 "장수하면서 약간의 선을 행하고 많은 해를 입힌 인물이었다"는 평가를 내렸다.

제퍼슨과 페인 같은 인물도 있긴 했지만 미국이 공유했던 언어와 유산은 바로 성경이었다. 미국인은 많은 도시에 성경적인 이름을 붙였고, 미국 문학에는 성경의 비유들이 스며 있었다. 벤자민 프랭클린과 국회의 한 위원회는 국가 인장印章에 미국이 영국에게서 자유를 얻은 것을 상징하는 것으로서 모세가 홍해를 가로질러 이스라엘을 인도하는 모습을 넣자고 제의했다.

아프리카계 미국인들도 똑같은 성경 이야기에 공감하되 문자 그대로 모세와 같이 "내 백성을 보내라"고 외쳤다. 성경을 읽는 노예 소유주들은 그것을 집안의 노예들에게 읽어주곤 했다. 일부 백인들은 흑인에게 글 읽는 법을 가르쳐서 스스로 성경을 읽게 하기도 했지만,[11] 대다수는 노예들이 문맹으로 남아 있는 것을 선호했다. 노예에게 성경을 읽어줄 때는 보통 "종들아, 모든 일에 육신의 상전들에게 순종하라"[12]는 것과 같은 단락을 포함시키기 일쑤였다. 그런데 노예들이 스스로 성경을 읽을 때는 거기에 "상전들아, 의와 공평을 종들에게 베풀라"[13]는 구절도 있다는 것을 알게 되었다. 아프리카계 미국인들은 성경의 이야기들을 접하면서 그들 나름의 이야기를 만들었고, 니그로 영가를 통해 그것을 다시 들려주곤 했다.

훗날 성경은 아프리카계 미국인들에게 불의를 비판할 수 있도록 자원과 언어를 제공해주었다. "W. E. B. 두보이스에서 토니 모리슨에 이르기

1725년과 1750년 사이에 제1차 대각성 운동이라 불리는 부흥의 물결이 식민지를 휩쓸어서 1774년과 1775년에 대륙 국회가 열렸을 때는 성경을 높이 존중하던 이들을 대표하는 인물들이 모였다. 1774년 9월, 국회 담당 목사였던 제이콥 뒤셰는 시편 35편을 읽은 뒤에, 하나님께 "이 아메리카의 주들을 … 자비로운 눈으로 내려다보시고, 진리와 정의, 신앙과 경건이 이 백성들 가운데서 꽃을 피우게 해주시도록" 기도함으로써 첫 번째 대륙 국회의 막을 올렸다. 그 기도가 거기에 모인 대표들에게 심대한 영향을 미쳤다고 존 애덤스는 말했다.

까지 흑인 작가들은 흑인의 고난을 상징하는 인물로서 예수를 떠올렸다."[14] 성경은 노예들과 흑인 자유민에게 천국에서뿐 아니라 지상에서의 더 나은 삶에 대한 희망을 불러일으켰다. 그들의 자손이 '피부색에 따라 심판을 받는 게 아니라 그 성품에 의해 심판을 받을 것'이라는 꿈을 품게 한 것은 성경의 이미지였고, 언젠가 "골짜기마다 돋우어지며 산마다, 언덕마다 낮아지며, 고르지 아니한 곳이 평탄하게 되며, 험한 곳이 평지가 될 것이요, 여호와의 영광이 나타나고, 모든 육체가 그것을 함께 보리라"[15]고 믿었다.

미국에서 최초로 인쇄된 책은 《배이 시편》이었지만 식민지 개척자들은 영국 법에 종속되어 있는 동안에는 킹 제임스 성경을 인쇄할 수 없었다. 성경의 판권은 왕에게 있었고 왕이 인가하는 인쇄소에서만 인쇄할 수 있었기 때문이다. 더군다나, 당시는 잉글랜드에서 성경을 더 쉽게 또 더 싸게 인쇄하여 미국으로 수출할 수가 있었다. 미국 식민지가 1776년에 독립을 선언하자 영국은 성경과 다른 책들을 미국으로 수출하는 것을 규제했고, 미국 국회는 입찰로 인쇄업자를 모집했다. 하지만 미국 내에서 성경을 인쇄하는 비용이 너무 높다는 것을 알고는 국회가 "홀란드나 스코틀랜드 등 다른 곳에서 2만 권을 수입하자"는 제안이 있었다. 그러나 영국 군대가 필라델피아를 장악한 데다 돈도 부족하여 도무지 성경을 수입할 수 없었다.

입찰에 응한 5명의 필라델피아 인쇄업자 중 하나였던 로버트 에이킨은 1777년에 신약성경을 인쇄했고, 그 사업이 성공함에 따라 전체 성경을 인쇄하기 위해 국회에 재정 후원을 요청했다. 후원금은 받아내지 못했지만 에이킨은 1782년에 전체 성경을 1만 권 인쇄했고, 그것이 미국에서 인쇄된 최초의 영어 성경이었다. 그리고 맨 앞에 1782년 9월 10일에 대륙 국회에서 통과된 결의안을 실었다.

성경은 아프리카계 미국인들에게 불의를 비판할 수 있도록 자원과 언어를 제공해주었다. 예를 들어, 마틴 루터 킹은 1963년 8월 28일 링컨 기념관의 계단 위에서 이사야 40장 4절을 언급하며 이런 연설을 했다. "나에게는 꿈이 있습니다. 언젠가 골짜기마다 돋우어지며 산마다, 언덕마다 낮아지며, 고르지 아니한 곳이 평탄하게 되며, 험한 곳이 평지가 될 것이요 여호와의 영광이 나타나고, 모든 육체가 그것을 함께 보리라는 꿈…. 이 믿음과 함께 우리는 절망의 산을 깎아내어 희망의 돌을 만들 수 있을 것입니다. 이 믿음과 함께 우리는 귀에 거슬리는 우리 나라의 불협화음을 아름다운 형제애의 화음으로 바꾸어놓을 수 있을 것입니다."

> 미국의 국회는 에이킨 씨의 칭찬할 만한 과업을 높이 평가하고 … 이 성경을 미국의 거주민들에게 추천하는 바이며, 이로써 그에게 이 추천서를 적당한 방식으로 출판할 권한을 부여하는 바이다.

지금까지 남아 있는 에이킨의 성경은 40권도 되지 않아 세계에서 가장 귀한 책 중의 하나로 꼽힌다. 성경이 인쇄되고 있던 때는 식민지와 잉글랜드가 싸우고 있던 시기였기에, 한번은 에이킨이 영국 군인의 손에서 활자를 보호하려고 그것을 창고에 묻어야 했다. 7년 뒤에는 에이킨이 국회에 앞으로 14년 동안 미국에서 성경을 인쇄할 수 있는 독점권을 달라고 요청했다. 요청은 거부되었고, 1800년에 이르면 미국의 여러 인쇄업자가 인쇄한 다양한 성경(신약은 15가지, 전체 성경은 20가지)이 존재하

THE CHICAGO TRIBUNE.

Revised New Testament Edition.

SUNDAY MAY 22, 1881—SIXTEEN PAGES.

THE NEW TESTAMENT OF OUR LORD AND SAVIOR JESUS CHRIST, TRANSLATED OUT OF THE GREEK:

PRINTED FOR CHICAGO AND THE NORTHWEST.

CHICAGO: THE CHICAGO TRIBUNE PRESS.

THE GOSPELS. ST. MATTHEW.

역사상 가장 긴 전보는 1881년 5월 22일자 〈시카고 트리뷴〉지와 〈시카고 타임즈〉지에 신약 전문을 싣기 위하여 뉴욕에서 시카고로 보낸 《개역 성경》의 118,000단어였다. 이 전보를 받은 뒤에 92명의 식자공이 신약성경의 활자를 맞추느라 12시간 일했다.

게 된다.

아일랜드 가톨릭 출신의 인쇄업자인 매튜 캐리는 필라델피아에서 인쇄소를 개업하여 1790년에 미국 최초의 영어 가톨릭 성경(두에-랭스 번역판)을 인쇄했다. 이 경우는 재정적으로 수지가 맞지 않았지만 1801년부터 인쇄하기 시작한 킹 제임스 성경은 굉장히 성공적이었다. 캐리는 성경의 대량 생산과 보급의 선구자로서 다양한 제본과 가장 '신기하고 비싸고 멋진' 성경을 만들어 가격 경쟁을 벌였다. 캐리의 순회 세일즈맨으로 일했던 메이슨 윔즈는 이렇게 썼다. "분명히 말하건대, 지금은 성경이 제철을 만난 것이다. 성경 사전, 성경 이야기, 일반적인 성경이나 풀어쓴 성경, 캐리 성경, 콜린 성경, 클락 성경, 킴프터 성경 등 무슨 성경이든 모두 너무도 넓게 뚫린 공중의 목구멍 속으로 빠져들 것이다."[16]

캐리의 사업은 1790년에 시작된 제2차 대각성 운동의 덕을 보았는데, 이 운동은 50년간 계속되면서 감옥 개혁, 금주, 여성 참정권, 노예폐지 등을 위한 운동을 이끌었다. 뉴욕 주의 중부와 서부 지역은 19세기 전반에 온갖 부흥운동이 휩쓰는 바람에 제7일 안식교와 몰몬교를 비롯한 많은 종교운동이 발생했다. 그리하여 종교개혁 당시에 가톨릭이 내세웠던 주장, 즉 개개인의 판단에만 맡겨두면 성경이 수많은 관점에 시달리게 되고 기독교가 수많은 분파로 나눠질 수 있다는 주장이 타당한 것처럼 보였다.

킹 제임스 성경은 1700년 이후에 미국 식민지 거주민들이 읽었고, 설

**좌** 개역 표준 성경(RSV)이 1952년에 출판되었을 때 150만 명이 3,500군데에서 열린 축하 의식에 참가했다. 이 사진은 번역위원회의 의장인 루터 위글이 해리 트루먼 대통령에게 한 권을 증정하는 장면이다. RSV는 폭넓은 호평을 받았고, 킹 제임스 성경의 아성에 도전하는 최초의 번역판이었으며, 성경 번역의 봇물을 터뜨리는 계기가 되었다.

**우** 시카고의 무디성경학교는 목사와 선교사, 기독교 교육가와 음악가 등에게 성경을 가르쳐온 가장 유명한 학교다. 1886년에 드와이트 무디가 설립한 이 학교는 출판 프로그램, 라디오 네트워크, 조종사 선교사를 위한 훈련 프로그램 등도 개발했다. 이 사진은 1892년에 찍은 교수진과 학생들이다. 중앙에 앉은 사람은 첫 교장이었던 R. A. 토리. 현재 시카고 중심가에 있는 본교에서는 4,000명의 학생이 성경을 배우고 있고, 스포케인, 워싱턴, 미시간의 플리머스 등지에 분교가 있다.

교자들이 제1차와 제2차 대각성 운동 때 사용했으며, 남북전쟁 당시 양측의 군인들이 모두 읽고 위로를 받았다. 킹 제임스 성경은 1760년대에 잉글랜드에서 한 차례 개정되긴 했지만, 최근의 언어로 바꾸고 웨스트코트와 호트의 그리스어 텍스트 등에 반영된 최근의 발굴에 기초해 본격적인 개정을 시도한 것은 1870년대에 이르러서였다.

19세기에도 소수의 성경 번역판이 등장하긴 했지만 어느 것도 오래 가지 못했다. 노아 웹스터가 1833년에 학교에서 사용할 목적으로 킹 제임스 성경을 개정한 적이 있다. 문법적으로 정확한지와 이해할 만한 단어인지를 확인하는 동시에 "특히 여성에게 너무도 거슬리고 청소년이 얼굴을 붉히지 않고는 읽을 수 없는 단락이 있어서 성경 과목을 듣는 것을 꺼리게 만드는" 표현을 제거하는 일에 중점을 두었다. 미국에서의 성경 이야기는 1881년부터 오늘에 이르기까지 성경을 영어로 옮긴 많은 번역판을 중심으로 묘사할 수 있다.

**개역 성경(RV) |** 신약은 1881년에 출판되어 열렬한 환영을 받았다. 첫 해에만 무려 3백만 부가 팔릴 정도였다. 신약 전문을 〈시카고 트리뷴〉과 〈시카고 타임즈〉에 속히 싣기 위해 마태복음에서 로마서까지의 내용(약 118,000단어)을 뉴욕에서 시카고로 전송했다. 일부 번역 정책(예컨대, 그리스어 단어를 항상 동일한 영어 단어로 번역한다는 것) 때문에 딱딱하게 읽히는 게 흠이다. 그래서 영국인 설교자인 찰스 스펄전은 "그리스어에는 강하나 영어에는 약하다"는 평가를 내렸다. 구약은 1885년에 출판되었다.

**미국 표준 성경(ASV) |** 미국의 한 위원회가 영국판 개정자들과 협의한 다음 1901년에 출판했다. ASV는 영국판이 영국에서 얻은 반응보다 미국에서 더 오랫동안 환영을 받았다. 그러나 둘 다 킹 제임스 성경을 대체하는 데는 실패했다.

**개역 표준 성경(RSV)** | 1929년에 이르러 세계교회협의회WCC는 새로운 번역판이 필요하다고 판단했다. 그래서 토마스 넬슨 앤 선즈 출판사와 10년간의 출판 독점권 계약을 하고 그로부터 기금을 받아 만든 성경으로서, 신약성경은 1946년에, 전체 성경은 1952년에 각각 출판했다. 개역 표준 성경이 논란을 불러일으키긴 했지만(근본주의와 복음주의 입장을 지닌 프로테스탄트는 KJV를 선호하고, 자유주의 프로테스탄트는 RSV를 사용했다), 킹 제임스 성경의 아성에 도전한 최초의 번역판이었다. 그것은 또한 성경 번역의 봇물을 터뜨린 계기가 되기도 했다. 개역 표준 성경을 성적 구별이 없는 언어로 바꾼 새 개역 표준 성경NRSV은 1989년에 출판되었다.

**새 영어 성경(NEB)** | 영국 학자들과 유럽 학자들의 합작품으로 쉽게 이해할 수 있는 성경을 만들려고 역동적 등가의 원칙을 이용한 번역판이다. 이 성경은 공식적인 위상과 학문적인 번역가들로 인해 중요한 번역판으로 여겨지긴 하지만 인기를 누린 적은 없었다.

**새 미국 표준 성경(NASB)** | 1942년에 남부 캘리포니아에서 감귤 농장을 경영하는 부유한 농부 듀이 로크맨은 복음전도와 기독교 교육과 자선사업을 도모하기 위해 재단을 설립했다. 이 재단의 첫 성경 번역판은 많은 단어의 동의어와 정의를 텍스트에 포함시킨 확대역 성경Amplified Bible이었다. 새 미국 표준 성경은 미국 표준 성경을 시대에 맞추어 새롭게 개정한 축어적인 번역판이며, 개역 표준 성경에 비해 신학적으로 보수적이다.

**좋은 소식 성경(GNB, 본래 명칭은 Today's English Version/TEV)** | 미국 성서공회가 역동적 등가의 원칙을 이용해 만든 성경으로서 TEV 신약성경은 처음 다섯 해 동안 3천만 부가 팔렸고, 빌리 그레이엄과 로마가톨릭교회와 많은 프로테스탄트 교단들이 추천했다. 좋은 소식 성경은 단순한 일상어로 쓰여 있어서 영어를 제2외국어로 구사하는 자들과 어린이와 성

**좌** 성경은 많은 번역판이 있을 뿐 아니라 그 모양새와 특징도 아주 다양하다. 《바이블진*Biblezine*》은 성경 텍스트와 더불어 사진과 글이 군데군데 실린 잡지 모양의 성경이다. 《리볼브*Revolve*》는 십대 소녀를 위한 것이고, 《리퓨얼*Refuel*》은 십대 소년을 위한 것이다. 그리고 여성을 위한 《비커밍*Becoming*》도 있고, 남성을 위한 《얼라인*Align*》도 있으며, 6세에서 10세까지의 남자아이를 위한 《바이블맨 컴뱃 매뉴얼*Bibleman Combat Manual*》이란 것도 있다.

**우** 켄 테일러가 성경을 읽은 뒤에 자녀들에게 질문을 하면 그들은 그저 어깨를 으쓱거릴 뿐이었다. 하지만 성경을 풀어서 설명해주면 "그들은 해답을 알았고" 이를 계기로 《살아 있는 성경*The Living Bible*》을 출판하게 된 것이다. 빌리 그래함이 이 성경을 청중들에게 추천하자 베스트셀러가 되었고 마침내 4천만 부 이상이 팔렸다.

경에 생소한 사람들에게 적합하다. 특히 1960년대와 1970년대의 히피 문화 속에서 회심한 예수쟁이들Jesus People에게 인기가 있었다. 1995년에 미국 성서공회는 GNB를 대체하기 위해 《현대 영어 성경CEV》을 출판했다.

**살아 있는 성경(LB)** | 무디성경학교에서 일하던 켄 테일러Ken Taylor는 열 명의 자녀와 경건의 시간을 가지려고 했으나 그들이 킹 제임스 성경이나 개역 표준 성경을 이해하지 못하고 있음을 알게 되었다. 하지만 그가 읽고 있던 한 장章을 다른 말로 바꾸어 읽어주자 "그들은 내가 묻는

모든 질문에 답할 수 있었다!" 테일러는 결국 틴데일 출판사를 설립하여 《살아 있는 편지*Living Letters*》, 《살아 있는 복음서》, 《신약성경》을 차례로 출판한 뒤에 1971년에는 완전한 성경을 출간했다. 따라서 《살아 있는 성경》은 단순한 번역판이 아니라 해석이 담긴 성경이라고 할 수 있다. 이 성경은 굉장한 인기를 누린 나머지 무려 4천만 부 이상이 팔렸다. 《살아 있는 성경》의 전통을 이어받고 역동적 등가의 원칙을 이용한 학자들이 만든 번역판이 1996년에 출판되었으니 바로 《새로운 살아 있는 번역판NLT》이다.

**새 국제 성경(NIV) |** 일단의 복음주의 프로테스탄트 성경학자들이 뉴욕성서공회[17]의 본부 건물을 매각한 돈으로 완전히 새로운 번역판을 만들었다. 그 목표는 정확하고 아름답고 명쾌하고 품위 있고, 공적으로나 사적으로 읽기 좋고, 가르침과 설교와 암송과 의례용으로 사용하기에 적합한 번역판을 만드는 것이었다. NIV를 출판한 존더반 출판사에 따르면, 이 성경은 가장 대중적인 현대의 영어 번역판이 되었다고 한다. 이를 개정한 《오늘의 새 국제 성경*TNIV*》은 2002년과 2005년에 출판되었다.

**새 킹 제임스 성경(NKJV) |** 그동안 출판된 여러 킹 제임스 성경 개정판 가운데 가장 최신판이다. 용어는 시대에 맞춰 개정하되 킹 제임스 성경의 아름다움과 장엄함은 그대로 유지하는 것을 목표로 삼았다. 토마스 넬슨 출판사가 그 개정 작업을 의뢰했다. 하지만 개역 성경, 미국 표준 성경, 개역 표준 성경 등 대다수의 현대 번역판과는 달리, 신약성경은 최초의 KJV 번역가들이 사용했던 그리스어 텍스트와 비슷한 비잔틴 그룹에 기초한 그리스어 텍스트로부터 번역했다.

**메시지(*The Message*) |** 장로교 목사인 유진 피터슨이 의역한 성경이다. 서문에서 피터슨은 의역의 목표가 "성경의 어조와 운율과 사건과 아이디어를 우리가 실제로 생각하고 말하는 방식으로 바꾸는 것"이라고 한다.

**영어 표준 성경(ESV)** | RSV를 복음주의적으로 개정한 성경이다. 새 국제 성경보다 더 문자적이고, 개역 표준 성경보다 더 보수적이며, 새 미국 표준 성경보다 더 읽기 쉽다. 번역가들은 본질적으로 축어적 정확성을 강조한 문자적인 번역이되 동시에 최대한 킹 제임스 성경의 문학적 위력을 견지하려고 노력했다고 한다.

1881년에 개역 성경이 출판된 이래 성경 번역판이 급격하게 늘어났을 뿐 아니라, 갈수록 색채와 장정과 모양새가 더 다양해졌다. 예컨대, 야외 활동가를 위한 위장된 표지, 여자 아이를 위한 작은 공주 성경, 십대 소년을 위한 《바이블진*Biblezine*》과 같은 것들이다. 아울러 성경 본문에 추가된 자료의 양과 유형에 따라 관주 성경, 가족용 성경, 학습용 성경 등으로 나눠지기도 한다. 학습용 성경으로는 스코필드 관주 성경, 열린 성경, 라이리 학습용 성경 등이 유명하다. 그리고 이런 성경 번역판들은 녹음 테이프, 온라인, 다양한 전자 포맷 등으로 접할 수도 있다.

이제 내가 더 이상 무엇을 말할 수 있을까? 과학과 성경에 관한 논쟁, 학교에서의 성경읽기를 둘러싼 논란, 해방신학에서 성경을 사용하는 방식, 성경학교의 설립, 성경공부 수련회, 성경중심 교회 등은 시간이 부족하여 다룰 수 없다.

제1차 세계대전과 제2차 세계대전 사이에 성경은 미국에서 영향력을 상실하기 시작했다. 교회도 예전처럼 믿음에 초점을 맞추기보다는 사교적인 모임에 더 중점을 두게 되었다. 미국인들이 이제는 대화에서 성경적인 용어를 사용하지 않고 세속적인 비종교적 용어로 이야기하기 시작했다. 성경은 '교회와 국가의 분리' 캠페인의 일환으로 장터와 교실에서도 분리되었다. 미국은 더 이상 성경적 이미지, 성경적 언어, 성경의 가르침으로 가득 찬 나라가 아니다.

그럼에도 미국 가정의 92퍼센트가 성경을 갖고 있고,[18] 연구조사에 따르면 놀랍게도 미국인의 47퍼센트가 교회 밖에서 적어도 일주일에 한 번은 성경을 읽는다고 한다.[19] 그렇지만 미국인은 전반적으로 성경의 내용에 대해 무지한 편이다. 수많은 미국인들에게 성경은 여전히 모든 진리 위의 진리이긴 하지만, 더 이상 모든 이야기 위의 이야기는 아니다. 다수의 미국인이 성경을 믿는다고 말은 하지만, 성경이 무엇을 말하는지 모르는 경우가 많은 실정이다.

## 성경 번역 이론

모든 성경은 똑같은 것을 말하고 있을까? 보통은 그렇지만 항상 그런 것은 아니다. 가령, 로마서 16장 20절의 마지막 문장 "우리 주 예수의 은혜가 너희에게 있을지어다!"(한국어 개역개정판)는 다음과 같이 다양하게 번역되어 있다. "The grace of our Lord Jesus Christ [be] with you. Amen!"(Young's Literal Translation). "I pray that our Lord Jesus will be kind to you"(CEV, 우리 주 예수께서 너희에게 친절을 베풀기를 기도하노라). "May the undeserved favor of our Lord Jesus be with you all"(Cotton Patch Version, 우리 주 예수의 과분한 은총이 너희 모두에게 있을지어다). "Enjoy the best of Jesus!"(《메시지》, 예수께서 주시는 최고의 것을 누릴지어다!)

성경 번역가는 원문에의 충실성과 가독성 중 어느 하나를 선택해야 한다. 문자적인 번역이 문제에 봉착하게 될 때는 단어들만 번역하고 독자로 하여금 그 의미를 파악하게 내버려둔다. 의역이 문제에 봉착하게 될 때는 독자를 위해 본래의 단어를 해석해준다. 그런데 그 해석이 원문의 뜻이나 뉘앙스를 정확히 전달하지 못할 때에 문제가 생기는 법이다.

사도행전 10장 44-45절은 베드로의 설교를 듣는 모든 사람들에게 성령이 내려오는 장면을 묘사하고 있다. 문자적인 번역판인 NASB는 "베드로와 함께 온 모든 할례 받은 신자들은 이방인들에게도 성령의 선물이 부어지는 것을 보고 놀랐다"고 번역했다. 할례는 선한 유대인 남성의 신체적인 징표였으므로 '할례 받은 신자들'이란 곧 '유대인 신자들'을 가리키는 말이었다. 그래서 누가는 '할례 받은 신자들'이란 어구를 사용했는데, 미국인 독자는 그런 문화적 배경을 모르고 있기 때문에 NLT는 사도행전 10장 45절을 이렇게 번역한다. "베드로와 함께 온 유대인 신자들은 이방인들에게도 성령의 선물이 부어지는 것을 보고 놀랐다." 《메시지》는 한층 더 의역하여 이런 식으로 '이방인'을 설명해주고 있다. "베드로와 함께 온 믿는 유대인들은 믿기지 않았다. 유대인이 아닌 '외인'에게 성령의 선물이 부어지는 것이 도무지 믿기지 않았던 것이다."

번역에는 두 가지 접근이 있는데, 하나는 형식적 등가(formal equivalence, 가능한 한 원문에 가깝게 축어적으로 번역한다는 뜻)라고 부르고, 다른 하나는 역동적 등가(dynamic equivalence, 모든 단어를 그대로 번역하지 않거나 본래의 단어 순서를 좇지 않더라도 본래의 생각과 일치하는 방향으로 번역한다는 뜻)라고 부른다. NASB는 형식적 등가의 원칙을 따르는 데 비해, 《메시지》는 역동적 등가[20]의 원칙을 자유자재로 활용하고 있다. NIV는 양자의 균형을 맞추려고 한다.

모든 성경이 똑같은 것을 말하고 있는지 여부가 흥미로운 질문인 이유는 특정한 관점을 옹호하는 성경 번역이 있기 때문이다. 킹 제임스 성경은 위클리프와 틴데일을 좇아 그리스어 단어 *baptizo*를 번역하지 않고 단순히 '*baptize*'로 음역했다. 그런데 1826년에 킹 제임스 성경을 개정한 알렉산더 캠벨 판은 *baptizo*를 'baptize' 대신에 '침례를 베풀다'로 번역하는 이른바 '침례파' 번역판의 하나다.[21] 미국 성서공회는 이 문제를 둘러싸고 승산이 없는 논쟁을 벌인 결과 1836년에 미국 및 해외 성서공회(American and Foreign Bible Society)를 창립하여 '침례파 성경'을 출판하기에 이르렀다.

새 세계 번역판(New World Translation, 1950, 1961)은 여호와의 증인이 만든 성경으로서, 상당히 문자적인 번역이지만 그들의 가르침을 반영하는 특이한 요소를 갖고 있다. 예를 들면, 여호와의 증인은 예수를 하나님이 아니라고 가르치기 때문에 요한복음 1장 1절을 이런 식으로 번역했다. "In the beginning was the Word(예수를 언급하는 단어), and the Word was with God, and the Word was a god." 여기서 마지막 어구를 "the Word was God"(KJV) 대신에 "the Word was a god"으로 번역하고 있음을 주목하라.

RSV의 번역 원칙 중의 하나는 구약을 번역할 때 신약의 해석을 고려하지 말아야 한다는 것이었다. 그 결과 가장 논란이 되는 구절은 이사야 7장 14절이다. 이 구절을 KJV는 "Behold, a virgin(처녀) shall conceive, and bear a son, and shall call his name Immanuel"로 번역하는 데 비해, RSV는 "a young woman(젊은 여인) shall conceive and bear a son"으로 번역하고 있다.

번역판이 역동적 등가의 원칙을 더 강하게 따를수록(즉, 의역을 더 많이 할수록) 번역가의 관점이 더 많이 나타나기 마련이다. 특히 《살아 있는 성경》과 《메시지》같이 개인이 의역한 경우에는 더욱 그러하고, NASB와 NKJV와 같이 위원회가 문자적으로 번역한 경우는 덜 그러하다.

성경 번역에서 논란이 되는 또 다른 문제는 성적 차별이 없는 용어를 사용하는 것이다. 이를테면, NIV는 KJV에 나오는 'man'과 'brothers'를 때때로 'human beings'와 'brothers and sisters'로 바꾼 판을 출판했다.

## 존 엘리엇이 번역한 알공퀸 성경 ALGONQUIN BIBLE

"Mamusse Wunneetupanatamwe Up-Biblum 성경은 세계에서 가장 중요한, 읽을 수 없는 책이 틀림없다"[22] 고 크리스토퍼 드 하멜은 말한다. 미국에서 최초로 인쇄된 성경은 매사추세츠의 록스베리에 있는 교회의 목사였던 존 엘리엇이 알공퀸의 마사추세트(나티크, 왐파노그, 포카노케트 등으로 불리기도 한다) 방언으로 번역한 것이었다. 엘리엇의 성경은 번역가가 모국어가 아닌 다른 언어로 번역한 최초의 완역 성경이었다는 점에서도 중요하다. 예전에 학자들이 성경을 그리스어나 히브리어나 라틴어에서 모국어로 번역한 적은 있었다. 하지만 엘리엇은 그 부족을 복음화시키기 위해 본인이 막 배우고 있던 언어로 성경을 번역한 것이었다. 그의 선교 사역, 언어 공부, 문맹 퇴치 등은 훗날의 많은 성경 번역가들에게 좋은 본보기가 되었다.

알공퀸은 당시에 세계에서 가장 어려운 언어로 꼽혔다. 코턴 마더는 "그 언어는 우리에게 친숙한 어떤 유럽 언어와 비슷한 점도 없고 거기서 파생된 면도 없다"고 했으며, 그 단어들이 얼마나 긴지를 얘기하면서 그의 '독자'[23] 에게 "이 한 단어('우리의 정욕'을 뜻하는 Nummatchekodtantamoonganunnonash)에 얼마나 많은 철자가 들어 있는지 세어보라"고 권했다.

알공퀸 신약성경은 1661년에 출판되었고, 뉴잉글랜드에서 사역하던 복음전도회(영국 선교회의 하나)의 재정 후원을 받아 1663년에 전체 성경이 출판되었다. 두 번째 판은 필립 왕으로 알려진 왐파노그 추장이 1675년에 영국에 대항하여 일으킨 전쟁에서 많은 성경이 파괴된 뒤에 인쇄되었다. 그리고 엘리엇은 1666년에 《인디안 말의 문법 기초》를 출판했다. 훗날의 번역 선교사들처럼 엘리엇은 왐파노그에 문자를 선사해주었고, 마사추세트어로 만든 유언장과 증서와 여러 문헌은 지금까지 남아 있다.

여기에 실린 두 페이지는 국회도서관에 소장된 그 성경에서 욥기의 끝 부분과 시편의 첫 부분을 따온 것이다. 존 엘리엇은 왐파노그 부족이 성경을 공부할 수 있도록 앞뒤 참고 구절을 달아놓기도 했다.

왐파노그 부족민 2,000여 명은 아직도 매사추세츠 동남부에 있는 플리머스 카운티를 중심으로 생존하고 있다. 하지만 그 언어는 부활시키려는 노력에도 불구하고 사멸된 것으로 간주되고 있다. 1980년에 하버드대학교의 구내를 발굴한 결과 엘리엇의 알공퀸 성경을 인쇄하는 데 사용되었던 몇 개의 활자와 1666년판 《인디안 말 문법》을 발견했다.

10 Kah Jehovah quinnupinum ummissinó-
oonk Job, peantamwanshont weetompoh ;
kah wonk Jehovah wunneese tahshe aninnum-
auon Joboh, neadtahshadchásuob negonne.
11 Neit peyaonuk wame weematoh, kah
wame weetompasu, kah wame neh negonne
womónukuhpoh, kah ꝏweeche meetseuonk-
quoh ut weekit, kah nag ummauémꝏuh, kah
ꝏweekontamwaheóuh papaume wame ne
machuk ne Jehovah nohkenumauont : kah
wonk nish noh pasuk wuttinnumauoh kod-
chuhki money, kah nish noh pasuk golde
sogkussohhou.
12 Neit Jehovah wunnantam wutogkom-
áiyeum Job ánue onk negonáe : newutche
noh nabo yauut muttannonganogkussuoh
wutsheepsumoh, kah nequtta tahshe muttan-
nonganogkussuog kamelsog, & nequt muttan-
nonganogkussuh yoakse oxenoh, kah nequt
muttanonganogkussuoh squoshimwe assesoh.
13 Kah wonk nesausuk tahshompaegheau,
kah nishuoh wuttaunoh.
14 Kah mohtoméginitcheh hennau Jemi-
ma, kah noh adtoekit ussowesu Kezia, kah
nashꝏit ussowesu Keren happuch.
15 Kah wame ne ohkeit wanne howane
mittamwussissog ne wuttin wowunnekéineau
neane wuttaunoh Job : kah ꝏshꝏoh anin-
numunkquog ohtóonk ut kenugke weemat-
tꝏóut.
16 Mahche yeu n nag, Job pomantam ne-
qut pasukꝏe kah yauunchage kodtumwae,
kah naau wunnaumonuh, kah wunnaumonuh
wunnaumonáuh, yaue pometuongash.
17 Neit nuppꝏ kohchisuit kah numwoh-
tau ukkesukodtumash.

---

# Up-Bookum *PSALMES.*

## PSAL. I.

a Prov. WUnanumau a missinnin noh matta aonk
4.14. wussuwonganit matchetou, asuh mat-
ta neepauꝏk, ummáyeuout matche-
seaenuog, asuh matta ápegk wutappuong-
anit mamanowontamwaénin.
2 Qut wuttinnꝏwaonganit Jehovah wut-
tapeneaumꝏonk , kah wuttinnꝏwaonk
b Josh.1 b missantam kesukodtaeu kah nukkonáeu.
8. Psal. 3 Kah ogqueneunkqussu mehtugqut
119. ahketeámuk ut kishke sepupogqut , noh
1. Jer. ummeechummuonk uppaudtunk nehenwon-
17.8, che uttꝏwutchu : kah ꝏneepog matta pish
nꝏkshaunꝏh, kah wame uttoh áiit pish mis-
ségen.
4 Matta neane matchetukeg : qut ogque-
c Ps.35. neunkqussuog d wossadteaumunit , uttiyeu
5. Isa. tꝏunontog waban.
17.13. 5 Newutche matta neepauóog matchee-
tupanatogig wussittumꝏonganit ; asuh mat-
cheuttecheg ut ummukkinneonganit wun-
nomwaeussecheg.
6 Newutche ꝏwahteóun Jehovah um-
mayash sampwesecheg : qut ummayou mat-
cheetupanatogig pish awakompanómꝏ.

## PSAL. II.

a Acts TOhwutch a penuohteáog musquantam-
4.25. ohettit, kah missinninnuog unnantam-
onettit tahnꝏche teaguas.
2 Ketassꝏtamwog ohkeit chipaphéaog
wuhhogkauh, & nanánuácheg kenꝏnittuog
ayeuuhkonittue Godut, kah ayeuuhkonittue
sasequnónche, nꝏwaog.
3 Paskuhkommuttuh wutahtagkupsꝏ-
ongash, amáuhteátuh uppémunohteanꝏash,
b Prov. wutch kuhhogkanónut.
1.26. 4 Nôh apit kesukqut hahánou : a Ma-
nit ummómontauoh.
5 Onk pish nahhoh kenꝏnuh musquan-
tog : pish wutchepheuh mꝏcheke musquan-
tog.
6 Qut onch nuppon nukketassꝏtamom
nꝏnetupanatamwe ut wadchumut Sion.
7 Nꝏwahteauwáhuwam kesantamóonk
b Jehovah nuttugkup, ken nunnaumon, yeu c Acts.
kesukok kꝏnaumónіyeumsh. 13.33.
8 Wehquetumah , c onk kittinnumoush Heb.1.
penowohteáog wutche kꝏkompuhchasuash, 5.
kah aongkóe anohkeꝏg wutche kutahtó- d Psal.
onk. 72.8.
9 Pish d kusukquttahwhôog nashpe mó- e Rev.
ohshogque anwohhou , pish kussꝏkquoh- 2.27.
konog onatuh ahkuhqutteaénin ꝏwisquadt. & 19.
10 Waantamꝏk yowutche, woi ketas- 15.
sꝏtamwog, netuhtauꝏk kenaau wussittam-
waenuog yeu ut ohkeit.
11 Waussumook Jehovah nashpe wabesu- f Pro.
onk, weekontamꝏk nashpe nunnukshaonk. 16.20.
12 Chipwuttꝏunápꝏk wunnaumónain, Isay.
ishkont musquantog, kah kuppaguanimwꝏ 30.18.
wutche mayut : e ummꝏsquantamꝏonk Jer.17.
nashqunák webe ogguhsemese, ꝏnanumóog 7.Ro.
n nag paubuhtanumoncheg. 9.33.

## PSAL. III. & 10.

*Ukketeohkomaonk* David , *a tommutauont* 11.
*wutch anaquabit* Absolomwoh *wunnau-* a 2 Sam
*monuh.* 15.15.

JEhovah, toh nuttin kꝏhkꝏtne neg wad-
taméhitcheg monaog neg ayeuohkósit-
cheg.
2 Monaog weatimoncheg nukketeahog-
konuh : matta ahtôou aninnummoadtuonk
ut Godut. Selah.
3 Qut ken woi Jehovah, nutógquneg, nus-
sohsumóonk,



sohsumôonk , kah noh tohshinuk nuppuh-
kuk.
4 Nummauunitteau God nashpe nummish-
ontowáonk, onk nunnꝏtunk wutch ꝏne-
tupantamwe wadchumut. Selah.
a Psal. 5 Nussepsinup , kah nukkoueep , a nut-
4.8. tꝏkep, newutche Jehovah nanaihuk.
b Psal. 6 Matta woh nꝏwabesuónuh b piogqut
27.3. muttanonganogkussuog missinninnuog, wee-
nuhkoiehettit.
7 Neepaush Jehovah, wadchánеh woi
num-Manittꝏm, newutche ken kuttógkom
wame nummatwomog ut wutompikkonnꝏ-
wóut : kuppohquetahham weepittash mat-
cheetou.
c Isai. 8 Wadchanittuonk c wutchaiyeumꝏ
43.11. Godut : kꝏnaneteáonk ut kummissinnin-
Hosea numitu. Selah.

## 13.4. PSAL. IV.

*Nahtompuhpequodt ut* Neginoth, *ketohhoma-*
*onk* David.

NOOtah nanompussumunon, woi num-
Manittꝏm nꝏnomwaeusseonk, kus-
sohwhuneup, kobhóseon, kitteamonteanum-
eh, kah nꝏtash nuppeantamówonk.
2 Woi kenaau wunnaumonoh woskeтom-
paog, toh uttꝏche kukquinnuppémwꝏ nus-
sohsumówonk en akodchinat ? kah kꝏ-
womantamumwꝏ tohnꝏche usseonk , kah
kenátinnehamwꝏ pannꝏwaonk ? Selah.
3 Qut wahteauꝏk, Jehovah wutchippe-
ponamonuh wáneetupanatamunutcheh, Je-
hovah nunnꝏtunk wehquetumauog.
4 Wabesek, kah ahque matchesek, nꝏ-
wagk nehenwonche ketahhꝏwóut ut kutap-
pinneôut, kah chequnussinꝏk. Selah.
a Psal. 5 Sephamók a God wunnomwausseae sep-
50.14. hausseonk, kah ꝏnamptók Jehovah.
& 51. 6 Monaog nꝏwaog howan nahtinukqueog
19. wanegik? Jehovah tohshinumaiinnean ꝏwe-
quáꝏm kuskesuk.
7 Kummagun weekontamowonk ut nut-
tahhut , mꝏcheke onk mônakish ꝏweat-
chiminneoash kah ꝏskeu winneumꝏ.
8 Na neese wunnohteáe nusseepsin kah
b Psal. nukkouem, b newutche webe ken Jehovah,
8.5. kutáyimah nánauwantamóe wunáyeuonk.

## PSAL. V.

*Nahtompuhpequodt* , Nehiloth : *Ukketeoh-*
*hamaonk* David.

NOOtash nukkuttꝏwonganash, woi Je-
hovah, natwontash nunnatwontamo-
wonk.
2 Kukkeihtash nꝏwadtauatonkqussue
mauwonk, nuk-Ketassꝏtomꝏm, kah num-
Manittꝏm , newutche ken kuppeantam-
oush.
a Psal. 3 a Nꝏwodtauatonkqussuonk woh kenꝏ-
130.6. tam nompoáeu, woi Jehovah : nompoáeu
kussampwunnumauunun nuppeantamóonk,
kah nuttushpoquáim.
4 Newutche ken Manit, matta kuttapene-
aumꝏh matcheseonk , onk matta kꝏwee-
tomukꝏh matcheseonk.
5 Mattammaguog matta pish neepauꝏog
anaquabean , kussekeneau wame anakausit-
cheg matcheseonk.
6 Pish kuppaguanóog nag pannꝏwacheg :
Jehovah ukkogkoánumau sheuteaénúh kah
asꝏkekodteaenúh.
7 Qut neen nuppetutteam keekit, newut-
che mónatash kummonaneteaonganash : kah
kꝏwabissuónitteonganit kꝏwôwussumush,
en nogque kꝏnetupanatámukkomukqut.
8 Sagkompaguneh, woi Jehovah, en kꝏ-
nemwausseonganit, newutche nummatwom-
og : sampweteaush kummay ut anaquabeh.
9 Newutche matta wunnomwayeuongan-
inno ut wuttꝏnꝏwóut, wuttinnomaiyeum-
ꝏwóut matcheseongash : ukquttunganꝏ
b wôshwi weenohkeyeuꝏ, nanwonyeumꝏ- b Rom.
wog ut weenannꝏwóut. 3.13.
10 Páguas naghog woi God, penushahet-
tich nashpe nehenwonche ukkenꝏnittuong-
anuwóut : pogkenok newutche monakish
ummatcheseonganꝏóash , newutche kuk-
keitohteanánittuwáhukquog.
11 Qut wame yeug paubuhtanumukque-
aneg, weekontamohettich, nagwutteáeu wee-
kontamóe mishontꝏwahettich , newutche
nag kukkinhamauog : onk nag womontogig
kꝏwesuonk weekontamowónukqush.
12 Newutche ken Jehovah kꝏnanum wa-
nomwae ussecheg : nashpe kꝏwomóussuonk
kꝏweenuhkau, onatuh ogqunneg.

## PSAL. VI.

*Nohtompuhpequodt* Neginoth, *ut* Sheminith :
*Ukketeohhamaonk* David.

WOi Jehovah ahque áuskomeh a ut a Psal.
kummusquantamowonganit , onk 26.1.
ahque sasamakoúheh ut kussópetáe kummus-
quanetamꝏwonganit.
2 Monanumeh , woi Jehovah, newutche
nꝏchumwes : woi Jehovah, neetskeheh, ne-
wutche nussaúꝏkon.
3 Nukketeahogkou wonk mꝏcheke onk-
uppunnau : qut ken, woi Jehovah, aquom-
pak.
4 Quinnuppish, woi Jehovah, pohquah-
wus nukketeahogkou : woi wadchaneh, ne-
wutche kummonaneteaonk. b Psal.
5 Newutche nápumukish b matta kum- 30.10.
mequanumitteoh : ut weenohket howan ta- & 88.
buttantamunkquean. 11. &
6 Nussauanum nutáiukkóntowáonk, qun- 115.17
nenohkon nutaiyum nutappen pomonsꝏ- & 118.
wémou , ut nashpe nussuppequash nutog- 17.
quehchippadtóh nutappin. Isa.38.
7 Nuskesukquash mohtupaemoash wutch 18.
mauonk : nano wussesekshau newutche wa- c Matt.
me nummatwomog. 7.23.&
8 Amaeitaegk wame c anakauseógish mat- 25.41.
cheseonk : newutche Jehovah nꝏtam num- Luke
mauongane wadtauatongqussuonk. 13.27.

## 배이 시편THE BAY PSALM BOOK

미국에서 최초로 인쇄된 책은 매사추세츠의 케임브리지에서 스티븐 데이가 인쇄한 《배이 시편》이었다. 이는 그 제목이 말해주듯이 "시편 전체를 영어 운율에 맞추어 충실하게 번역한 책"이었다. 리처드 마더, 토머스 웰드, 존 엘리엇 등 '경건하고 유식한 목사들'이 몇 가지 친숙한 곡조의 운율에 맞추어 번역했다. 이에 대해 마더는 서문에서 이렇게 설명했다. "이 구절들이 흔히들 기대하는 만큼 언제나 아주 부드럽고 우아한 것은 아니다. 왜냐하면 번역가들이 그 구절들을 매끈한 글로 다듬지 않고 오히려 우아함보다는 양심에, 시적인 표현보다는 충실함에 더 비중을 두었기 때문이다."
《배이 시편》은 다섯 권으로 되어 있다. 1640년에 인쇄한 이 두 페이지는 시편 41편의 끝 부분과 제2권의 첫 부분이자 시편 42편의 첫 대목이다. 시편 42편을 소리 내어 읽어보면 운율에 맞춘 시편을 어떻게 찬송으로 불렀는지 실감할 수 있을 것이다.

| | |
|---|---|
| Like as the hart panting doth bray | 사슴이 시냇물을 찾기에 |
| after the water brooks, | 갈급함같이 |
| even in such wise, O God, my soul | 내 영혼이 주를 찾기에 |
| after thee panting looks. | 갈급하나이다. |

1640년에 인쇄된 《배이 시편》의 초판은 모두 1,700권이었다. 1647년에 인쇄된 재판에는 성경의 다른 부분에서 가져온 몇 가지 노래가 추가되었다. 제3판은 1650년에 찍었고, 그 후 100년에 걸쳐 미국과 잉글랜드에서 수많은 판이 거듭되었다.
《배이 시편》을 컴퓨터로 보려면 현존하는 초판 11권 가운데 두 권을 갖고 있는 보스턴의 올드 사우스 교회의 웹 사이트를 참고하라. http://www.oldsouth.org/pubs/BayPsalmBook/BayPsalmbook.html.

mercifull unto mee;
heale thou my soule,because that I
have sinned against thee.
5 Those men that be mine enemies,
with evill mee defame:
when will the time come hee shall dye,
and perish shall his name?
6 And if he come to see *mee*,hee
speaks vanity: his heart
sin to it selfe heaps, when hee goes
forth hee doth it impart.
(2)
7 All that me hate,against mee they
together whisper still:
against me they imagin doe
to mee malicious ill.
8 T*hus doe they say* some ill disease,
unto him cleaveth sore:
and *seing now* he lyeth downe,
he shall rise up noe more.
9 Moreover my familiar freind,
on whom my trust I set,
his heele against mee lifted up,
*who* of my bread did eat.
10 But Lord me pitty, & mee rayse,
that I may them requite.
11 By this I know assuredly,
in mee thou dost delight:
For o're mee triumphs not my foe.
12 And mee, thou dost mee stay,
in mine integrity;& set'st

mee



mee thee before for aye.
13 Blest hath Iehovah Israels God
from everlasting *been*,
also unto everlasting:
Amen, yea and Amen.

---

THE

# SECOND BOOKE.

## PSALME 42

To the chief musician, Maschil, for the Sonnes of Korah.

LIke as the Hart panting doth bray
after the water brooks,
even in such wise o God, my soule,
after thee panting looks.
2 For God, even for the living God,
my soule it thirsteth sore:
oh when shall I come & appeare,
the face of God before.
3 My teares have been unto mee meat,
by night also by day,
while all the day they unto mee
where is thy God doe say.
4 When as I doe in minde record
these things, then me upon
I doe my soule out poure, for I
with multitude had gone:
With them unto Gods house I went,
with voyce of joy & prayse:

I with

## 로버트 에이킨이 인쇄한 성경

미국에서 최초로 인쇄된 영어 성경은 필라델피아의 인쇄업자인 로버트 에이킨이 1782년에 만든 것이었다. 에이킨은 스코틀랜드에서 미국으로 이주한 뒤 책 장사를 거쳐 인쇄업자가 된 인물이었다.

식민지 개척자들은 영국의 법에 종속되어 있는 한 킹 제임스 성경을 인쇄할 수 없었는데, 그 판권이 예나 지금이나 영국 왕실에 있으므로 왕이나 여왕의 인가를 받아야만 인쇄할 수 있기 때문이다. 미국이 영국에게서 독립을 선언하자 식민지 거주민은 더 이상 영국 법에 지배를 받지 않게 되었고, 잉글랜드에서 오던 성경을 비롯한 많은 물품의 수입이 중단되었다. 에이킨은 신약성경을 1777년에 인쇄하기 시작하여 1778년, 1779년, 1781년에 새로운 판을 찍었다. 이 사업에 성공한 그는 전체 성경을 인쇄하기 위해 국회에 재정 후원을 요청했으나 결국 퇴짜를 맞았다. 그럼에도 에이킨은 전체 성경을 10,000권 인쇄했다. 에이킨이 성경을 인쇄한 직후에 미국의 혁명 전쟁이 끝났고, 그때부터 영국에서 양질의 성경이 다시 들어옴에 따라 에이킨의 성경의 가격이 하락했다. 그는 인쇄한 물량을 다 팔 수가 없어서 결국 손해를 봤다.

이 두 페이지는 국회도서관에 소장되어 있는 성경에서 창세기 17장과 18장을 따온 것이다. 이 성경에는 주석도 없고 참고구절도 없지만 1782년 9월 10일에 대륙 국회에서 통과된 결의안이 실려 있다. "미국의 국회는 에이킨 씨의 칭찬할 만한 과업을 높이 평가하고 … 이 성경을 미국의 거주민들에게 추천하는 바이며, 이로써 그에게 이 추천서를 적당한 방식으로 출판할 권한을 부여하는 바이다."

에이킨이 성경을 인쇄한 것을 계기로 성경 인쇄의 봇물이 터졌다. 그리하여 1800년에 이르면 미국의 여러 인쇄업자가 인쇄한 다양한 성경(신약은 15가지, 전체 성경은 20가지)이 존재하게 된다.

the preſence of all his brethren.

13 And ſhe called the name of the LORD that ſpake unto her, Thou God ſeeſt me: for ſhe ſaid, Have I alſo here looked after him that ſeeth me?

14 Wherefore the well was called Beer-la-hai-roi; behold, *it is* between Kadeſh and Bered.

15 ¶ And Hagar bare Abram a ſon: and Abram called his ſon's name, which Hagar bare, Iſhmael.

16 ¶ And Abram *was* fourſcore and ſix years old, when Hagar bare Iſhmael to Abram.

CHAP. XVII.

AND when Abram was ninety years old and nine, the LORD appeared to Abram, and ſaid unto him, I *am* the Almighty God; walk before me, and be thou perfect.

2 And I will make my covenant between me and thee, and will multiply thee exceedingly.

3 And Abram fell on his face: and God talked with him, ſaying,

4 As for me, Behold, my covenant *is* with thee, and thou ſhalt be a father of many nations.

5 Neither ſhall thy name any more be called Abram; but thy name ſhall be Abraham: for a father of many nations have I made thee.

6 And I will make thee exceeding fruitful, and I will make nations of thee; and kings ſhall come out of thee.

7 And I will eſtabliſh my covenant between me and thee, and thy ſeed after thee, in their generations, for an everlaſting covenant; to be a God unto thee, and to thy ſeed after thee.

8 And I will give unto thee, and to thy ſeed after thee, the land wherein thou art a ſtranger, all the land of Canaan, for an everlaſting poſſeſſion: and I will be their God.

9 ¶ And God ſaid unto Abraham, Thou ſhalt keep my covenant therefore, thou, and thy ſeed after thee, in their generations.

10 This *is* my covenant, which ye ſhall keep between me, and you, and thy ſeed after thee; Every man-child among you ſhall be circumciſed.

11 And ye ſhall circumciſe the fleſh of your foreſkin, and it ſhall be a token of the covenant betwixt me and you.

12 And he that is eight days old ſhall be circumciſed among you, every man-child in your generations, he that is born in the houſe, or bought with money of any ſtranger, which *is* not of thy ſeed.

13 He that is born in thy houſe, and he that is bought with thy money, muſt needs be circumciſed: and my covenant ſhall be in your fleſh for an everlaſting covenant.

14 And the uncircumciſed man child whoſe fleſh of his foreſkin is not circumciſed, that ſoul ſhall be cut off from his people: he hath broken my covenant.

15 ¶ And God ſaid unto Abraham, as for Sarai thy wife, thou ſhalt not call her name Sarai, but Sarah *ſhall* her name *be*.

16 And I will bleſs her, and give thee a ſon alſo of her: yea, I will bleſs her, and ſhe ſhall be *a mother* of nations; kings of people ſhall be of her.

17 Then Abraham fell upon his face, and laughed, and ſaid in his heart, Shall *a child* be born unto him that is an hundred years old: and ſhall Sarah, that is ninety years old, bear?

18 And Abraham ſaid unto God, O that Iſhmael might live before thee!

19 And God ſaid, Sarah thy wife ſhall bear thee a ſon indeed; and thou ſhalt call his name Iſaac: and I will eſtabliſh my covenant with him for an everlaſting covenant, *and* with his ſeed after him.

20 And as for Iſhmael, I have heard thee: Behold, I have bleſſed him, and will make him fruitful, and will multiply him exceedingly: twelve princes ſhall he beget, and I will make him a great nation.

21 But my covenant will I eſtabliſh with Iſaac, whom Sarah ſhall bear unto thee at this ſet time in the next year.

22 And he left off talking with him, and God went up from Abraham.

23 ¶ And Abraham took Iſhmael his ſon, and all that were born in his houſe, and all that were bought with his money, every male among the men of Abraham's houſe, and circumciſed the fleſh of their foreſkin, in the ſelf-ſame day, as God had ſaid unto him.

24 And Abraham *was* ninety years old and nine, when he was circumciſed in the fleſh of his foreſkin.

25 And Iſhmael his ſon *was* thirteen years old, when he was circumciſed in the fleſh of his foreſkin.

26 In the ſelf-ſame day was Abraham circumciſed, and Iſhmael his ſon.

27 And all the men of his houſe, born in the houſe, and bought with money of the ſtranger, were circumciſed with him.

CHAP. XVIII.

AND the Lord appeared unto him in the plains of Mamre; and he ſat in the tent-door in the heat of the day.

2 And he lift up his eyes and looked, and lo, three men ſtood by him; and when he ſaw *them*, he ran to meet them from the tent-door, and bowed himſelf toward the ground.

3 And ſaid, My Lord, if now I have found favour in thy ſight, paſs not away, I pray thee, from thy ſervant.

4 Let a little water, I pray you be fetched, and waſh your feet, and reſt yourſelves under the tree.

5 And I will fetch a morſel of bread, and comfort ye your hearts; after that you ſhall paſs on; for therefore are you come to your ſervant. And they ſaid, So do as thou haſt ſaid.

6 And Abraham haſtened into the tent unto Sarah, and ſaid, Make ready quickly three meaſures of fine meal, knead *it*, and make cakes upon the hearth.

7 And Abraham ran unto the herd, and fetcht a calf tender and good, and gave *it* unto a young man; and he haſted to dreſs it.

8 And he took butter, and milk, and the calf which he had dreſſed, and ſet *it* before them: and he ſtood by them under the tree, and they did eat.

9 ¶ And they ſaid unto him, Where *is* Sarah thy wife? and he ſaid, Behold, in the tent.

10 And he ſaid, I will certainly return unto thee according to the time of life; and lo, Sarah thy wife ſhall have a ſon. And Sarah heard *it* in the tent door, which *was* behind him.

11 Now Abraham and Sarah *were* old, *and* well ſtricken in age: *and* it ceaſed to be with Sarah after the manner of women.

12 Therefore Sarah laughed within herſelf, ſaying, After I am waxed old, ſhall I have pleaſure, my lord being old alſo?

13 And the LORD ſaid unto Abraham, Wherefore did Sarah laugh, ſaying, Shall I of a ſurety bear a child, which am old?

14 Is any thing too hard for the LORD? at the time appointed will I return unto thee, according

9
CHAPTER

# THE STORY OF THE BIBLE

## 땅 끝까지 이르러
이 시대의 성경 이야기

현재는 전 세계의 6,909개의 언어 가운데 2,400개의 언어로 번역이 된 상황이다. 이 2,400개의 번역판은 제각기 나름의 이야기를 품고 있으며, 땅 끝까지 이르러 모든 족속의 언어로 성경을 보급하려는 노력에 앞장선 대표적인 기관은 성서공회, 위클리프 성경 번역 선교회, 〈예수〉 영화 프로젝트 등이다.

"목사님, 제 이름은 메리 존스예요. 혹시 판매할 성경이 있나요?"

메리 존스는 열여섯 살 된 웨일스의 농촌 여자아이였다. 네 살 때 아빠가 돌아가시는 바람에 살아남기 위해 엄마와 함께 열심히 일하지 않으면 안 되었다. 여덟 살 때 그리스도인이 된 메리는 스스로 성경 이야기를 읽는 것을 무척 좋아했다.

"메리, 우리에게는 성경을 살 만한 돈이 없단다" 하고 엄마가 말씀하셨다. 하지만 메리는 성경을 꼭 사겠다고 단단히 마음을 먹었다. 그래서 이웃에게 얻은 닭이 낳은 계란을 팔고, 사람들의 옷을 세탁해주고, 아이들을 돌보는 일을 마다하지 않았다. 6년 동안 그 십대 소녀는 조금씩 돈을 모아 마침내 웨일스어 성경을 살 수 있게 되었다. 그런데 성경을 구입하려면 40킬로미터 이상 떨어진 발라에 사는 토머스 찰스 목사에게까지 가야 했다.

"참 먼 거리인 건 알지만 하나님께서 저와 동행하실 거예요"라고 메리가 말하고는 신발을 닳지 않게 하려고 맨발로 그 머나먼 길을 걸어갔다.

"미안하구나, 내가 갖고 있던 마지막 성경은 며칠 전에 누군가에게 팔기로 약속했단다." 찰스 목사의 대답이었다. 그러나 메리의 눈물을 목격하고 그녀의 이야기를 들어본즉 그 사람은 조금 더 기다려도 될 것 같다는 생각이 들었다. 메리를 빈손으로 돌려보낼 수 없었기 때문이다.

그러나 이야기는 여기서 끝나지 않는다. 잠시 뒤에 찰스 목사는 런던에서 열린 전도지 선교회의 모임에 참석하여 엄청난 성경의 수요에 관해 토론하던 중에 메리의 이야기를 했다. 이를 계기로 전도지 선교회가 도무지 그 수요를 감당할 수 없다고 생각해 웨일스어 성경을 보급하기 위한 새로운 기관이 탄생했다. "웨일스를 위해서, 영국을 위해서, 아니 온 세계를 위해서 하지 말란 법이 있는가?" 그 모임에 참석한 어떤 사람이 했던 발언이다. 그리하여 출범한 새 기관의 이름은 "영국 및 해외 성서공회British and Foreign Bible Society"이다.

1800년에 토머스 찰스 목사가 당시 웨일스 북부에 위치한 (현재의) 귀네드에 살던 여덟 살 된 메리 존스에게 성경을 판매한 것이 계기가 되어 '영국 및 해외 성서공회'가 창립되었다. 웨일스어 번역판은 1588년에 윌리엄 모르간의 수고로 만들어졌고, 그것은 1620년에 개정되었다. 잉글랜드에서 킹 제임스 성경이 그랬듯이, 이 번역판도 웨일스의 모든 가정이 보유하게 되었다. 이 성경은 웨일스어를 살아 있는 언어로 지켜주고, 웨일스 문학을 불러일으키고, 웨일스의 민족적 정체성을 유지해주는 중요한 역할을 수행했다.

그리스도인은 어디로 가든지 성경을 라틴어, 독일어, 영어 등 많은 언어로 번역했고, 인도로 갔던 사도 도마에서 6세기에 교황 그레고리우스가 영국으로 파송했던 성 어거스틴(《고백록》을 쓴 성 아우구스티누스와는 다른 인물)에 이르기까지 언제나 기독교 선교사가 존재했었다. 그리고 19세기에 이르러 선교의 열풍이 몰아쳤다. 가톨릭교회와는 달리 프로테스탄트 교회는 성경공부를 장려했기 때문에 1900년에 이르기까지 성경의 일부를 이미 500개에 가까운 언어와 방언으로 번역했던 터였다. 성경책을 한 권 이상 번역한 것을 기준으로 보면, 현재는 전 세계의 6,909개의 언어[1] 가운데 2,400개의 언어로 번역이 된 상황이다. 이 2,400개의 번역판은 제각기 나름의 이야기를 품고 있으며, '땅 끝까지 이르러'[2] 모든 족속의 언어로 성경을 보급하려는 노력에 앞장 선 대표적인 기관은 성서공회, 위클리프 성경 번역 선교회, 〈예수〉 영화 프로젝트 등이다.

탄자니아에 보급된 성경. 빌리 그레이엄이 성경을 읽어주고 있다.

성서공회는 전통적으로 주석을 달지 않은 성경을 번역하고 인쇄하고 보급할 목적으로 설립된 기관이다. 역사상 최초로 설립된 영국 및 해외 성서공회는 온 세계에 성경을 공급해왔다. 이제까지 출판한 성경(혹은 성경의 일부)은 모두 700개의 언어로 된 5억여 권에 이른다. 그 기관을 필두로 현재는 145개의 성서공회가 있으며, 이 기관들이 모여서 만든 단체가 연합 성서공회이다.

이 운동은 급격히 퍼져 나가서 1816년에 이르면 미국에만 해도 100개의 성서공회가 존재했다. 영국과 미국이 전쟁을 벌이는 중에도[3] 영국 성서공회는 미국의 주립 공회에 300-500달러씩 지원을 해주었다. 그리고 미국 성서공회는 1816년에 창립되었다.

미국 성서공회는 미국의 모든 가정에 성경을 공급하자는 캠페인을 벌였고, 군인과 이민자(이 경우는 그들의 언어로 된 성경을)와 선원에게 보급했고, 호텔에도 성경을 비치했다. 호텔에 성경을 비치하는 일은 1908년에 이르러 세 명의 순회 세일즈맨이 창립한 '기드온협회'가 맡게 되었다. 미국 성서공회는 또한 서적 행상인을 고용해 농장과 목재소와 감독 등 미국 전역을 돌아다니며 성경을 팔기도 하고 그냥 주기도 했다.

영국 성서공회가 그랬듯이 미국성서공회 역시 세계 전역에 파송된 선교사들이 1,000개 이상의 언어로 번역한 성경들을 출판했다. 번역 선교회의 전 총무이자 언어학자인 유진 나이다는 성경 번역과 관련된 흥미로운 이야기를 들려준다. 서부 아프리카의 말리에서는 밤바라어를 구사하는

데, 한 선교사에 의하면 "하나님이 우리를 구속하셨다"는 어구를 문자적으로 번역하면 "하나님이 우리의 머리를 빼내셨다"가 된다고 한다. 아프리카인의 기억 속에는 아랍의 노예 상인들이 남자와 여자들을 쇠사슬로 묶고 목둘레에는 무거운 쇠 목걸이를 채워서 끌고 가는 모습이 남아 있었다. 만일 추장이나 왕이 그 가운데 누군가를 풀어주고 싶으면, 노예 상인에게 돈을 지불하고 그 사람의 머리를 쇠 목걸이에서 빼냈다. 그래서 나이다는 "하나님은 우리가 죄와 자아의 노예가 되어 사탄의 채찍을 맞으며 끌려가는 모습을 보시고, 그분의 아들을 보내어 죽게 하셔서 우리를 살려주셨다. 그분은 우리의 머리를 빼내신 것이다"라고 설명한다.[4]

미국 성서공회는 영어를 제2외국어로 구사하는 사람들을 위한 성경

예루살렘에서 성경을 함께 읽는 부자지간

성서공회는 서적 행상인을 고용해 시장과 가정집 등 어디든지 돌아다니며 성경을 팔게 했다. 이들은 길거리 전도와 기도 사역, 돈이 없는 사람들에게 성경을 나눠주는 일에도 참여했다. 미국 성서공회는 주로 미국과 중국에서 서적 행상인을 활용했다. 1924년에 찍은 이 사진은 뉴욕 성서공회 소속 서적 행상인이 뉴욕 시에서 자기 차에 성경을 싣고 있는 장면이다.

을 만들어달라는 아프리카와 동아시아의 요청을 받고 나서 《오늘의 영어 성경*Today's English Version=Good News Bible*》을 (신약은 1966년에, 구약은 1976년에) 출판하게 되었다. 이 성경은 굉장한 인기를 누렸는데, 그 중에서도 특히 보급판으로 나온 신약성경이 대환영을 받았다.

미국의 주립 성서공회들은 대부분 그 사역을 미국 성서공회로 넘겼지만, 1809년에 창설된 뉴욕 성서공회는 그 이름을 국제 성서공회로 바꾸고 본부를 콜로라도로 옮겼다가 나중에 이름을 비블리카Biblica로 다시 바꾸었다. 이 기관은 현재 '세계에서 가장 널리 읽히는 현대식 영어 성경'으로 꼽히는 NIV의 판권을 보유하고 있다.

1987년에 연합 성서공회와 중국의 남경에 있는 아미티 인쇄 회사는 중국에서 성경과 신약을 인쇄하기로 협약을 맺었다. 그 이후 약 5천만 권의 성경과 약 9백만 권의 신약을 인쇄했으며 그 가운데 85퍼센트는 중국 국내에서 보급되었다.

2008년 햇볕이 따가운 성聖 금요일, 파푸아뉴기니의 핀디우에 있는 작은 활주로에 도착하는 손님들을 맞이하기 위해 여성들이 노래를 부르며 춤을 추고 있었다. 댄서들이 쿠베어 신약성경이 든 74개의 상자를 운반하는 행렬을 인도하는 동안 저 멀리서 북 치는 소리가 들려왔다. 이용섭과 그의 아내 김현숙이 쿠베어를 배운 뒤 신약성경을 번역하는 데 20년이 걸렸다. 핀디우 지역은 독일 선교사들이 이미 100년 전에 들어가긴 했지만, 위클리프 성경 번역 선교회 소속의 이 부부가 도착한 뒤에야 신약이 완역되어 만 명에 가까운 쿠베 부족이 자기네 언어로 신약성경을 읽을 수 있게 된 것이다. "이제 하나님께서 쿠베 부족 안으로 들어오셨다"고 한 교장선생이 말했다.

위클리프 성경 번역 선교회는 1942년 이래 수많은 성경을 번역해왔다. 지금까지, 과거에는 성경을 접할 수 없었을 뿐 아니라 심지어는 문자 자체가 없었던 부족들이 사용하는 600여 개의 언어로 성경을 번역했다.

이 기관의 역사를 더듬어보면 카메룬 타운센드가 성경을 팔기 위해 과테말라로 파송되었던 1917년까지 거슬러 올라간다. 당시만 해도 중앙아메리카로 간 선교사들은 먼저 스페인어를 배우고 나서 마야 부족에게 그것을 가르쳐 인디언들이 스페인어 성경을 읽도록 했다. 그런데 한번은 어떤 칵치켈 부족민이 타운센드에게 "당신의 하나님이 그토록 위대하다면 왜 우리 언어를 구사할 수 없습니까?"라고 묻는 것이었다. 그 순간 카메룬 타운센드의 머리에 '만일 내가 성경을 번역하면 하나님이 칵치켈어로 말씀하실 수 있겠구나'라는 생각이 떠올랐다. 돌이켜보면 역사상 최고의 아이디어로 꼽히는 것들은 무척 단순한 것 같다. 구텐베르크가 발명한 움직이는 활자가 지금은 당연하게 보이듯이, 카메룬 타운센드가 성경을 칵치켈어로 번역한 것도 그리 특이하게 보이지 않는다. 칵치켈 부족이 자기네 언어로 된 성경을 갖기까지는 13년에 걸친 단호한 결심과 역경, 믿음과 관심이 필요했을 뿐이다. 그동안 타운센드는 스페인 알파벳을 칵치켈어에 맞추는 작업과 글을 읽을 수 있도록 테크닉을 개발하는 작업을 했던 것이다.

타운센드는 전 세계에 문자가 없는 종족이 수백 개나 있고 멕시코에만 50개가 있다는 사실을 알고 나서 성경 번역가를 훈련할 목적으로 여름 언어학교Summer Institute of Linguistics, SIL라는 프로그램을 개설했다. 그는 학생들을 멕시코로 데리고 가서 그들이 배운 것을 실행해보도록 했다. 이어서 페루로 갔고, 그 이후 '엉클 캠'과 그 아내는 터키에서 러시아까지 걸쳐 있는 코카서스 지역을 11차례 방문하기도 했다.

지금까지 SIL 과정을 밟은 성경 번역가는 모두 4천 명이 넘는다. 현재 위클리프 선교사들은 93개 나라에서 성경을 2,000개의 소수민족 언어로 번역하고 있으며 그들이 자기 정체성을 정립하도록 돕고 있다.[5]

1999년에 위클리프 지도자들은, 앞으로 성경 번역이 필요한 언어 종족을 모두 2,400개로 추산할 경우 현재와 같이 18일마다 새로운 번역을 시작한다면 2150년까지 계속해야 할 것이라는 사실을 알게 되었다. 그 후 번역 작업은 더욱 가속화되었고, 2008년 11월에는 전 세계의 모든 사람이 자기네 언어로 하나님의 말씀을 들을 수 있게 하기 위해 2025년까지 모든 번역 작업을 착수하자는 캠페인을 벌였다.

성경의 말씀은 종이 책의 형태로 2,500년 이상 전달되어 왔지만, 정작 중요한 것은 그 형태가 아니라 그 말씀이다. 역사상 가장 많이 시청한 필름은 〈바람과 함께 사라지다〉도 〈스타워즈〉도 〈타이타닉〉도 아니었다. 그것은 바로 〈예수〉 영화였다. 이 영화의 영어 번역문은 GNB에서 따온 것이다.

이는 대학생 선교단체인 CCC의 창설자 빌 브라이트가 프로듀서이자 연예계 기업가인 존 헤이맨을 만나서 서로 손을 잡고 누가복음을 영화로 제작한 것이었다(본래는 성경 전체를 활동사진으로 만드는 계획의 일환이었다). 500명의 학자들이 역사적인 정확성을 기하기 위해 참여했고, 이스라엘에서 이루어진 촬영도 꼼꼼하게 진행되었다. 1979년에 상영된 이 영화는 흥행에 실패하고 말았고, 성경의 나머지 부분을 영화로 만드는 것이 취소되었다. 그러나 1980년에 CCC의 한 부서인 〈예수〉 영화 프로젝트가 그것을 다른 언어들로 번역하기 시작했다. 지금까지 천 개 이상의 언어로 번역되었는데, 그 중에는 카라칼팍어(우즈베키스탄), 파르시어(이란), 쇼나어(짐바브웨), 다니어(인도네시아), 쉬피보-코니보어(페루) 등이 포함되어 있다.[6] 이 영화는 전 세계 인구의 절반 정도인 수십 억의 사람들이 시청한 바 있고, "남녀노소를 다 합하여 예수를 따르기로 결단한 사람이 모두 2억 2,500만도 넘는다"고 한다.

중국에서 성경과 신약을 인쇄하기로 협약을 맺었다. 그 이후 약 5천만 권의 성경과 약 9백만 권의 신약을 인쇄했으며 그 가운데 85퍼센트는 중국 국내에서 보급되었다.

〈예수〉 영화는 뉴욕 시에서 상영되었고, 이 영화의 테이프와 DVD는 하와이, 남부 캘리포니아, 앨라배마 등 여러 주에서 각 가정으로 배포되었다. 하지만 이 사역의 중점은 여태껏 영화를 한 번도 본 적이 없고 자기네 언어로 성경을 한 번도 들어보지 못한 사람들에게 보여주는 것이었다. 이제까지 5천 명도 넘는 선교사들이 안데스 산맥의 고원지대에서 외딴 태평양의 섬과 아프리카의 마을과 정글에 이르기까지 이 영화를 상영해왔다.

이 영화를 전기도 없는 남아프리카의 외딴 마을에서 350명에게 보여준 적이 있는데, 그들 대부분은 영화를 한 번도 본 적이 없었다. "뱀이 예수를 유혹하는 장면을 보고 실제로 그들이 뒤로 흠칫 물러서는 모습을 볼 수 있었다"고 브라이언 헬스트롬 선교사는 말했다. "군인들이 예수를 채찍질할 때는 다 큰 어른들이 우는 소리를 들을 수 있었다." 한 선교사가 사람들에게 이 순간에 그리스도인이 될 수 있다고 말하자 "145명이 어둠에서 빛으로 걸어 나왔다"고 한다.[7]

한 선교사 부부가 페루의 어떤 마을에서 그 영화를 보여주려고 가던 도중에 테러리스트들에게 가로막혀 영사기와 필름을 빼앗겼다. 나중에 이들 중 한 명이 그 부부를 찾아서 말해주기를, 테러리트스들이 무척 지루해 그 필름을 일곱 차례나 본 뒤에 그 자신을 비롯한 몇 명이 그리스도인이 되었다는 것이었다.[8]

〈예수〉 영화야말로 역사상 가장 널리 유통된 성경 이야기라고 할 수 있다.

앞서 언급한 메리 존스처럼 지금의 아이다호에 살았던 아메리카 원주민 네즈 페르세스 부족 역시 성경을 읽고 싶은 마음이 간절했다. 누군가(아마 모피 사냥꾼이나 루이스와 클락 탐험대의 일원이었을 것이다)가 그들에게 창조주를 더 잘 섬기는 법을 가르쳐주는 책에 관해 얘기해주었다. 그래서 6명의 추장들이 그 '천국의 책'을 찾으라는 사명과 함께 동쪽으로 파송되었다. 가는 도중에 2명은 죽었고, 1831년에 4명이 세인트루이스에 도착하여 탐험가인 윌리엄 클락 장군을 만나게 되었으며, 클락 장군은 그들에게 세인트루이스의 놀라운 모습을 보여주었다. 그 도시에 머무는 동안 그들 중 2명이 죽고 말았다. 이제 살아남은 두 사람이 '천국의 책'을 찾지 못했다는 슬픈 소식을 부족에게 전하러 돌아가기 전에, 클락 장군은 그들을 위해 성대한 잔치를 베풀었다. 거기에서 한 인디언이 이

찰스 포스터와 준 포스터 부부는 잠비아의 북서부에 있는 바카온데 종족과 함께 50년 이상을 살아왔는데, 그들 사역의 절정은 바로 1975년에 키카온데어로 성경을 출판한 일이었다. 이 사진은 찰스가 도우미와 함께 성경을 번역하는 장면이다. 찰스에 따르면, 그 목적은 거의 25만 명에 달하는 바카온데 종족이 "하나님의 위대한 사랑을 분명히 알고, 그분이 어떻게 자기 아들을 보내어 그의 죽음을 통해 우리를 구속하셨는지를 알게 하는 것"이라고 한다.

런 말을 했다.

> 우리 부족은 나를 백인이 갖고 있는 '천국의 책'을 구하라고 보냈소. 그대는 우리와는 달리 백인 여성이 춤을 추는 곳으로 나를 데려갔으나 '천국의 책'은 거기에 없었소. 그대는 촛불을 켠 채 위대한 영을 예배하는 곳으로 나를 데려갔으나, '천국의 책'은 거기에 없었소. 그대는 저 너머에 있는 선한 영들의 형상과 좋은 땅의 그림을 내게 보여주었으나, 우리에게 길을 보여줄 그 책은 거기에도 없었소.

파푸아뉴기니의 북부에 있는 작은 섬인 우불루의 주민은 우불루-아우아 말을 한다. 이 가족은 위클리프 선교사인 제임스 하포드가 번역한 신약성경을 2005년 7월에 열린 헌정식이 끝난 뒤에 살펴보고 있다.

이제 나는 길고도 슬픈 길을 따라 어둠의 땅에 살고 있는 우리 부족에게 돌아가려고 하오. 그대는 많은 선물로 내 다리를 무겁게 하고, 내 신발은 그 짐을 나르느라 다 낡을 테지만, 그 책은 그 속에 없소. 눈이 한 번 더 온 뒤에 큰 회의에서 내가 그 가련하고 눈 먼 동족들에게 그 책을 구하지 못했다고 하면, 원로들이나 젊은이들이 아무 말도 하지 않을 거요. 그냥 한 사람씩 일어나서 말없이 떠나갈 것이오.

우리 부족은 어둠 속에서 죽을 것이고, 그들은 기나긴 길을 따라 저편의 사냥터로 내려갈 것이오. 어느 백인도 그들과 함께 갈 수 없을 터이고, 어떤 백인의 책도 그 길을 평탄하게 할 수 없을 것이오. 더 이상 할 말이 없소.[9]

네즈 페르세 부족의 두 추장은 거의 3,200킬로미터나 되는 길을 걸어서 돌아갔고, 그로부터 약 15년을 기다려야 했다. 마침내 1840년대에 이르러 그 '천국의 책'의 일부가 아이다호에서 최초로 인쇄되었다.

오늘 거의 2,400개에 달하는 종족이 아직도 그 천국의 책을 기다리고 있는 중이다.

## 레이첼 세인트가 번역한 와오다니어 마가복음WAODANI GOSPEL OF MARK

레이첼 세인트Rachel Saint는 열일곱 살 때 언젠가 정글에서 갈색 피부를 가진 사람들과 살게 되리라는 환상을 보았다. 그녀는 위클리프 성경 번역 선교사들과 함께 남아메리카로 가서 당시에 에콰도르에서 조종사 선교사로 일하던 형제, 나트Nate에게서 와오다니 족에 대해 처음 듣게 되었다. 1955년 초 레이첼은 스페인 농장으로 이사해 정글에서 도망 나온 4명의 여자아이들과 얘기를 나누면서 와오다니어를 배울 수 있었다. 레이첼의 형제였던 나트와 다른 4명의 선교사(에드 맥컬리, 로저 유데리안, 피터 플레밍, 짐 엘리엇)는 예전에 사귄 적이 있던 소수의 와오다니 족(당시에는 아우카 족이라고 불렀다)을 다시 만나기 위해 쿠라라이 강가에 착륙했다. 그런데 더 많은 와오다니 부족민과 마주쳐서 결국 잔인하게 살해되고 말았다.

이 살해 소식은 전파를 타고 전 세계로 퍼져 나갔고, 거의 모든 신문에 보도되었으며, 〈라이프〉 잡지에 주요 기사가 실렸다. 그리하여 레이첼과 5명의 과부들은 유명 인사가 되었다. 그후 1958년에 짐 엘리엇의 과부인 엘리자베스 엘리엇과 세 살 된 딸 발레리와 레이첼은 에콰도르로 돌아갔고, 1959년에 와오다니 족과 함께 살기 위해 한 마을로 이사했다. 레이첼은 '계속 그 언어를 배우고 알파벳을 창안하고 문법을 작성하여 그 언어로 글을 쓸 수 있게 하는 일'에 우선순위를 두었다.

"레이첼 앞에 놓인 과업은 실로 엄청난 것이었다"고 그녀의 전기 작가는 말한다. "양을 한 번도 본 적이 없는 사람들에게 어떻게 잃어버린 양의 비유를 얘기할 것인가? 당나귀를 전혀 본 적이 없는 사람들에게 어떻게 예수께서 당나귀를 탔다고 말해줄 것인가? 건초나 소, 목자나 천사도 없는 이들에게 어떻게 외양간을 묘사해줄 것인가? 강밖에 모르는 사람들에게 어떻게 갈릴리 바다에 대해 얘기해줄 것인가? 문제는 끝이 없었다. 하지만 1965년 부활절에 완역된 마가복음이 하나의 이정표가 되었다."[10]

같은 해 여름, 스티브와 필과 캐시 등 나트 세인트의 세 자녀는 아버지가 죽은 곳에서 세례를 받게 해달라고 요청했다. 그리하여 "창으로 나트를 죽였던 키모(최초의 아우카 족 목사)가 다섯 사람의 무덤 위에서 기도를 인도하고 세례를 베풀기로 결정되었다."[11]

이 두 페이지는 레이첼 세인트가 번역한 복음서에서 마가복음 12장 10–15절을 따온 것이다.

wææte wadani inanite, Botö quï
incæ cæquimini, aŋiŋä.
10 Wæŋoŋï yiwæmoŋä adamäï imini?
Nëë oncö mænonani, dica, wenæ
wenæ ï awædö ante, wido cæte,
adoca, iñomö dica wainca incapa
ante, namæŋomö cæte tæï
maŋæïnpa ante, cædanitapa.
11 Wæŋoŋï Awinë manomäï cæcä
waaponi inpa ante, atamonipa.
12 —Monitö imonite apænecä awæ-
dö ante, Itotä iŋante bæi oŋoncæ
cædanitapa. Ayæ naŋimoni inanite
giñente, emö cæte wadæ godanitapa.

13 Ayæ ananitapa, Paditiidi pancaa-
miniya, Edote miæ godani pancaa-
miniya, Itotä weca goquimini. Gote,
mini anë ante, wadö Itotä aŋä inin-
que, 14 tomeŋä weca ponanitapa.
Ayæ ponte,





—Nëë apænebi imi, bitö cöwë nö
apænebi imi, doo eñemonipa. Wao
quinomäï ï, æcanö nëë cæcä iŋä,
æcanö tomë nëë cæidani aŋä, anamäï
imi. Bitö cöwë nö, Wæŋoŋï taadö
manomäï inö, bitö ami moni eñemoni
imi. Quinö ami. Awinë Titædo
iŋante, wigatagæ, tomeŋä aŋä ate,
godomoni æŋiŋä, manomäï inpa Waa
inpa ami? 15 Godomoni æŋiŋä,
godonamäï imoni?
Ononeque anani, Itotä doo eñeŋan-
tapa.

Titædo wigatagæ

부록

# THE STORY OF THE BIBLE

## 성경이 우리 손에 들리기까지

### 한글 성경 번역의 역사

영어 성경의 왕좌로 불린 흠정역 성경이 역간된 지 400주년, 그리고 우리나라 성경이 완역된 지 100주년이 되는 해를 맞아 한글 성경이 어떤 과정으로 누구에 의해 번역됐는가를 정리한다.

## 언제, 어떤 경로로 한국에 성경이 오게 되었나?

일반적으로 충남 서천군의 마량진은 한국에서 첫 성경 도래지로 알려져 있다. 영국 정부에게 조선 서해안 해도海圖를 작성하라는 명을 받은 영국의 해안 탐사선 알레스트 호와 리라 호가 순조 16년 9월 5일, 충청남도 서천군 서면의 마량진에 상륙했을 때, 함장 머레이 맥스웰Murry Maxwell과 바질 홀Basil Hall 대령이 마량진 벼슬아치 조대복과 이승렬에게 화려한 장정의 책 한 권을 선물했는데, 이것이 한반도에 전해진 최초의 성경으로 알려져 있다. 이 성경은 영어 성경이 분명하지만 흠정역 성경이었을 가능성이 높다. 이때는 한국을 방문한 첫 개신교 선교사 귀츨라프Karl Friedrich August Gützlaff가 내한하기 8년 전이었다.

그 후에는 중국어 성경이 한국에 소개된 것으로 추정한다. 중국에서 《신천성서神天聖書》라는 최초의 한문 성경이 출간됐는데, 이 성경은 중국에서의 최초의 개신교 선교사인 영국의 모리슨Robert Morrison이 중심이 되어 번역한 성경이었다. 귀츨라프도 이 성경 번역에 일조했다는 주장이 있으나[1] 분명치 않다. 이 한문 성경은 1818-1823년에 발간됐으나 귀츨라프가 중국 선교사로 일한 때는 1831년 이후이기 때문이다. 그러나 귀츨라프가 영국에서 모리슨을 만난 이후 동양 선교에 관심을 갖게 되고 1823년 화란선교회 소속 선교사가 되었다는 사실을 고려해볼 때 모리슨의 성경 번역에 도움을 주었을 가능성도 있다. 어떻든 한자 문화권에서는 곽실렵이라는 이름으로 널리 알려진 귀츨라프는 1832년 7월 동인도회사의 통역 겸 승선한 사람들의 건강을 돌보는 의사로 영국 상선 로드 암허스트 호를 타고 우리나라까지 오게 되었다. 그가 산동반도를 거쳐 황해도를 가로질러 서해안 장산곶, 녹도, 불모도를 지나 충남 보령시 오천면의 고대도에 정박한 날은 7월 25일이었다. 이때 그는 이민회 등 조선 관리들에게 조선 국왕에게 통상을 청원하는 서한과 선물을 보냈다. 선물은 한문으로 번역된 두 권의 성경과 전도 책자로 추정되는 26종의 도리서道理書, 그리고 망원경 등인데, 이를 순조에게 바치도록 전달했다. 그는 조정의 회신을 기다리는 17일 동안 고대도 내항에 체류하면서 주민들에게 한문 성경과 전도 문서를 배포했는데, 그 성경이 《신천성서》였을 것이다. 이때 귀츨라프는 주기도문을 한글로 번역했는데, 비록 단편적이긴 해도 이것이 최초의 한글 성경 번역이었다. 모리슨의 한문 구약성경(1859)은 숭실대학교 기독교 박물관에 보관되어 있다.

이때부터 약 30년이 지난 1865년과 1866년 어간에 런던선교회 제레마인 토머스Robert Jermain Thomas는 두 차례 조선을 방문하고 약 4개월간 조선 영토에 체류했는데, 그의 방한 목적은 성경 보급을 통한 선교 개척이었다. 그가 순교하기 전 한국인에게 성경을 배포했는데, 그것은 중국어 성경이었다. 윌리엄슨에게서 지원받은 "많은 양의 책들"을 전파하고자 했다는 기록이 이를 뒷받침한다. 그가 조선인에게 분배한 책이 어떤 중국어 성경인가에 대해서는 분명히 알 수 없다. 그러나 김양선에 의하면 장사포에서는 홍신길 소년이, 속호정에서는 김영섭과 김종권이, 만경대에서는 최치량이 한문 성경을 받았는데, 후일 그들은 강서와 평양교회 설립자가 되었고, 토머스를 죽이려 했던 박춘권은 안주교회의 수뇌가 되었다고 한다.

또 성경을 받아 벽지로 사용했던 영문주사營門主事 박영식의 집은 평양 최초의 교회인 평양 장대현교회의 터가 되었다고 말한다.[2] 한 가지 흥미로운 사실은 토머스 목사에게 성경을 받아간 한 사람의 조카가 이영태인데, 그가 후일 기독교신자가 되었고, 레이놀즈W. D. Reynolds와 함께 성경 번역 사업에 동참했다고 한다.[3] 성경이 우리말로 번역되기 전에 이러한 경로로 성경이 한국에 소개된 것이다. 그 외에도 북중국에 주재하던 영국선교사 윌리엄슨은 남만주 고려문에서 조선인들에게 성경을 배포한 일이 있고, 1868년에는 북중국 주재 미국인 선교사 마티어가 대동강 하

류 연안에서 조선인에게 성경을 배포한 일이 있다.[4]

## 국외에서의 성경 번역

### 1. 만주에서의 성경 번역

비록 우리나라에 입국하지는 못했으나 국외에서 한국어 성경 번역에 기여한 인물은 스코틀랜드 선교사인 존 매킨타이어John Macintyre와 존 로스John Ross였다. 스코틀랜드 연합장로교회는 1862년부터 중국선교를 시작했는데, 매킨타이어는 1871년에, 존 로스는 1872년에 중국에 파송되었다. 이들은 조선에 입국할 수는 없었으나 조선에 대한 영적 부담을 느끼고 조선어 성경 번역을 의도하게 된다.

이들이 한국인 이응찬을 만나게 되었고, 그의 도움으로 김진기, 이성하, 백홍준 등 의주 청년들과 접촉하게 된다. 이들 조선 청년들은 신앙을 갖게 되었고, 매킨타이어 목사에게 세례를 받았다. 로스는 1877년부터 이응찬의 도움을 받으며 한글 성경 번역을 시작하였다. 로스의 안식년 기간 중에는 매킨타이어가 이 일을 계속했다. 이러한 노력의 결과로 최초로 한국어 성경이 출판되었는데, 그것이 1882년 3월 24일 출판된《예수셩교 누가복음젼셔》와 5월 12일 출판된《예수셩교 요안늬복음젼셔》였다. 두 복음서는 3천 권씩 인쇄되었다. 흥미로운 점은 이 책에서 장은 구별됐으나 절節 표시나 구분이 없고, 띄어쓰기를 하지 않았다는 점이다. 그러나 하느님, 쥬主, 예수, 키리스토 등 하나님 칭호 전이나 후에는 반드시 여백을 두고 있다는 점이다. 이 번역본에서 하나님을 '하느님'으로, 그리스도를 '키리스토'로, 요한을 '요안늬'로, 세례를 '밥팀네'로 표기한 점도 흥미롭다.

누가복음과 요한복음에 이어 1883년에는 마태, 마가복음이, 1884년에는 사도행전이 출판됐는데 이때는 5천 권씩 인쇄되었다. 1885년에

1885년에는 로마인서와 고린도전후서, 갈라디아서, 에베소서 등이 역간되었고, 1887년에는 신약성경이 완역되었다. 이 성경이 순 한글로 번역된 《예수셩교젼셔》인데, 보통 《로스 역 성경》이라고 불리고 있다. 이것이 한글어로 된 최초의 신약전서였다. 위에서 언급한 의주 청년들 외에도 서상륜, 이익세, 최성균 등이 번역에 관여했다. 성경 번역 작업은 스코틀랜드 성서공회의 지원으로 이루어졌고, 봉천의 문광서원에서 출판되었다.

는 로마인서와 고린도전후서, 갈라디아서, 에베소서 등이 역간되었고, 1887년에는 신약성경이 완역되었다. 이 성경이 순 한글로 번역된 《예수셩교젼셔》인데, 보통 《로스 역 성경Ross Version》이라고 불리고 있다. 이것이 한글로 된 최초의 신약전서였다. 위에서 언급한 의주 청년들 외에도 서상륜, 이익세, 최성균 등이 번역에 관여했다. 성경 번역 작업은 스코틀랜드 성서공회의 지원으로 이루어졌고, 봉천의 문광서원에서 출판되었다.

이때의 한글 성경 번역 방법에는 다소 불완전한 점이 없지 않았다. 이응찬 등 한국인 조력자들은, 중국에서 1864년 간행된 한문 신약성경 《신약전서문리新約全書文理》를 읽고 그것을 한글로 번역하면 로스와 매킨타이어는 헬라어 성경과 흠정역, 그리고 흠정역을 개역한 영어 개역 성경ERV 등을 참고로 검토한 후 역문을 결정하는 방식을 취했다. 말하자면 한문 신약성경이 대본臺本으로, 헬라어 성경과 영어 성경은 준 대본으로 사용된 것이다. 이 번역본은 축자적 번역이라기보다는 의미의 동등성을 중시했다. 또 이 번역본에서는 한문 투의 어휘가 적고 구어체가 많이 사용됐으나, 서북 방언 등 토착 방언이 많이 사용됐다는 점이 약점으로 지적되기도 한다. 그러나 이 신약성경은 국내에서 1900년 《신약전셔》가 출판되기까지 유일한 한국어 신약성경 번역본이었고, 그 이후 한글 성경 번역에 지대한 영향을 주었다.[5] 한글 성경 번역에 기여한 로스와 매킨타이어의 공헌을 고려해 마삼락Samuel H. Moffett은 이들을 '한국의 위클리프'라고 불렀다.

### 2. 일본에서의 성경 번역

만주 뉴좡牛莊에서 한글 성경이 번역되고 있을 때 일본에서는 이수정에 의해서 성경 번역이 시도되었다. 지금의 외교통상부에 해당하는 통리외무아문統理外務衙門의 관리였던 이수정은 임오군란 당시 민비를 보호해준 공로에 대한 고종황제의 배려로, 수신사修信使 박영효의 비공식 수행원 신분으로 일본에 가게 되었다. 그가 도쿄에 도착했을 때는 1882년 9월 28일이었다. 그는 곧장 친구인 안종수의 소개로 농업행정의 권위자였던 쯔다 센津田 仙을 찾아갔고 그를 통해 농학은 물론 기독교 신앙을 배우게 된다.[6] 그로부터 3개월 후인 1882년 12월 25일부터 야스카와安川亨 목사가 담임하고 있던 쓰키지築地 교회에 출석하기 시작하였다. 그의 신앙은 급속하게 성장하여 1883년 4월 29일 주일에는 동경의 로개쥬zh露月町 교회에서 미국 선교사 조지 녹스George Knox목사에게 세례를 받았다. 일본에서 세례 받은 첫 한국인이 된 것이다. 세례를 받은 그는 1883년 말에는 7, 8명의 한국인 수제자를 얻음으로써 일본에서 최초의 한인 신앙공동체를 형성하기도 했다. 특히 그는 녹스 선교사 등의 도움을 받으며 성경연구에 진력하였다.

이런 상황에서 미국성서공회 총무였던 루미스Henry Loomis에게 한국어 성경 번역을 제의받은 그는 야스카와 목사의 도움으로 한문 성경을 대본으로 번역을 시작했다. 그래서 《신약성서마가전新約聖書馬可傳》(1884)을 시작으로 《마태전馬太傳》, 《누가전路加傳》, 《요한전約翰傳》, 그리고 《사도행전使徒行傳》 등을 번역했는데, 이렇게 번역한 성경이 《현토 한한 신약성서懸吐 漢韓 新約聖書》였다. 이 책은 1887년 요코하마의 '영국 및 해외 성서공회'를 통해 출간됐는데 이 번역본은 신약성경 전서가 아니라 복음서와 사도행전만으로 엮은 성경이었고, 완전한 번역본이 아니라 이름 그대로 한문에 토口訣를 단 성경이었다. 한문에 익숙한 조선인들이 쉽게 읽도록 하기 위한 것이었다.

이수정은 진정한 의미의 번역을 시도하기도 했다. 그가 번역한 첫 책은 마가복음인데, 부피가 작고 내용이 간결했기 때문에 이 책부터 번역한 것으로 보인다. 마가복음 번역본은 1885년 2월 신약 마가젼 복음셔언히라는 이름으로 요코하마에서 미국성서공회를 통해 간행되었다. 초판은 1천 부를 인쇄했는데, 그해 4월 언더우드와 아펜젤러가 일본을 경유하여 한국으로 입국할 때 가지고 온 성경이 바로 이 마가복음 번역본이었다. 이수정은 한문으로 된 마가복음上海和漢聖譯書을 주 대본으로 하되 일본어, 영어, 그리고 헬라어 원문을 대조하면서 번역했다고 한다. 이 번역본에서는 만주에서 번역된 《예수셩교젼셔》와는 달리 국 · 한문 혼용체를 사용했고 고유명사 표기가 원어에 가깝고 한문 투의 용어가 많다.

이수정은 하나님 칭호를 어떻게 번역할 것인가를 두고 고심했는데, 한문 성경에서는 하나님을 '상제上帝'로, 일본어 성경에서는 '가미神'로 번역했으나, 그는 '천주天主'로 번역했다. '천주'는 천주교도들이 이미 사용하고 있었기 때문에 그대로 사용하기로 한 것으로 보인다. 그 밖에 '세례'는 '밥테슈마'로, 그리스도는 '크리슈도스'로 각각 음역하여 헬라어 원문에 충실하려고 하였다. 이 번역본은 가능한 순 한글 역을 지향하되

지식인들의 편리를 위해 중요한 단어는 한자로 표기하고 한글로 토를 달았다. 이렇게 번역된 마가복음서를《신약 마가젼 복음셔 언해》라고 한 것은 유교와 불교계통의 서적의 한글 역을 '언해'라고 했기 때문이 아닌가 생각한다. 이수정 역의 마가복음은 1882년 만주에서 간행된 누가복음 번역본에 이어 한글로 번역, 간행된 두 번째 한글 성경이라고 할 수 있다. 이수정은 계속해 마태, 누가복음서도 완역했으나 빛을 보지는 못했다. 이수정의 1885년판 마가복음 번역본은 1887년 언더우드, 아펜젤러, 그리고 한국인 송덕조 등의 공역으로 개정되어 요코하마에서 재출간되었다.[7]

## 국내에서의 성경 번역

### 1. 몇 가지 사역본[8]

해외에서 은밀하게 성경 번역이 이루어지고 있을 때 국내에서는 정치적 변화가 일어나고 있었다. 1876년에는 개항이 이루어졌고 일본에 이어 미국과 외교관계를 수립하게 되자 서양인의 입국이 가능하게 되었다. 이러한 변화의 길목에서 중국과 일본에 파견되어 일하고 있던 미국 선교사들과 일본의 이수정은 한국 선교의 필요성을 강조하였고 선교사 파송을 호소하기 시작했다. 그래서 1884년 이래로 미국의 북장로교(1884), 북감리회(1885), 호주장로교(1889), 침례교(1889), 성공회(1890), 미국 남장로교(1892), 미국 남감리교(1896), 캐나다 장로교회(1898)가 선교사를 파송하고 한국에서 선교 사업을 시작하게 된다. 당연한 일이지만 공인 성경이 없는 상태에서 내한한 선교사들에게 성경 번역은 가장 시급한 과제였다. 이런 현실에서 1887년 2월 7일 서울에 있던 5명의 선교사들, 곧 언더우드, 아펜젤러, 알렌, 스크랜턴, 그리고 헤론은 성서번역위원회를 구성하고 언더우드와 아펜젤러를 번역 책임자로 임명했다. 그 이런 상황에서 1890년 영국성서공회는 한국성서위원회에 만주에서 번역된 로스 역 성경의 수정판을 낼 것을 요청했다. 한국의 시급한 현실에서는 수정본이 보다 용이했기 때문이다. 이렇게 해서 아펜젤러가 로스 역 누가복음을 수정했는데, 이것이 1890년에 나온 《누가복음젼》이다. 그러나 성서번역위원회는 이것으로 만족할 수 없었다. 이들은 국내에서 완전한 새로운 성경을 번역하기로 결정했다. 그리고 언더우드와 아펜젤러에게 이 일을 위임했다.

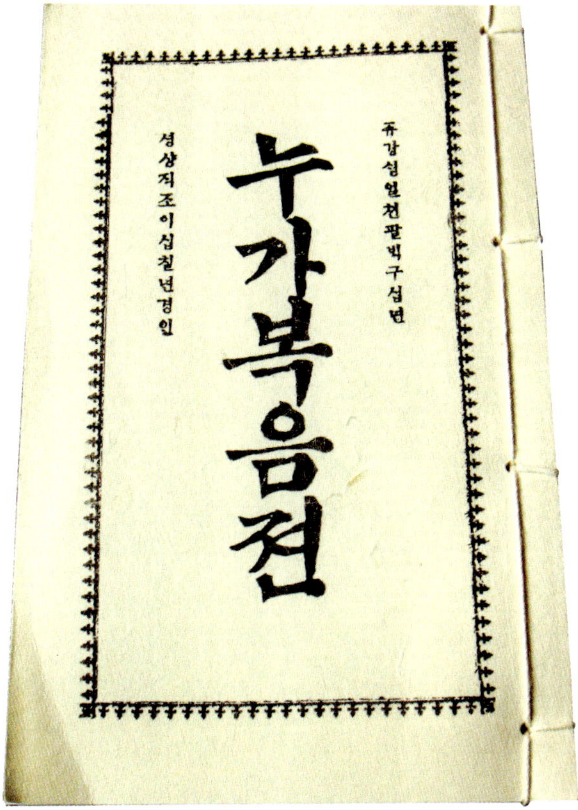


첫 작품이 언더우드와 아펜젤러가 1887년 펴낸《마가의 젼혼 복음셔 언히》였다. 그러나 이 책은 제목이 암시하듯이 1885년 일본에서 이수정이 번역한《신약 마가젼 복음셔 언히》를 개역한 것이었다. 한글 성경이 없는 상태에서 잠정적으로 이 책을 이용하고자 했기 때문에 이 책을 수정하게 된 것이다. 이 외에는 성경 번역 작업이 위원회 차원에서 추진되지 못했고 도리어 성경 번역은 사역私譯의 차원에서 시도되었다. 그것이 아펜젤러가 1890년 간행한《보라달로마인셔保羅達羅馬人書》와 1892년 간행한《마태복음젼》, 1892년에 게일이 펴낸《ᄉᆞ도힝젼》과 펜윅M. C. Fenwick이 펴낸《요한복음젼》이다.

이런 상황에서 1890년 영국성서공회는 한국성서위원회에 만주에서 번역된 로스 역 성경의 수정판을 낼 것을 요청했다. 한국의 시급한 현실에서는 수정본이 보다 용이했기 때문이다. 이렇게 해서 아펜젤러가 로스 역 누가복음을 수정했는데, 이것이 1890년에 나온 《누가복음전》이다. 그러나 성서번역위원회는 이것으로 만족할 수 없었다. 이들은 국내에서 완전한 새로운 성경을 번역하기로 결정했다. 그리고 언더우드와 아펜젤러에게 이 일을 위임했다. 그러나 이 일이 지연되었고 후에는 언더우드 대신 게일이, 아펜젤러 대신 스크랜턴이 추진해 1892년 1월 20일 마태복음서가 번역되어 《마태복음전》이란 제목으로 출간됐다. 이 책은 기존 성경의 수정본이 아닌 국내에서 번역된 첫 한국어 성경이었다. 이 성경은 30만 부 간행되었다.

### 2. 성경 번역자회의 조직과 신약성경 번역 작업

한국어 성경 번역사에서 중요한 변화는 1893년 5월에 조직된 상임성서실행위원회였다. 영국성서공회 만주지부 책임자였던 켄무어A. Kenmure의 내한을 계기로 성경 번역을 새로운 차원에서 검토하게 되었다. 사역이나 수정본은 한계가 있으므로 보다 완전한 번역본을 위해서는 새로운 기구가 필요하다고 본 것이다. 이런 필요에 부응하여 1893년 한글 성경 번역 사업을 관장할 '상임성경실행위원회'가 조직되었고, 그 휘하에 일을 실행할 구체적인 번역 위원회인 '성경번역자회'를 조직하기에 이른 것이다. 이때 선임된 위원은 언더우드, 게일, 아펜젤러, 스크랜턴 등이었고, 성공회의 트롤로프M. N. Trollope는 개인자격으로 동참하게 되었다. 1895년에는 미국남장로교회의 레이놀즈W. D. Reynolds가 추가로 위원으로 임명되었다. 이 위원회에서 언더우드는 위원장으로, 스크랜턴은 서기로 선출되었다. 성경 번역의 시도와 함께 1895년 성서공회가 설립된 것은 커다란 발전이었다.

성경 번역은, 각 위원들이 분배된 신약의 책들을 독자적으로 번역하

성서 번역자회. 성경 번역은, 각 위원들이 분배된 신약의 책들을 독자적으로 번역하되 그리스어 성경과 영어 개역 성경RV을 대본으로 번역하고, 한국인 조사들은 한문 성경과 일본어 성경을 준 대본으로 참고하여 선교사들을 돕고, 선교사들은 한국인 조력자들의 도움을 받아 성경 번역을 완성하면 다른 번역자들에게 보내 의견을 청취하고, 이를 다시 원번역자들에게 보내 검토하게 한 후 전체 번역자들이 참가하는 번역자회에서 토론과 표결을 거쳐 통과된 대본을 시안본으로 채택하기로 했다. 뒷줄 왼쪽부터 문경호, 김명준, 정동명 앞줄 왼쪽부터 레이놀즈, 언더우드, 게일, 존스.

되 그리스어 성경과 영어 개역 성경RV을 대본으로 번역하고, 한국인 조사들은 한문 성경과 일본어 성경을 준 대본으로 참고하여 선교사들을 돕고, 선교사들은 한국인 조력자들의 도움을 받아 성경 번역을 완성하면 다른 번역자들에게 보내 의견을 청취하고, 이를 다시 원번역자들에게 보내 검토하게 한 후 전체 번역자들이 참가하는 번역자회에서 토론과 표결을 거쳐 통과된 대본을 시안본으로 채택하기로 했다. 이런 번역

과정이 얼마나 충실하게 지켜졌는지는 알 수 없다. 그러나 이런 노력의 결과로 1895년 마태복음, 마가복음, 요한복음, 사도행전이 간행되었는데, 마태복음 외에는 개인역에 가까웠다. 번역절차를 거쳐 위원회의 공인 시안본으로 제작하기에는 시간적으로 제약이 많았기 때문이었을 것이다. 마태복음은 아펜젤러가 1892년 번역한 마태복음전을 번역자회가 시안본으로 승인한 것이지만 마가복음(아펜젤러), 요한복음(게일), 사도행전(게일)은 개인 역본이었다.[9] 1896년에는 언더우드에 의해 누가복음이 완성되었고, 1897년에는 갈라디아서, 야고보서, 베드로전후서가 번역되었고, 1898년에는 로마서, 고린도전후서, 골로새서, 빌립보서, 데살로니가전후서, 디모전후서, 디도서, 빌레몬서, 히브리서, 요한 1, 2, 3서와 유다서가 번역되었고, 1899년에는 에베소서가 번역되었고 1900년에는 요한계시록이 번역되었다. 신약의 모든 책들이 번역되자 이들 낱권을 묶어서 한 권의 책으로 출판했는데, 이것이 국내에서 번역된 최초의 신약전서인 《신약젼셔》였다. 마태복음부터 로마서까지는 번역자회의 공식적인 의결을 거친 시안본이었으나, 그 이후의 책들은 번역자회의 검토를 거치지 않은 개인 역본들이었다. 그러나 국내에서 최초로 신약을 완역한 일은 감격스런 일이었다. 그래서 이를 기념하여 1900년 9월 9일 서울 정동감리교회에서 신약성경 봉헌 감사예배가 드려졌다.

비록 신약전서가 출판됐으나 만족스러운 번역으로 받아들여지지 않았다. 그것은 고린도전서 이후 계시록까지의 책들은 번역위원회가 수정하거나 독회를 거치지 않은 개인역에 불과했기 때문이었다. 그래서 책이 출판되자 번역자회의 공인을 위한 수정작업이 시작되었는데, 이 일은 아펜젤러, 레이놀즈, 그리고 게일에게 위임되었다. 이 작업을 위해 아펜젤러는 인천을 출발하여 번역자회가 모이는 목포로 가던 중 다른 배와 충돌하는 조난 사고로 한국인 조사 조성규와 함께 순직하는 사고를

한국에서 출간된 최초의 성경전서. 이 성경은 성경 원문을 참고했지만 1901년 미국에서 출판된 미국 표준역(ASV)이 주대본이었고, 한문 성경을 참고한 흔적이 짙다. 이 책에도 여러 가지 오류가 있었고 계속적인 수정 작업이 필요했듯이 《성경전서》가 출간되자마자 수정의 필요성이 제기되었다. 특히 구약개역이 시급했다. 그래서 먼저 구약을 개역하기로 하고 1911년 '구약 개역자회'를 구성하게 되었다.

당했는데, 이때가 1902년 6월 11일이었다.

이런 상황에서 북장로교 선교부는 게일과 언더우드를, 남장로교는 레이놀즈를 성경 번역 사업에 전념토록 배려하였다. 결국 이 세 사람의 노고로 성경 수정작업이 추진되어 1906년에는 성경 번역자회가 공인한 공인 역본《신약전서》가 출판되었다. 이 성경이 1938년《개역신약성서》가 출판되기까지 한국 교회 강단과 성도들이 사용했던 공인본 신약성경이었다.

이상과 같은 성경 번역 사업은 선교사들의 노고로만 이루어진 것은 아니었다. 이런 과정에서 한국인 조력자의 수고 또한 적지 않았다. 성경 번역 사업에 참여한 한국인으로는 아펜젤러의 어학선생이자 조사였던

매서인(권서)들이 각처로 돌아다니며 전도하고 성경책을 팔았다. 이들로 인해 한국 전역에 빠른 속도로 성경이 보급되었다.

조성규 외에도 게일의 일생 동안의 동료이자 번역 동료였던 이창직, 정동명, 언더우드의 조사였던 송덕조, 레이놀즈의 조사였던 김정삼, 이승두 등이 있다.

### 3. 구약성경 번역 작업

1900년의 《신약전서》가 출판된 후 자연스럽게 구약성경 번역이 시작되었다. 그러나 이보다 앞서 구약의 책이 번역되기 시작했는데, 그 첫 책이 피터스A. A. Pieters의 사역본으로 1898년 출판된 《시편촬요》였다. 이 책은 시편 전편을 번역한 것이 아니고 저주 시편을 제외한 62편을 번역한 것이지만 한국에서의 구약 번역의 효시가 된다. 피터스는 한국에 온 유일한 유대인 출신 선교사인데 미국성서공회 파송으로 내한한 인물로서 시편을 번역하기에 가장 적절한 인물이었다. 그는 후에도 구약성경 번역위원, 혹은 수정위원으로 활동하며 성경 번역 작업에 기여하였다.

1900년 이후 구약성경 번역 작업도 번역자별로 구약의 책을 분담하여 이루어지기 시작했는데, 아펜젤러는 창세기를, 언더우드는 시편을, 게일은 잠언과 사무엘서를, 스크랜턴은 이사야를, 레이놀즈는 여호수아서를 맡았다. 그러나 번역 작업은 쉬 이루어지지 못했고 지체되었다. 또 번역자들이 교체되거나 하디R. A. Hardie, 마펫S. A. Moffett, 노블W. A. Noble 등의 선교사들이 번역위원으로 선임되기도 했으나 단기간 일하고 사임하였다. 이런 상황에서 구약성경 번역을 신속히 추진하기 위해 레이놀즈와 두 사람의 한국인 김정삼과 이승두에게 구약성경 번역의 책임을 일임하였다. 이로써 두 한국인이 공식적인 성경 번역 위원으로 참여하게 된 것이다. 이들은 레이놀즈가 있던 전주에서 번역 작업에 몰두하여 1910년 4월 2일 드디어 구약성경 번역 작업을 완료하였다. 말하자면 구약성경 번역 작업에 10년이 소요된 것이다. 그 결과 1911년 구약성경을 이미 출판된 신약성경과 묶어서 《성경전서》라는 이름으로 빛을 보게 된 것이다. 물론 《구약전서》가 출판되기 이전 낱권으로 창세기, 시편(1906), 잠언, 출애굽기, 사무엘 전후서, 말라기(1907), 열왕기상하, 이사야 번역본(1908)이 출판됐으나 이제 이 모든 책들이 한권으로 묶여 《구약전서》로 간행된 것이다. 미국성서공회는 이 책을 상(창세기-역대하), 하(에스라-말라기) 두 권으로 출판했다. 이것이 한국에서 출간된 최초의 성경전서였다. 이 성경은 성경 원문을 참고했지만 1901년 미국에서 출판된 미국 표준역(ASV)이 주대본이었고, 한문 성경을 참고한 흔적이 짙다. 이 번역이 이루어지기까지 언더우드, 게일, 레이놀즈, 그리고 한국인 김정삼, 이승두의 노고가 컸다.

#### 4. 성경 개역 작업

이 세상에서 그 어떤 성경도 완전한 것은 없다. 어떤 이들은 흠정역 성경은 완전한 것처럼 말하지만 이 책에도 여러 가지 오류가 있었고 계속적인 수정 작업이 필요했듯이《성경전서》가 출간되자마자 수정의 필요성이 제기되었다. 특히 구약개역이 시급했다. 그래서 먼저 구약을 개역하기로 하고 1911년 '구약 개역자회'를 구성하였다. 개역 작업은 대영성서공회가 발행한 긴스버그C. D. Ginsburg가 편집한 히브리어 성경이 사용되었다. 이 작업에 헌신한 인물들이 언더우드와 게일 그리고 레이놀즈였다. 성경언어에 대한 해박한 지식의 소유자이기도 했던 레이놀즈는 그동안 성경 번역 작업에 몰두하여 다른 일을 할 수 없었다는 이유로 사임했고, 언더우드가 일본에서 병을 얻어 미국으로 돌아가 세상을 떠나는 바람에 개역 작업이 순탄하지 않았다. 그러나 1924년 이후 레이놀즈가 다시 번역자로 동참하였고, 후에는 감리교의 케이블E. M. Cable, 하디R. A. Hardie, 장로교의 베어드W. M. Baird, 엥겔G. Engel 선교사가 위원으로 선임되어 이 일을 도왔다.

언더우드 사후 개역자회 회장이었던 게일은 자신이 추구하는 조선어풍 번역에 대한 다른 개역자들의 반발로 개역위원직을 사임하고 독자적인 구약성경 번역에 몰두해 사역 구약성경을 출간했는데, 그것이 1925년 기독교창문사에서 펴낸《신역신구약전서新譯新舊約全書》이다. 이 일에도 한국인 조력자 이원모李源謨, 이창직李昌稙, 이교승李教承의 도움이 컸다. 비록 게일은 개역위원직을 사임했으나 한국성경 번역사에서 그가 남긴 기여와 역할은 아무도 부인할 수 없다.

구약성경 개역 작업은 이런저런 일로 지체됐었으나 피터스, 베어드, 한국인 남궁혁, 김관식, 김인준, 이원모 등이 가담해 이 일을 추진하여 무려 26년에 걸친 작업을 완료하고 마침내 1936년《구약젼셔 개역본》이 간행되었다. 이 개역본을 일부 수정하여 1938년에는 보다 완전한 번역본이 출판되었다.

신약 개역 작업은 1926년 '신약개역자회'가 조직되면서 시작되었다. 이 일은 감리교의 스톡스M. B. Stokes, 윈S. D. Winn, 로스C. Ross, 레이놀즈, 커

닝햄F. W. Cunningham, 크레인J. C. Crane 등에 의해 추진되었는데, 개역대본으로는 네스틀레의 희랍어 성경이 사용되었다. 1937년에는 개정을 완료하였고 1938년《신약개역》이란 이름으로 발간되었다. 그래서 구약과 신약이 합본되어《성경개역》이 출판되었다. 이 공인역 개정 성경이 1952년 한글 맞춤법 통일안에 의거하여 수정을 거친 뒤《성경전서 개역한글판》이란 이름으로 간행되었고, 1956년 다시 새로운 맞춤법에 따라 일부 수정했고, 1961년에는 815개소의 자구수정을 거쳤는데, 이《성경전서 개역한글판》이 오늘에 이르기까지 한국 교회가 가장 오랫동안 사용하는 성경이 되었다.

이 외에도 1906년에는 애국지사이기도 했던 유성준 장로의 국한문신약전서와 같은 사역 성경이나, 1912년 이익채 씨가 편찬한 관주성경 등이 있다.

### 해방 이후의 성경 번역

해방 후에도 여전히 성경 번역 혹은 출판은 외국성서공회의 후원과 지원을 받았다. 여러 가지로 부족한 한국의 현실을 감안하여 미국성서공회는 1946년 신약전서 5만 권을 기증해주었고, 1947년 영국성서공회는《성경전서》5천 부를 기증해주기도 했다. 1947년에는 대한성서공회가 재건되었고, 1950년에는 한글판 성경전서가 출판되었는데 한글 성경에만 사용되는'성서체'라는 특별한 문체가 사용되었다. 예기치 못한 6 · 25 동란으로 성서공회 건물이 파손되었고, 10만 권에 달하는 성경과 주요 문서가 소실되는 막대한 손실을 입었다. 그러나 성경 편찬 작업은 피난지인 부산에서 계속되어 1957년에는 점자성경이 신약 10책, 구약 16책으로 완간되기도 했다.

### 1. 새번역 성경의 시도

해방이 되자 성경의 새로운 번역에 대한 관심이 일기 시작했다. 그 첫 시도가 박창환의 성경 사역私譯이었다. 장로회신학교 교수였던 박창환은 1957년 8월 창간된 〈기독교계〉에 에베소서 사역을 게재했고 이어서 빌립보서, 골로새서를 사역하여 게재하였다. 또 김정준은 시편 사역본을 게재하기도 했다.

1957년 7월, 김정준, 김찬국, 김철손, 문익환, 박대선, 박창환, 전경연 등은 복음동지회를 구성하고 성경 번역을 시작하였다. 젊은 세대는 고어체로 된 '개역 성경'을 잘 이해할 수 없으므로 현대어로 번역할 필요가 있었고, 최근의 성경본문 연구를 반영한 새로운 역본이 요구된다는 점에서 번역을 시도하게 된 것이다. 이런 노력의 결과로 1961년 1월 25일에는《마태복음》을 발간하게 되었다. 이렇게 시작된 성경 새번역 작업은 대한성서공회 사업으로 흡수되었고, 번역위원장에 전경연, 초역위원에 김철손, 박창환, 이상호, 서기에 정용섭 등이 선임되었다. 대본으로는 네스틀레 25판이 사용되었다. 이때로부터 4년이 지난 1967년 12월 15일에는 신약이 완역되어《신약전서 새번역》이 간행되었다. 이 성경 번역진은 진보적 학자들로 구성되어 있었으므로 한국 교회 전체의 지지를 받지 못했고, 강단용으로 사용되지도 못했다. 그러나 순수 한국인 학자들로 구성된 번역진에 의해 새로운 신약성경이 역간된 일은 경하할 일이었다.

### 2. 신구교의 공동번역 성서 출간

신약 번역을 완료한 성서공회는 구약 번역을 서둘렀다. 그런데 이때 신구교가 합작하여 성경을 번역하기로 합의하고 1968년 2월 15일 신구교 '성경번역 공동위원회'를 구성하였다. 또 그해 4월 1일에는 '번역위원회'를 구성하여 새로운 번역을 추진하게 되었는데, 번역위원으로는 김정준(위원장), 정용섭(서기), 문익환, 배제민, 최의원 목사, 그리고 천주교 학자인 선종완 신부가 선임되었다. 그러나 배제민과 최의원은 번역정책과 신학적 입장에 대해 견해를 달리하고 곧 사퇴하였다. 이렇게 되자 실제적인 번역 실무는 개신교의 문익환과 천주교 측의 선종완 두 사람이 맡았다. 약 3년간 두 사람의 노력 끝에 신약공동번역본이 1971년 4월 11일 부활절을 기해 출판되었고, 1977년에는 구약까지 완역되어 그해 부활절을 기해《성서》라는 이름에 부제로 '공동번역'이라는 표제를 붙인 소위 공동번역 성서가 대한성서공회에서 출판되었다. 이 성경에서 신약은 1971년에 번역된 공동번역 신약성서를 개역한 것이었다.

이 성경은 키텔Kittell의 '비블리아 헤브라이카Biblia Hebraica' 곧 BHK를 기초로 번역되었다. 그런데 이 성경 번역이 신구교의 타협으로 이루어졌다는 점에서 특히 한국의 보수교회는 이 성경에 대해 매우 비판적이었다. 개신교는 천주교의 요구를 수용하여 '하나님' 표기를 포기하고 '하느님' 표기를 취했다. 보수교회는 이 성경은 범신론적인 번역이라고 혹평했다. 또 신구교 간에는 외경에 대한 견해차가 있었으므로 가톨릭용 성경에는 구약과 신약 사이에 외경이 포함되어 있었다. 이 성경은 지지를 받지 못했고 강단용으로 채택되지 못했다. 심지어는 번역에 동참한 학자들이 속한 교단에서조차도 외면당했고 단지 참고용 성경으로 활용되고 있다. 그러나 천주교에서는 이 성경을 공식 성경으로 사용하고 있다. 비록 강단용으로 받아들여지지 못했고 상당한 비판을 받기도 했으나 신구교가 공동으로 번역한 최초의 성경이라는 점에서 의의가 있다. 북한에서는 이 공동번역 성경을 일부 수정하거나 북한식 용어로 바꾸어 출판한 것으로 알려져 있다.

### 3. 현대어 성경

대한성서공회에 의해 공동번역 성서가 발행되었으나 이 성경은 수용되지 못했다. 그러나  젊은이들도 쉽게 읽을 수 있는 현대어 역을 지향한 점은 고무적인 일로 받아들여졌다. 이런 분위기에서 현대어 성경 역본에 대한 기대가 높아졌다. 이런 현상은 한국에서만의 경우가 아니었다. 영어권에서도 더 읽기 쉬운 현대어 역본들이 출간되기도 했다.《살아 있는 성경》이나《좋은 소식 성경》 등이 이 범주에 속한다. 이런 추세에 부응해 한국의 생명의말씀사는 현대어로 된 성경 번역본을 시도하였다. 그 결과로 1977년에는 신약이 번역 출간되었고, 1985년에는 구약까지 번역되어 신구약이 합본이《현대인의 성경》이란 이름으로 출간되었다. 이 성경은 누구나 읽을 수 있는 현대어문으로 번역된 점은 장점으로 지적되지만, 그것이 원전의 의미를 얼마나 정확하게 반영하고 있는가 하는 점에 대해서는 크게 의문시되고 있다.

사실《현대인의 성경》은 히브리어나 헬라어 원전 성경을 대본으로 번역하기보다는 현대어 영어 성경본인《살아 있는 성경》에 크게 의존하고 있었다. 사실 번역 의도도 이 책을 한글 개역 성경과 함께 사용해 어려운 개역 성경을 쉽게 이해하도록 도움을 주려는 동기를 지니고 있었다. 즉 이 역본은 원의의 정확한 전달보다는 용이한 독서에 더 큰 비중을 두었다. 따라서《현대인의 성경》이《한글 개역 성경》을 대체하기에는 한계를 지니고 있었다. 이런 점에서 볼 때 이 성경은 한국어로 출간된 최초의 풀어쓰기 성경이라고 할 수 있을 것이다. 이 외에도 아가페 출판사에서 국내 최초로 원문 마소라 본문인 아셰르의 본을 직역한《쉬운 성경》(2001)이 출간되었고, 2004년에는 남북통일 시대를 대비해 11년에 걸쳐 번역한《우리말 성경》(두란노)이 출간되었다. 2009년 복있는사람에서 출판한 유진 피터슨의《메시지》(신약편) 역시  일상의 언어로 옮긴 성경으로 이 범주에 속한다. 2011년 〈모세오경〉편도 출간되었다.

#### 4. 성경전서 개역개정판의 발행

앞에서 언급했지만 그동안 한국 교회가 사용해 온 성경은 1900년 국내에서 처음으로 번역된 신약성경, 1911년에 완역된 신구약성경 번역본인《한글개역 성경》인데, 1938년 개정을 거처 1952년과 1956년 한글 맞춤법 통일안에 의거하여 수정된 성경이라는 점을 지적했다. 이 성경이 가장 오랜 기간 동안 강단용으로 사용되어 왔으나 1938년 개정된 이래 재개정된 일이 없이 오늘까지 사용해왔다. 이 성경은 오늘의 젊은 세대들이 이해하기 어렵고, 또 번역 상에서도 몇 가지 문제가 제기되어 새로운 번역에 대한 요구가 있었다. 이러한 요구에 부응하여 한글개역 성경을 개정해야 한다는 여론이 제기되었다. 이 일은 당연한 일이지만 대한성서공회에 의해 추진되었다. 개역 준비 작업은 1983년 시작되었는데 1993년 8월에는 17개 교단 대표로 구성된 '성경전서 개역한글판 개정감수위원회'를 조직하였다. 성경개역에 사용한 대본으로는 구약은 슈투트가르트 히브리어 성경BHS이었고, 신약은 네스틀레-알란트Nestle-Aland판이 사용되었다.

한글개역 성경을 개역하되 보수적인 교회를 포함한 범교회적인 지지를 얻기 위해서 보수적인 학자인 오병세 박사를 개역위원장으로 영입하기도 했다. 이런 노력의 결과로 1995년 11월에 개역개정판 신약이 출간되었고, 1997년 6월에는 구약 개역이 완료되었다. 약 6개월간의 감수와 의견수렴을 거쳐 1998년 8월 31일《성경전서 개역개정》이 발행되었다. 초판은 3만 부 발행되었다. 이 성경에서는 어려운 한자어를 쉬운 말로 고치고 문법이나 어법이 맞지 않는 경우를 수정하였고 어색한 말을 다듬는 등 국어학적인 개정과 함께, 장애인에 대한 차별적인 용어도 수정했다. 이런 외형적인 개역 외에도 원어의 뜻을 보다 분명하게 보여주는 한국어로 대치했다. 개역개정판은 개역 성경의 7만 2,700개소를 수정했다고 한다. 고유명사의 음역은 개역 성경에 따르되 한국 교회가 오랫동안 사용해 오던 익숙한 용어는 바꾸지 않는다는 원칙에 따라 번역되었다.

이런 시도에도 불구하고 이 개역개정판은 상당한 논란을 불러 일으켰고, 강단용으로 사용하기를 거부하는 교단이나 교회가 적지 않았다. 대한성서공회는 교계의 여론을 수용, 번역에 반영하여 2000년 새로운 개역개정판을 선보이기도 했다. 일부 교단은 이 책은 개역이 아니라 개악이라고 혹평하면서 여전히 강단용으로 사용하기를 거부하고 있으나 요즘 들어 개역개정판을 사용하는 교회가 늘고 있으며, 대한성서공회가 최근 교단별 성경활용 현황을 분석한 결과 85-90퍼센트가 개역개정판을 사용하고 있는 것으로 파악된다.

### 5. 성경공회의 창립과 《하나님의 말씀, 바른 성경》의 출판

지금까지 한국에서의 성경 번역과 반포사업은 1895년에 창립된 대한성서공회가 주관해왔다. 물론 초기에는 외국성서공회의 지원을 받기도 했으나 대한성서공회는 성경의 번역과 출판을 관장하는 한국을 대표하는 기구였다. 그러나 1990년대 이후 보수적 교회들은 대한성서공회의 정책과 신학적 입장, 특히 성경 번역과 관련해 불만을 제기했다. 특히 대한성서공회가 '표준새번역'을 보급하기 위해 한국 교회가 가장 오랜 기간 동안 사용해 오던 개역 성경의 보급과 출판을 중단하려고 했을 때 표준새번역을 받아들일 수 없는 교회는 성경을 새롭게 번역하지 않을 수 없다고 본 것이다. 표준새번역이란 대한성서공회가 개역 성경의 개정이 아닌 완전한 새로운 역본을 의도하고 1983년 번역에 착수해 1993년 출판한 성경인데, 쉬운 현대어로 번역하고 원전의 의미를 보다 더 정확하게 번역하려고 힘썼다고 말하고 있으나 한국 교회의 지지를 받지 못했다. 이런 상황에서 대한예수교장로회 합동, 고신, 개혁, 고려 등 보수적인 107개 교단은 '한국성경공회'를 창립했다. 창립과 함께 새로운 성경을 번역하기까지 잠정적으로 사용할 목적으로 판권 시효가 끝난 것으로 볼 수 있는 1952년판 개역 성경을 대본으로 부분적인 수정을 하여 1997년《하나님의 말씀 신구약성경》을 출판했다. 그러나 이것을 두고 대한성서공회가 인격권의 침해라고 문제를 제기해 이 성경을 사용할 수 없게 되었다.

이에 한국성경공회는 1999년 6월 성경을 새롭게 번역하기로 했다. 이에 성경 번역위원회를 구성하기로 결의하고 구약성경 번역위원에 손석태 박사(위원장) 외 14명을, 신약 번역위원으로 황창기 박사(전 고신대총장) 외 14명을, 국어문학 팀장에 정효현 박사 외 2명을, 감수위원장에 정규남 박사(광신대학교 총장)를 위촉하고 성경 번역을 시작했다. 번역대본으로 구약의 경우 Biblia Hebraica Stuttgartensia(2nd ed., 1983)의 마소라 본문이, 신약의 경우 Novum Testamentum Graece(27th ed.)와 Greek New Testament(4th corrected ed.)가 함께 사용되었다. 번역 작업은 8년 6개월이 소요되었고, 2007년《하나님의 말씀, 바른 성경》이란 이름으로 출판되었다. 영문으로는 'The Korean Truthful Version'이라고 명명했다.

한국성경공회는 상당한 기대를 가지고 이 책을 출판했으나 한국 교회의 지지를 얻는 데 실패했다. 현재 이 성경을 강단용으로 사용하는 교회는 거의 없다. 한국성경공회 창립의 중심교단이라고 볼 수 있는 대한예수교장로회 합동이나 고신조차도 이 책을 외면하고 있다. 비록 일부의 강력한 주장에 따라 보수적 교회들이 한국성경공회 창립에 동참하고 성경 번역을 시작했으나 대한성서공회에도 이사를 파송하는 등 두 기관에 동시에 동참하고 있었다. 따라서 새로운 성경공회의 창립이나 새로운 성경 번역에 대한 확고한 믿음이 부족했다. 일례로 고신교단의 경우, 원로 학자인 오병세 박사는 대한성서공회의 개역 성경 개정 작업에 깊이 관여했지만 황창기 박사는 한국성경공회 신약번역위원장으로 참여하는 등 같은 교단에서도 일치된 입장을 견지하지 못했다. 성경 번역에서도 믿음을 주기에 부족했다. 대한성서공회는 지난 한 세기 이상 성경 번역과 출판을 관장하는 전통을 계승해왔고 외국 성서공회와의 긴밀한 협조 아래 신뢰를 쌓아왔으나 한국성경공회는 그런 전통이 없고 성급하게 새로운 성경을 역간하려는 것이 아닌가 하는 인상을 주었기 때문이다. 번역진의 구성에서도 교회적 신뢰를 얻기에는 다소 부족했다. 실제로 새로운 번역이 기존의 번역과 확연하게 다르거나 우수하여 성경 원전의 의미를 보다 정확하게 전달하고 있다는 점을 제시하지 못했다. 이런 측면과 함께 한국 교회가 하나의 성경으로 통일되어 있어야 한다는 심리가 《하나님의 말씀, 바른 성경》의 사용을 기피하게 만든 또 다른 요인이기도 했다. 따라서 이 책을 사용해야 할 이유가 없었다. 이러한 이유로 《하나님의 말씀, 바른 성경》은 강단용이 아니라 참고용으로 받아들여지게 된 것이다.

그럼에도 새로운 성경 번역을 계기로 성경원전, 혹은 성경 언어에 대한 관심을 고양시키고 더 우수한 역본에 대한 교회적 관심을 환기시키는 일은 한국 교회의 성숙을 위해 필요한 일일 것이다.

처음에는 국외의 만주와 일본에서 한국어 성경이 번역되기 시작했으나 1887년 이래로 성경 번역에 대한 관심이 일어나고, 또 한국성서공회가 조직되어 1890년대부터 국내에서 성경 번역 작업이 시작되었다. 그 결과 1900년에는 신약이, 1911년에는 구약이 완역되어 우리 손에 들려지게 되었다. 그 이후 여러 종류의 성경이 역간됐지만 1911년에 나온 《성경전서》의 전통이 오늘까지 계속되고 있다. 비록 이견이 없지 않았지만 한국 교회 강단에서 하나의 동일한 성경역본이 사용되고 있다는 점은 매우 다행한 일이라고 할 수 있다.

한국에서 성경은 한글의 보급과 한국사회 계몽에도 커다란 영향을 끼쳤다. 한국에서 성경은 한글의 보급과 문맹 타파에 결정적인 영향을 끼쳤다. 서민들은 성경을 통해 한글을 터득했고, 성경을 통해 천대받은 한글이 우리 글로 정착되었다. 독일의 루터의 독일어판 신약성경의 번역이 독일문학에 끼친 영향이나, 킹 제임스 성경이 영문학에 끼친 영향과 비견될 수 있을 것이다.

글. 이상규

고신대학교 신학과를 거쳐 동대학 신학대학원과 대학원에서 수학하고 호주 빅토리아주 장로교 신학대학에서 교회사를 연구하고 호주신학대학에서 신학박사 학위를 받았다. 현재 고신대학교 교수로 역사신학을 담당하고 있다.

주註

## 들어가는 말

1 John Richard Green. *A Short History of the English People*(New York: Harper&Brothers, 1890), p.460.

2 David Gelernter, "Bible Illiteracy in America." *The Weekly Standard*. May 23, 2005, Volume Oto, Issue 34.

## 1장

1 마 26:28.

2 Roberts, C. H., "The Greek Papyri" in S. R. K Glanville (ed), *The Legacy of Egypt*, Oxford: Clarendon Press, 1963. 251.

3 왕하 3:4-27.

4 민 11:18-19.

5 작은 상자.

6 수 16:10.

7 Adapted from *The Bible Almanac*, ed. James I. Packer, Merrill C. Tenney and William White, Jr.(Nashville: Thomas Nelson), 343-45.

## 2장

1 바다의 경계가 바뀜에 따라 지금은 우르의 유적이 내륙에 위치해 있다.

2 일부 학자는 아브라함의 출생지가 우르가 아니고 오늘날의 터키에 있는, 하란 근처의 우르파(Urfa)라고 생각한다.

3 수 24:2.

4 행 7:2-4.

5 창 12:2-3.

6 롬 3:1-2.

7 일부 학자들은 BC 1290년경이었다고 믿는다.

8 민 2:46에 따르면 여자와 어린이를 제외한 인구가 약 60만 명이었다.

9 신 31:24 이하.

10 외경에는 다양한 책들이 포함되어 있다. 루터의 성경을 보면 에스더서와 다니엘서의 추가 부분과 더불어 7권이 포함되어 있다. New English Bible은 에스더서와 다니엘서의 추가 부분과 더불어 12권을 포함하고 있다. 가톨릭의 제2정경은 모두 7권이다. 토비아스, 유딧, 지혜서, 집회서, 바룩서, 마카베오 상, 마카베오 하. 여기에 에스더서의 추가 부분과 다니엘서의 두 가지 추가 부분(세 아이의 이야기, 수산나의 이야기, 벨과 용의 이야기)이 덧붙여진다.

11 셉투아진트(Septuagint)는 70을 의미하는 라틴어로서 흔히 LXX(로마 숫자)로 표기된다.

12 Bruce Metzger, "Important Early Translations of the Bible," *Bibliotheca Sacra* 150(January-March 1993), 42.

13 요 9:29.

14 Bruce Metzger, An Introduction to the *Apocrypha*(Oxford: Oxford University Press, 1957), 8.

15 신 6:4.

16 Frederic Kenyon, *The Story of the Bible*(Grands Rapids: Eerdmans Publishing Co, 1967), p. 11, 13.

17 윌리엄 폭스웰 알브라이트가 1948년 3월 15일에 총대 주교인 아타나시우스 사무엘과 나눈 개인적인 대화.

18 이 행습의 배경을 알려면 신 25:19를 보라.

19 집회서 50:25-26.

20 요 4:9.

## 3장

1 눅 24:27.

2 벧전 5:13.

3 벧후 1:16.

4 마 1:22-23; 2:5-6, 17-18; 3:3; 4:14-16.

5 "마음이 사랑을 받는 의사"라고 부름(골 4:14).

6 눅 1:3.

7 요 21:24.

8 요 20:31.

9 당시는 성경을 장과 절로 나누기 이전이었다.

10 계 21:4.

11 Kenyon, *The Story of the Bible*, 28-29.

12 막 16:15.

13 Kenyon, *The Story of the Bible*, 113.

## 4장

1 막 10:37.

2 갈 1:6.

3 F. F. Bruce. *The Testament Documents: Are They Reliable?*(Grand Rapids: William B. Eerdmans Publishing Co, 1981), 16.

4 Willy Rordorf "The Bible in the Teaching and the Liturgy of Early Christian Communities." in *the Bible in Greek Christian Antiquity*, ed. and trans. by Paul M. Blowers(Notre Dame, Indiana: University of Notre Dame Press, 1997), 69.

5 벧후 3:15-16.

6 Bruce, The New Testament Documents: *Are They Reliable?* 17.

7 위의 책, 22쪽.

8 Will Durant, *Caesar and Christ, vol.3 of The Story of Civilization*(New York: Simon and Schuster, 1944, 1972), 655, 657.

9 Malcolm Muggeridge, *The End of Christendom*(Grand Rapids: William B. Eerdmans Publishing Co, 1980).

10 니케아 공의회는 성경의 경전(정경)의 구성 요소에 관한 성명은 발표하지 않았다.

11 이 공의회에서 제2정경(외경)을 성경에 포함시키기로 결정했다.

12 Neil R. Lightfoot, How *We Got the Bible*. 3rd ed.(Grand Rapids: Baker Books, 2003), 79.

13 Stephan Holler, *The Gnostic Jung and the Seven Sermons to the Dead*(Wheaton, Illinois: Theosophical Publishing, House, 1989), 11.

14 Durant, *Caesar and Christ*, 604.

15 John Noble Wilford and Laurie Goodstein, "'Gospel of Judas' Surface after 1,700 Years." *New York Times*, April 6, 2006.

16 http://www.ntcanon. org. Eusebius. shtml(accessed August 27. 2009).

## 5장

1 Christopher de Hamel, 《성서의 역사The Book: A History of the Bible》(미메시스 역간).

2 같은 책, 63쪽.

3 같은 책, 63쪽.

4 H. S. Miller, *General Biblical Introduction: From God to Us*(Houghton, New York: Word-Bearer Press, 1960), 324.

5 Rosalind Brooke and Christopher Brooke, *Popular Religion in the Middle Ages: Western Europe, 1000-1300*(London: Thames and Hudson, 1984), 130.

6 Quoted in Paul Cavill, ed. *The Christian Tradition in Anglo-Saxon England: Approaches to Current Scholarship and Teaching*(Cambridge: D. S. Brewer, 2004),103.

7 전통에 따르면 마가복음의 저자인 마가가 이집트의 알렉산드리아에 있는 교회를 창립했다고 한다. AD 68년에 그는 말에 묶인 채 거리에서 끌려다니다가 죽음을 맞이했다. 그리고 그 교회에 묻혔다. 그런데 828년에 이탈리아의 베네치아에서 온 두 상인이 마가의 몸을 베네치아로 가져갔으나 그의 머리는 알렉산드리아에 남아 있었고, 해마다 한 번씩 그 머리를 들어내어 그 교회의 창립을 기념했다는 것이다. 1100년도 넘는 기간 동안 그 머리 없는 몸은 베네치아 소재 성 마가의 바실리카 성당이 소장한 유물 가운데 가장 귀중한 유물이었다. 하지만 1968년 6월, 교황 바오로 6세는 그 몸을 알렉산드리아로 돌려보내어 머리와 몸을 합장시켰다.

8 Brooke and Brooke, *Popular Religion in the Middle Ages*, 14.

9 위의 책 17쪽.

10 《여호수아 화권》은 바티칸 도서관에 소장되어 있다.

11 《파리 시편》은 프랑스 국립도서관에 소장되어 있다.

12 크루세이더 성경은 뉴욕 피에르폰트 모르간 도서관에 소장되어 있다.

13 Christopher de Hamel, 《성서의 역사》.

14 코덱스 아우레우스는 독일 바바리안 주립도서관에 소장되어 있다.

15 De Hamel, 《성서의 역사》, 80.

16 윈체스터 성경은 영국 윈체스터 성당에 소장되어 있다.

17 Ingo F. Walther and Norbert Wolf, Masterpieces of illumination: The World's Most Beautiful Illuminated Manuscripts 400-1600(Koln: Taschen, 2005), 70.

18 위의 책, 80쪽.

19 http://en.wikipedia.org/wiki/Book_of_Kells,(accessed August 27, 2009).

20 B. F. Westcott, A General View of the History of the English Bible, rev. William Aldis Wright(London: Macmillan, 1905), 12.

21 Alister E. McGrath, In the Beginning: The Story of the King James Bible and How it Changed a Nation, a Language and a Culture(New York: Doubleday, 2001), 36.

22 존 퍼베이는 위클리프 성경의 개정판 서문에서 이렇게 말했다. "성경 번역자는 깨끗한 삶을 살고 열심히 기도해야 하며, 그 정신이 세상적인 일에 몰입해서는 안 된다. … [그리하면] 성령께서 그의 작업을 위해 그를 준비시키시고 오류에 빠지지 않게 지켜주실 것이다."

23 McGrath, *In the Beginning*, 19.

24 위의 책, 33쪽.

25 William White Jr., "Introduction," in *Nelson's Expository Dictionary of the Old Testament*(Nashville: Thomas Nelson Publishers, 1980), xi.

26 Ingo F.Walther and Norbert Wolf, *Masterpieces of Illumination: The World's Most Beautiful Illuminated Manuscripts 400-1600*(koln: Taschen, 2005), 84.

27 Quoted in Henry Hargreaves, "The Vernacular Scriptures: The Wycliffite versions," in *The Cambridge History of the Bible*, ed. By G. W. H. Lampe(Cambridge: Combridge University Press, 1969), II: *The West from the Fathers to the Reformation*, 388.

## 6장

1 루터는 이렇게 썼다. "일부 사람은 해마다 30만 길드 이상이 독일에서 이탈리아로 넘어간다고 추산했다. … 우리 독일인은 왜 교황의 손에 그토록 많은 자산을 강탈당하는 것을 참고 있어야 하는가?"(Will Durant, *The Reformation*, vol.6 in *The Story of Civilization*, 353).

2 David Wright, "The Reformation to 1700," in *The Oxford Illustrated History of the Bible*, ed, John Rogerson(Oxford: Oxford University Press, 2001), 193.

3 C. Singer, E. Holmyard, A. Hall. and T. Williams, *A History of Theology*, vol. 3(Oxford: Oxford University Press, 1958).

4 De Hamel, 《성서의 역사》.

5 Harry Thomas Frank, Charles William Swain, and Courtlandt Canby, *The Bible through the Ages*(Cleveland: World Publishing, 1967), 59, quoted in Donald L. Brake, *A Visual History of the English Bible*(Grand Rapids: Baker Books, 2008), 79.

6 Durant, *The Reformation*, 159.

7 Jean Mary Stone, *Reformation and Renaissance(circa 1377-1610)* (London: Duckworth,

1904), 453-456.

8 Durant, *The Reformation*, 160.

9 Wright, "The Reformation to 1700," 201.

10 McGrath, *In the Beginning*, 53.

11 De Hamel,《성서의 역사》.

12 Durant, *The Reformation*, 936.

13 http://www.newadvent.org/cathen/15930c.htm(accessed August 27, 2009).

14 Wright, "The Reformation to 1700," 215.

15 Frederic Kenyon, *Recent Developments in the Textual Criticism of the Greek Bible* (Oxford: Oxford University Press, 1932), 2, 3.

16 Lightfoot, *How We Got the Bible*. 95-103.

17 예컨대, NIV는 마가복음 16장 9-20절을 포함시키면서 "가장 믿을 만한 두 권의 초기 사본에는 마가복음 16장 9-20절이 없다"는 해설을 달아놓고, 요한복음 7장 53절-8장 11절도 포함시키면서 "가장 초기의 가장 믿을 만한 사본들에는 요한복음 7장 53절-8장 11절이 없다"는 주석을 달았다.

18 Donald Brake, *A Visual History of the English Bible*(Grand Rapids: Baker Books , 2008), 93.

19 In 1519, 1522, 1527 and 1535.

20 로베르투스 스테파누스는 성경구절의 구분을 명시했던 사람이며, 이는 오늘날까지 사용되고 있다.

21 Frederic G. Kenyon, *Handbook of the Textual Criticism of the New Testament*(London: Macmillan and Co., 1901), 271.

22 McGrath, *In the Beginning*, 242.

23 Philip Schaff, *History of the Christian Church*(New York: Charles Scribner's Sons, 1910), 6.

24 콤플루툼 폴리글롯의 그리스어 신약성경은 1514년에 인쇄되긴 했으나, 전체 성경이 완성되어 교황 레오 10세가 재가한 1522년에 가서야 출판되었다.

25 http://en.wikipedia.org/wiki/textus_receptus, quoting "Epistle273" in collected works of Erasmus Vol.2: Letters 142 to 297, 1501-1514(tr.R.A.B. Mynors and D.F.S. Thomson: annotated wallace K. Ferguson; Toronto: University of Toronto Press, 1976), 253.

26 Christopher de Hamel.《성서의 역사》.

### 7장

1 코취레우스는 성경을 통속적인 언어로 번역하는 것을 환영하는 인물이 아니었고 이런 글을 쓴 적이 있었다. "통속적인 언어로 번역된 신약성경은 사실상 죽음의 양식, 죄의 연료, 악의의 베일, 거짓 자유의 구실, 불순종의 보호막, 징계의 타락상, 도덕의 부패, 화합의 종료, 정직의 죽음, 온갖 악의 샘, 미덕의 질병, 반역의 선동, 자만의 우유, 경멸의 양분, 평화의 죽음, 사랑의 파괴, 연합의 적, 진리의 살해다." John Davidson, *The Gospel of Jesus*(Shaftesbury, UK:

Element Books, Ltd., 1995, 2004), 70 인용.

2. 적어도 틴데일은 당시에 재침례파에게 선고되었던, 산 채로 화형당하는 일은 면했다.

3 비드가 번역 작업을 거의 마쳤을 때는 몸이 아주 쇠약했다. 그를 돕는 필사자가 "선생님, 아직도 한 장이 더 있습니다만 좀 쉬어야 하지 않겠습니까?"하고 말했다. "아니다, 얼른 쓰도록 하여라"하고 비드가 대답했다. "나는 더 이상 견딜 수 없을 것 같구나." 필사자는 계속 써나갔다. "신부님, 이제 한 문장밖에 남지 않았습니다." 비드가 그것을 받아쓰게 하면서 "얼른 쓰라"고 재촉했다. "드디어 끝났습니다, 선생님." "아아, 드디어 끝났구나!" 하고 비드가 그대로 되풀이하고는 곧 하나님을 찬양하면서 죽었다. Miller, *General Biblical Introduction*, 320.

4 McGrath, *In the Beginning*, 24-25.

5 Miller, *General Biblical Introduction*, 337.

6 Edward Hall, *The Union of the Two Noble and Illustre Families of Lancaster and York*, 1548.

7 Lightfoot, *How We Got the Bible*, 178.

8 욥 3:11; 13:19; 14:10.

9 롬 13:1.

10 창 4:9.

11 마 5:13.

12 딤전 6:12.

13 롬 2:14.

14 이 표현은 캔터베리 성직자 회의가 1534년에 헨리 8세에게 보낸 호소문에 들어 있다 (McGrath, *In the Beginning*, 88).

15 Frederic G. Kenyon, "*English Versions*," in *Dictionary of the Bible* ed. James Hastings(New York: Charles Scribner's sons, 1909). 이는 다음 웹 사이트에도 들어 있다. www.bible-researcher.com/greatbible1.html(2009년 8월 27). 케니언이 이 말을 한 지 100년이 흐르는 동안 잉글랜드 국민을 붙잡고 있던 성경의 장악력은 상당히 약화되었다.

16 이 단락은 오늘날의 출판사들이 사용하는 광고문처럼 들리지만 모두 사실이다.

17 Harry Stout, "Word and Order in Colonial New England," in *The Bible in America*, ed. Nathan O. Hatch and Mark A. Noll(Oxford: Oxford University Press, 1982), 21-22.

18 McGrath, *In the Beginning*, 129.

19 이는 다음 영국도서관 팟캐스트에 인용되어 있는 헨리 8세의 1539년 포고문에서 따온 것이다. http://britishlibrary.typepad.co.kr/henry/2009/07/new-podcast-henrys-great-bible.html(2009년 11월 14일).

20 Gordon Baker, "A Panoramic View of the King James Bible's Origins," *Anglican Journal*(December 2003).

21 "구약과 신약이 모두 실린 성경. 원어에서 새로 번역한 것이고, 폐하의 특별 명령으로 예전의 번역판들과 부지런히 비교하고 개정하여 만든 판. 교회에서 읽도록 지정된 성경이다."

22 'Thou'는 ('I'와 같은) 주어이고 'thee'는 ('me'와 같은) 목적어다. 이에 비해 'you'는 주어와 목적어로 모두 사용된다.

23 McGrath, *In the Beginning*, 266-7.

24 틴데일의 번역문은 다음과 같다. "And he said: who told the that thou wast naked? Hast thou eaten of the tree, of which I bade the that thou shouldest not eate?"

25 도널드 브레이크는 19세기 학자였던 프랜시스 프라이에 관해 이렇게 말한다. "그는 스스로 어느 서명과 증쇄된 종이가 KJV의 제1쇄와 제2쇄에 속하는지를 알고 있었다고 믿었다. 그래서 상당한 기간에 걸쳐 사본들을 모아서 자기 이론에 따라 종이들을 교환했다. … 이런 괘씸한 짓을 한 인물은 프라이만이 아니었다. … 오늘날은 여러 사본을 묶어서 2절판 책으로 만든 뒤에 1611년도 초판으로 판매할 목적으로 그것을 '초판'(editio princeps)이라고 부르는 실정이다"(*A Visual History of the English Bible*, 201).

26 Frederic W. Farrar, *The Bible: Its Meaning and Supremacy*(London: Longmans, Green, & Co, 1901), 260.

27 아프리카 선교의 선구자였던 데이비드 리빙스턴은 1873년에 치탐보 추장 마을에서 죽었다. 리빙스턴의 몸은 런던으로 운반되어 웨스트민스터 사원에 묻혔으나, 그의 심장은 아프리카에 매장되었다.

28 시 23:1.

29 마 11:28.

30 마 7:1.

31 수 1:9.

32 눅 2:10-11.

33 고전 15:20, 22.

34 David Daniell, *The Bible English: Its History and Influence*(New Haven, Connecticut: Yale University Press, 2003), 427-28.

**8장**

1 1642년부터 1650년까지 시행된 하버드의 '대학 법칙' 중 하나는 "모든 사람이 하루에 성경을 두 차례 읽는 것을 스스로 훈련해 그 속에 있는 내용을 능숙하게 말할 준비를 갖추어야 한다"는 것이었다. S. E. Morrison, *The Founding of Harvard College*(Cambridge, Massachusetts: Harvard University Press, 1935), 333-334.

2 대륙 국회의 한 위원회 보고서에서. John Wright, *Early Bibles of America*(New York: Thomas Whittaker, 1894). P. Marion Simms, *The Bible in America*(New York: Wilson-Erickson, 1936), 126에서 재인용.

3 Mark Noll, "The Image of the United States as a Biblical Nation, 1776-1865," in Nathan O. Hatch and Mark A. Noll, eds, *The Bible in America*(New York: Oxford University Press, 1982), 43.

4 The Mayflower Compact, November 11, 1620.

5 The Charter of Massachusetts Bay, March 4, 1629.

6 The Articles of Confederation of the United Colonies of New England May 19, 1643.

7 The Second Charter of Virginia, May 23, 1609.

8 Herbert Samworth, "John Eliot and America's First Bible, http://www.solagroup.org/articles/historyofthebible/hotb_0005.html(accessed August 27, 2009).

9 Quoted in Harry S. Stout, "Word and Order in Colonial New England," in Hatch and Noll, eds, *The Bible in America*, 34.

10 이 어구는 G. K. 체스터튼의 말로 알려져 있다. Sidney F. Mead, "The 'Nation with the Soul of a Church,'" in Russell E., Richey and Donald G. Jones, *American Civil Religion* (New York: Harper&Row, 1974), 45.

11 한 가지 예로 남부 연합군의 장군이었던 스톤월 잭슨을 들 수 있다. 그는 버지니아 군사학교의 교수이자 렉싱턴 장로교회의 집사로 있는 동안 주일학교에서 노예들과 흑인 자유민들을 가르쳤다. 그리하여 수백 명의 아이들이 미국 역사에서 가장 위대한 장군 중 한 명에게 읽는 법을 배웠던 것이다.

12 골 3:22(KJV).

13 골 4:1(KJV).

14 Review of Allen Dwight Callahan. *The Talking Book: African Americans and the Bible*(New Haven, Connecticut: Yale University Press, 2006) in Publisher's Weekly, August 18, 2006.

15 마틴 루터 킹이 1963년 8월 28일 링컨 기념관의 계단 위에서 이사야 40장 4절을 언급하며 행한 연설 중에서.

16 Quoted in Garry Wills, "Mason Weems, Bibliopolist," *American Heritage*(February-March, 1981), 68.

17 뉴욕성서공회는 국제성서공회가 되었다가 지금은 비블리카(Biblica)로 이름이 바뀌었다.

18 Barna Research Online, "The Bible," www.barna.org. 이 정보는 다음 자료에 나온 1993년도 수치에 기초한 것이다. Michael J. Vlach, "Americans and the Bible: Bible Ownership, Reading, Study and Knowledge in the United States"(www.theologicalstudies.citymax.com/page/page/1572910.html(August 27. 2009).

19 Barna, 2006년도 수치.

20 '역동적 등가'라는 용어는 미국성서공회 소속 번역가인 유진 나이다(Eugene A. Nida)가 창안한 것이다.

21 '그리스도의 교회'와 '그리스도의 제자들'은 그들의 유산을 알렉산더 캠벨의 가르침까지 거슬러 올라간다.

22 Christopher de Hamel, *The book: A History of the Bible*(New York: phaidon Press, 2001), 270.

23 Readers of Cotton Mather's *The Ecclesiastical History of New England*, printed in London in 1702.

### 9장

1 다음 웹 사이트에 의거한 숫자다. http://www.ethnologue.com/(2009년 8월 27일).

2 행 1:8.

3 1812년에 발생하여 1815년까지 계속되었다.

4 Eugene A. Nida, *God's Word in Man's Language*(New York: Harper & Row, 1952), 13-14.

5 카메룬 타운센드의 사역에서 유래한 한 가지 프로젝트는 세계의 언어, 말하는 사람의 숫자, 위

치 등을 연구하는 인종학이란 분야이다. 본래는 주기적으로 종이에 인쇄됐으나 지금은 인터넷으로 볼 수 있다. www.ethnologue.com.

6 〈예수〉 영화 프로젝트에 따르면, 이 영화는 반복해서 시청한 경우를 포함해 모두 60억 차례나 시청됐다고 한다. 그런데 이 수치는 과학적으로 조사된 것이 아니라는 비평을 받아 약간은 모호하게 '몇십억' 차례나 시청됐다고 하지만, 여전히 엄청난 횟수가 아닐 수 없다.

7 Franklin Foer, "The Passion's Precedent: The Most-Watched Film Ever?" *New York Times* February 8, 2004.

8 Wendy Murray Zoba, "Bill Bright's Wonderful Plan for the World," *Christianity today*, July 14, 1997, 24.

9 Athur T. Pierson, ed., *The Missionary Review of the World*(New York: Funk&Wagnalls Co., September, 1902), 642-43. This speech was originally reported in the *Christian Advocate and Journal*, March 1, 1833.

10 Rosemary kingland, *A Saint among Savage*(London: Collins, 1980), 122.

11 같은 책, 122.

### 부록

1 원용국, 《성경형성의 역사》(성광문화사), 216.

2 김양선, 《한국기독교사 연구》(기독교문사), 48.

3 한영제 편, 《한국성서 찬송가 100년》(기독교문사), 12.

4 원용국, 《성경형성의 역사》 217.

5 1882년 번역된 누가복음과 요한복음이 로스와 그 동료 한국인들에 의해 한만(韓滿) 국경지대인 서간도에 배포되어 개종자가 생겨나 100명의 한국인들이 세례를 받기도 했다(이만열, 《기독교 수용사》). 또 번역과 출판에 협력했던 이응찬, 백홍준, 서상륜에 의해 의주를 거쳐 이북지방에 비밀히 보급되었다. 한편 누가복음과 요한복음 각 1천 권은 일본 요코하마 주재 스코틀랜드 성서공회 톰슨(J. A. Thomson)에게 보내졌고, 톰슨은 일본인 매서인을 통해 이 책을 부산과 대구 등 경상도 일원에 보급한 것으로 알려져 있다. 이상규, 《부산지방 기독교 전래사》(도서출판 글마당, 2001), 25-28.

6 쯔다 센의 인물, 활동, 농업정책, 그리고 이수정과의 접촉과 한국에 준 영향 등에 대해서는 金文吉, 《津田 仙と朝鮮, 朝鮮キリスト教受容と新農業政策》(東京: 世界思想社, 2003)을 참고할 것.

7 이수정은 일본에서 성경 번역 외에도 한국의 복음화를 위해 노력했다. 당시 일본에는 이미 미국 선교사들이 활동하고 있었고, 또 한국은 개항한 이후였으므로 한국에서의 기독교 선교는 더 이상 지체될 수 없다고 보았기 때문이다. 그래서 그는 1883년과 1884년에 녹스 목사의 이름으로 "조선의 사정"(Condition of Korea)이라는 서한 형식의 글을 세계선교평론(The Missionary Review of the World)에 발표했다. 이 글은 흔히 '그리스도의 종 리쥬테'(A Servant of Christ Rijutei)의 호소문으로 알려져 있는데, 이수정은 이 글에서 "혹시 미국의 선교단체가 이 부름에 응하지 않는다면 하나님은 다른 방법으로 전도자를 보내시겠지만 미국의 선교사들에게는 화가 있을 것이라"고 하면서 한국 선교를 간절하게 호소하기도 했다. 이 글이 언더우드와 아펜젤러의 내한에 영향을 준 것으로 알려져 있다. 비록 그가 1886년 귀국해 국내

에서는 활동하지 못했으나 한국의 복음화를 위해 예비적 사명을 감당했다는 점에서 그의 입신과 수세, 그리고 성경 번역은 중요한 의미를 지닌다. 이런 점에서 선교사들은 그를 한국의 마게도냐인(A Macedoonian from Corea)이라고 불렀다.

8 3.1항에서 3.4항까지의 내용은 박창환, 《성경의 형성사》(대한기독교서회), 99-108, 원용국, 《성경형성의 역사》, 215-230, 그리고 한영제, 《한국성서 찬송가 100년》에 수록된 이덕주, "한글성경 번역사 개관," 18-55를 참고했음.

9 한영제, 《한국성서 찬송가 100년》 24.

## 이미지 저작권

P.16 : St. John the Evangelist; AD 1133; Illuminator is unknown; tempura color, gold leaf, gold paint, and ink on parchment bound between pasteboard covered with olive green calf; size is 22.1×18.1cm(8-11/16"×7-1/8"); number 83.MB.68.106v; courtesy of The J. Paul Getty Museum, Los Angeles.

P.18 : Reproduction of ms. Amiatino 1, cc. 5r courtesy of Biblioteca Medicea Laurenziana di Firenze and reprinted with the permission of the Ministry for Cultural Heritage. Further reproduction by any means is prohibited.

P.20 : Ann Ronan Picture Library / HIP / Art Resource, NY.

P.25 : Photo of Mesha Stele courtesy of Wally Gobetz.

P.27 : www.HolyLandPhotos.org, used by permission of Carl Rasmussen.

P.30 : 홍순화 제공.

P.32 : 임정숙 제공.

P.35 : Image copyright © The Metropolitan Museum of Art / Art Resource, NY.

P.42 : © John C. Trever, PhD, digital image James E. Trever.

P.45 : © John C. Trever, PhD, digital image James E. Trever.

P.45 : Erich Lessing / Art Resource.

P.49 : From the collections of the Omaha Public Library(ster_w_00700: Pentateuch Scroll and Priest of the Levites. Nablus, Palestine).

P.51 : 이스라엘 박물관의 허락을 받아 게재함. © Israel Museum, Jerusalem.

P.52 : © Cambridge University Library. 도서관 평의원의 허락을 받아 실음.

P.55 : Quatre évangélistes, folio 19v-20, ms. LATIN 11959, Manuscrits occidentaux, Bibliotèque nationale de France.

P.56 : Codex Beneventanus, BL Add. MS 5463, folio 3r, © 2010 The British Library Board. All Rights Reserved.

P.59 : Codex Alexandrinus, BL Royal MS 1 D VIII, folio 107v, © 2010 The British Library Board. All Right Resevered.

P.62 : Reproduved by courtesy of the University Librarian and Director, The John Rylands University Library, The University of Manchester.

P.63 : Photograph by Matson Photo Service and reproduced courtesy of the Library of Congress.

P.64 : http://en.wikipedia.org/wiki/File:Tischendorf_-_stehend.jpg#file.

P.66 : Two pages from chester Beatty Papyn' p46, inventory 6238, 157v and 158r, copyright by the Regents of the University of Michigan and reproduced by permission of Traianos Gagos, Archivist of the Papyrus Collection, Graduate Library, University of Michigan.

P.69 : Codex Sinaiticus, BL Ada 43725, folio 246b © 2010 The Britrsh Library Board. All Rights Reserved.

P.72 : St. Jerome, folio 3v entier, ms. LATIN 1, Manuscrits occidentaux, Bibliotèque nationale de France.

P.75 : Icon of Ignatius is copyright Holy Transfiguration Monastery, Brookline, Massachusetts, and used with permission.

P.76 : The Granger Collection, New York.

P.76 : © Francis G. Mayer/Corbis.

P.77 : http://en.wikipedia.org/wiki/FileByzantnischer_Mosaizist_um_1000)002.jpg.

P.79 : http://en.wikipedia.org/wiki/File: Byzantinischer_Mosaizist_um_1000_002.jpg. PAGE 41: The Art Archive / Roger Cabal Collection / Gianni Dagli Orti.

P.80 : The Art Archive / San Giorgio Schiavoni Naples.

P.83 : http://en.wikipedia.org/wiki/File:Eusebius_of_Caesarea.jpg.

P.86 : Nag Hammadi Codex II © Institute for Antiquity and Christianity, Claremont, California, and used by permission.

P.89 : The bible in syriac, amid, turkey, genesis 29:25-30:2 BL Add. Ms 14425, folio31, © 2010 The British library board. All rights reserved.

P.91 : Reproduction of ms. Amiatino I, cc, Vr, IIr, courtesy of Biblioteca Medicea Laurenziana di Firenze and reprinted with the permission of the Ministry for Cultural Herstage. Futher reproduction by any means is prohibited.

P.94 : arbre de jessé en forme de L, folio 7v, ms. LATIN 16746, Manuscrits occidentaux, Bibliotèque nationale de France.

P.96 : folio 295v, ms. LATIN 36, Manuscrits occidentaux, Bibliotéque nationale de France.

P.99 : http://www.kb.se/bilder.Codex.Textill/stetoskopiskbild.m.1.jpg and courtesy of the National Library of Sweden.

P.100 : Photo of the Salisbury Cathedral © dr. john Crook.

P.104 : The Morgan picture Bible, (probably pairs), c.1250, MS. M. 638, f 25v, reproduced by permission of The pierpont Morgan Library / Art Resource, NY.

P.107 : The Book of Kells, TCD MS 58, folio 104r, reproduced by permission of The Board of The Board of Trinity College Dublin.

P.113 : The Aleppo Codex, Ms. Ben-Zvi 1, Psalm 119:122-170, courtesy of the Ben-Zvi Institute, Jerusalem.

P.117 : The Book of Kells, TCD MS 58, folio 34r, reproduced by Permission of The Board of Trinity College, Dublin.

P.119 : The Lindisfarne Gospel, BL Cotton MS Nero D. IV, folio27r, © 2010 The British Library Board. All Rights Reserved.

P.121 : Photograph of the first page of Genesis from The Winchester Bible © Dr. John Crook.

P.124 : John wycliffe's New Testament, MS Hunter 191(T.8.23), folios 2v and 3r, Courtesy of Librarian, Glasgow University Library, Special Collections.

P.125 : The New Testament in early Wycliffite version, BL Egerton 618, folio 35v, © 2010 The British Library Board. All Rights Reserved.

P.127 : The Art Archive / Private Collection / Marc Charmet.

P.128 : The Granger Collection, New York.

P.128 : The Granger Collection, New York.

P.130 : Gutenberg Bible, paper, BL c.9.d.3, Vol. 1, folio 114v, © 2010 The British Library Board. All Right Resevered.

P.134 : The Art Archive / Bibliothèque Universitaire Geneva / Gianni Dagli Orti.

P.137 : The Granger Collection, New York; after a painting by Anton von Werner.

P.146 : Title page of Complutensian Polyglot courtesy of the American Bible Society library and used by permission. Photograph by Bruce Curtis and © by Lawrence M. Stone.

P.141 : http://en.wikipedia.org/wiki.File:Holbein-erasmus.jpg.

P.143 : Gutenberg Bible, Biblia Latina, folio 114v, reproduced by permission of Harry Ransom Humanities Research Center, The University of Texas at Austin.

P.145 : German New Testament translated by Martin Luther courtesy of the American Bible Society Library and used by permission, photograph by Bruce Curtis and © by Lawrence M. Stone.

P.147 : The New Testament in Greek and Latin, Compiled by Erasmus, Courtesy of the Ameerican Bible Society Library and used by Permission, Photograph by Bruce Curtis and © by Laurence M. Stone.

P.149 : Complutension Polyglot, call number BS1, 1514 reprinted courtesy of the Library of Congress.

P.153 : stringer/Hulton Archive/Getty Images after a Foxe's Book of Martys.

P.154 : Painting of William Tyndale courtesy of Hertford College, University of Oxford, and used by permission.

P.156 : "William Tyndale Printing His Translation of the Bible into English" by Violet Oakley Photograph by Brian Hunt and Courtesy of Pennsylvania Capitol Preservation Committee.

P.158 : Title page of Tyndale Bible at Württembergische Landesbibliothex Stuttgart and courtesy of Eberhard Zwink.

P.160 : from *Foe's Book of Martyrs*.

P.162 : Detail from : "The Family of Henry VIII," artist unknown, The Royal Collection © 2010, Her Majesty Queen Elizabeth II.

P.164 : The Great Bible courtesy of the American Bible Sodiety library and used by permission. Photograph by Bruce Curtis and © by Lawrence M. Stone.

P.165 : "James I," Paul van Somer, The Royal Collection © 2010, Her Majesty Queen Elizabeth II.

P.166 : Photo of Hampton Court Palace courtesy of Marshall Manson.

P.168 : http://en.wikipedia.org/wiki/File:Gunpow1.jpg.

P.173 : Tyndale New Testament, 1526, BL C. 188. a. 17, © 2010 The British Library Board. All Rights Reserved.

P.175 : The Geneva Bible, Courtesy of the American Bible Society Library and used by Permission photograph by Bruce Curtrs and © by Lawrence M. Stone.

P.177 : 1611 King James Version, BL C. 35. l. 11, © 2010 The British Labrary Board. All Rights Reserved.

P.181 : http://en.wikipedia.org/wiki/File:Gunpow1.jpg.

P.183 : color engraving by John Chester Buttre after a drawing by Johannes Adam Simon Oertel, The Granger Collection, New York.

P.183 : Title page of Algonquin Bible courtesy of William L. Clements Library, University of Michigan.

P.186 : Christoper Saur Bible from the collection of Turpin Library, Dallas Thecolgical Seminary and used by permission.

P.187 : The Granger Collection, New York.

P.189 : Stringer / AFP / Getty Image.

P.190 : *Chicago Tribune* front page courtesy of Footnote.com.

P.191 : National Council of Churches photo and used by permission.

P.191 : Photo courtesy of Moody Bible Institure of Chicago, Crowell Library Archives.

P.194 : Photo courtesy of Tyndale House Publishers.

P.194 : Photo courtesy of Thomas Nelson Publishers.

P.201 : Algonquin Bible, translated by John Eliot, call number BS345. A2E4 1663, reprinted courtesy of the Library of Congress.

P.203 : The Bay Psalm Book, call number BS 1440. B4 1640, reprinted Courtesy of the Library of Congress.

P.205 : The Bible, printed by Robert Aitken, call number BS 185. 1782. P5, reprinted courtesy of the Library of Congress.

P.209 : 1799 edition of Welsh Bible, BSS.204.D99.1, is in the collection of the British and Foreign Bible Society, Cambridge University Library in England and has been reproduced by kind permission of the Syndics of Cambridge University Library.

P.210 : Tanzania - James Burke / Time & Life Picture

P.211 : Jerusalem - © Robert Wallis/Corbis

P.212 : Photo provided courtesy of Biblica and used by permission.

P.215 : China - © Michael Reyolds/epa/Corbis

P.217 : Photo courtesy of Africa Evangelical Fellowship and permission.

P.218 : Photo by David J. Ringer and used by permission of Wycliffe Bible Translators

P.219 : Waodani Gospel of Mark, translated by Rachel Saint, Courtesy of the American Bible Society library and used by permission. photograph by Bruce Curtis and © by Lawrence M. Stone.

P.227 : 《예수셩교젼셔》. 대한성서공회 제공.

P.231 : 《누가복음젼》(1890), 이상규 제공.

P.233 : 성서번역자회. 대한성서공회 제공.

P.235 : 《셩경젼셔》. 〈크리스채너티 투데이〉 제공.

P.236 : 권서. 대한성서공회 제공.

## 이 책에 들어 있는 성경 사본 리스트

- 이사야 두루마리 Great Isaiah Scroll
- 나쉬 파피루스 Nash Papyrus
- 코덱스 알렉산드리누스 Codex Alexsandrinus
- 존 라일랜즈 파피루스 John Rylands Papyrus
- 체스터 비티 파피루스 Chester Beatty Papyrus
- 코덱스 시나이티쿠스 Codex Sinaiticus
- 나그함마디 코덱스 II Naghammadi Codex II
- 페시타 Peshitta
- 코덱스 아미아티누스 Codex Amiatinus
- 파리 성경 Paris Bible
- 코덱스 기가스 Codex Gigas
- 코덱스 알레포 Codex Allepo
- 모르간 크루세이더 바이블 Morgan Crusader's Bible
- 켈즈 사본 The Book of Kells
- 린디스판 복음서 The Lindisfarne Gospels
- 윈체스터 성경 The Winchester Bible
- 존 위클리프가 번역한 신약성경 The New Testament Translated By John Wycliffe
- 구텐베르크 성경 Gutenberg Bible
- 콤플루툼 폴리글롯 Complutensian Polyglot
- 마르틴 루터가 번역한 독일어 신약성경 German new testament translated by martin luther
- 에라스무스의 그리스어와 라틴어를 병기한 신약성경
  The new testament in greek and latin compiled by erasmus
- 틴데일 신약성경 William Tyndale's nt
- 대성경 The Great Bible
- 윌리엄 틴데일이 번역한 신약성경 William Tyndale's nt
- 제네바 성경 The Geneva Bible
- 1611년판 킹 제임스 성경 1611 King James Version Bible
- 존 엘리엇이 번역한 알공퀸 성경 Algonquin Bible
- 배이 시편 The Bay Psalm Book
- 레이첼 세인트가 번역한 와오다니어 마가복음 Waodani Gospel of Mark

THE STORY OF
THE BIBLE

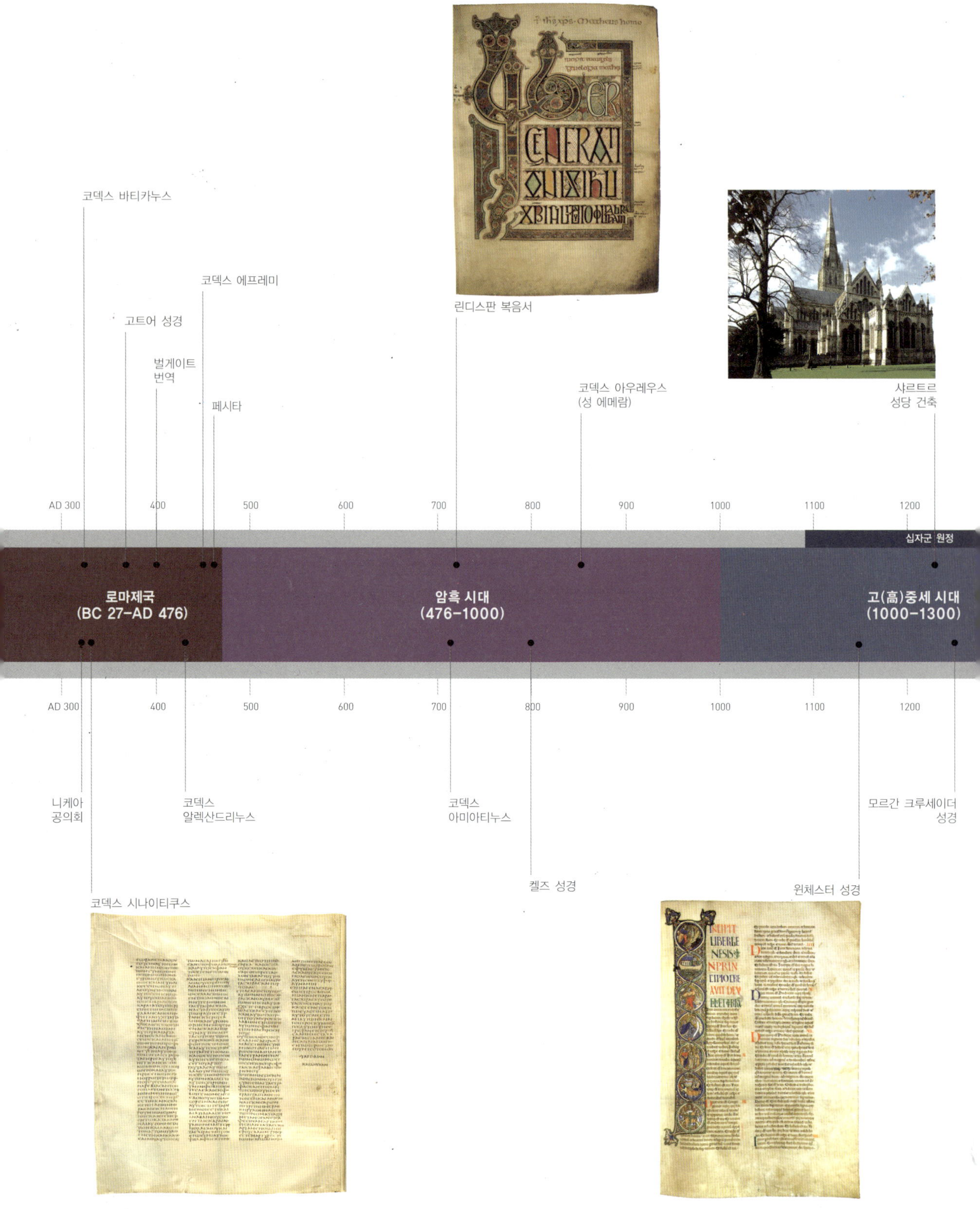

코덱스 바티카누스
고트어 성경
벌게이트 번역
코덱스 에프레미
페시타
린디스판 복음서
코덱스 아우레우스 (성 에메람)
샤르트르 성당 건축
AD 300
400
500
600
700
800
900
1000
1100
1200
십자군 원정
로마제국 (BC 27-AD 476)
암흑 시대 (476-1000)
고(高)중세 시대 (1000-1300)
니케아 공의회
코덱스 시나이티쿠스
코덱스 알렉산드리누스
코덱스 아미아티누스
켈즈 성경
윈체스터 성경
모르간 크루세이더 성경